高校教师教学发展译丛

新教育——
不断变化的世界给大学
带来的一场革命

［美］凯茜·N. 戴维森（Cathy N. Davidson）　著

游振声　裴奕婷　曹　丽　译

重庆大学出版社

THE NEW EDUCATION : How to Revolutionize the University to Prepare Students for a World in Flux/CATHY N. DAVIDSON, published by Basic Books.

Copyright©2017 by Cathy N. Davidson.

Authorised translation from the English language edition published by Basic Books, an imprint of Perseus Books, LLC, a subsidiary of Hachette Book Group, Inc..

All rights reserved.

版贸核渝字（2019）第084号

图书在版编目（CIP）数据

新教育：不断变化的世界给大学带来的一场革命 / (美) 凯茜·N.戴维森 (Cathy N. Davidson) 著；游振声，裴奕婷，曹丽译. -- 重庆：重庆大学出版社，2022.5

（高校教师教学发展译丛）

书名原文: The New Education: How to Revolutionize the University to Prepare Students for a World in Flux

ISBN 978-7-5689-2978-3

Ⅰ.①新… Ⅱ.①凯…②游…③裴…④曹… Ⅲ.①高等教育—研究 Ⅳ.①G64

中国版本图书馆CIP数据核字（2021）第209031号

高校教师教学发展译丛

新教育——不断变化的世界给大学带来的一场革命

［美］凯茜·N.戴维森（Cathy N. Davidson） 著

游振声 裴奕婷 曹丽 译

策划编辑：贾 曼 陈 曦

责任编辑：李定群 版式设计：贾 曼

责任校对：谢 芳 责任印制：张 策

*

重庆大学出版社出版发行

出版人：饶帮华

社址：重庆市沙坪坝区大学城西路21号

邮编：401331

电话：（023）88617190 88617185（中小学）

传真：（023）88617186 88617166

网址：http://www.cqup.com.cn

邮箱：fxk@cqup.com.cn（营销中心）

全国新华书店经销

重庆华林天美印务有限公司印刷

*

开本：787mm×1092mm 1/16 印张：11.75 字数：230千

2022年5月第1版 2022年5月第1次印刷

ISBN 978-7-5689-2978-3 定价：42.00元

本书献给千禧一代及所有新生代。
你们应该得到比现在更好的机会。
本书同样献给所有的家长、教授、专家、教育决策者和负责人，
若有你们的努力，改变高等教育还为时不晚。

大多数受过良好教育的人依然在走前人踩踏出的老路，放弃这一条路
需要巨大的勇气……
保守主义在教育领域最受尊敬，
因为这个领域改革的风险最大。

——查尔斯·W.艾略特，《新教育》

作者简介

　　凯茜·N.戴维森曾在多所大学任教，从社区大学到常春藤盟校都有她的身影。她曾在杜克大学任教 25 年，在这期间她担任该校首位（也是美国首位）负责跨学科研究的副教务长。2014 年，戴维森到纽约城市大学任教，是该校未来倡议计划的奠基人，也是研究中心特聘教授。戴维森还和他人联合创办并运营世界上第一个且历史最悠久的学术社交网站——人文、艺术、科学、技术联盟与合作平台。

　　戴维森出版了 20 多本书，包括：《革命与文学：美国小说的兴起》；与大卫·西奥·戈德堡合著的《思考的未来：数字时代的学校》；最新专著《如你所见：研究注意力的脑科学怎样改变我们的生活、工作和学习》。她是 Mozilla 的董事会成员，美国总统奥巴马任命她为国家人文委员会成员。2016 年，戴维森因"对高等教育做出重大贡献"而获欧内斯特·L.博耶奖。

总　序

　　教师教学与教学发展是一项专业活动，高校（及专业院系）、教师（及教学团队）、学生等都是这项专业活动的核心参与者与利益相关者。当我们审视尤其是展望一项专业活动的未来时，通常都会对其所处的内外部环境进行扫描，以此来尽量地发现和确定其所面临的机遇与挑战。经济发展与社会转型（如新自由主义、全球化等）、教育教学改革与发展（如高等教育大众化或普及化、以学习者为中心的教学范式等）、教学理念与技术的更新（如循证教学、教与学的学术等）、学习方法与策略的变化（如深度学习、自主学习等）等都是高校教师教学发展所置身其中的重要内外部环境，只有基于对上述内外部环境的认识与理解，才能更加全面地把握与预见高校教师教学发展面临的机遇与挑战。

　　作为教师教学发展的从业者，同时也是丛书的译者，我们将丛书的读者定位为高等学校中关心和关注教学发展的广大一线教师、教师教学发展从业者以及高等学校教与学相关的专业研究人员。以高等学校教师教学发展面临的机遇与挑战为出发点，我们希望作者、译者、读者都能够尽可能地面向高校教师教学发展的未来，因此在选择书目时会考虑其编著者是否对高等教育改革与发展的内外部环境有足够的认识与理解，对教学发展与学习发展所面临的机遇与挑战是否有全面的把握与预见。该丛书是重庆大学教师教学发展中心整合学校资源，经过较长时间的筛选与审读的，我们确信，第一批遴选的五本著作都能够满足以上两个条件。为此我们与重庆大学出版社合作，陆续推出了"高校教师教学发展译丛"的第一批，包括《高等教育与技术加速——大学教学与研究的蜕变》《新教育——不断变化的世界给大学带来的一场革命》《教师学习与领导力——教有、教治、教享》《高等教育循证教学》《STEM 教学实践指南》等经典著作。

　　该丛书既关注宏观的经济与社会发展（如新自由主义经济和新媒体技术），也关注高等教育自身（如高等教育转型发展、学术伦理），最终又落脚在教师的教学策略、学生的学习方式等。《高等教育与技术加速——大学教学与研究的蜕变》基于新自由主义经济与大学之间的纠葛以及世界高等教育转型发展的背景，批判性地分析新媒体技术、学术伦理及其与当代大学教学策略之间的关系，涉及大学外部的"贪婪企业"和内部的"免疫紊乱"，海德格尔和加塞特等对教学的影响，以学生为中心和自下而上的学习方式等诸多方面。作者从其作为学术和行政人员学习和工作过的亚欧大学收集了大量的逸闻趣事，这些故事不仅能够帮助读者更深入地了解这些大学及其人和事，也能够启发读者重新审思新自由主义经济背后的一些理念。

同样是以社会变革为宏观背景，思考技术变革与社会发展、社会重塑与教育变革，在此基础上反观学校、课堂、教学、学习等和教与学密切相关的具体要素，《新教育——不断变化的世界给大学带来的一场革命》的作者提倡"当变革性技术出现并开始重塑社会时，我们必须依靠高等教育为学生的生存做好充分准备"，基于高等教育滞后于社会变革的背景，反对技术恐惧或技术狂热，探讨如何以创造力、协作力、适应性等 21 世纪最重要的生存工具为抓手来改造学校和课堂，从而不仅教会学生如何思考，更教会他们如何学习。该书揭示了培养学生的路径和方法，使学生不仅要生存，而且要在即将到来的挑战中茁壮成长，适合所有想要了解为什么以及如何为 21 世纪重新构想大学的人。

相比前面两本著作，《教师学习与领导力——教有、教治、教享》将其关注点直接聚焦到"教师"这一教学最为核心的主体，强调应最大限度地发挥教育体制中教师的主观能动性，强调只有通过不断地加强横向与纵向的学习，教师方可成为优秀的教育者。基于"最好的教育者首先必须是最好的学习者"这一基本立场，通过回顾和梳理加拿大教育改革中所经历的包括由上至下、由下至上、市场驱动等在内的各种改革和发展的尝试，提出并论述了一个适应 21 世纪加拿大教改需求的新颖构想，即"归其所有，由其而发，为其所用"的教师专业发展模式及系统。希望通过借鉴加拿大教育理论专家和实践者在开发教师学习和领导力方面的相关经历和经验，帮助国内同行寻找一个更符合中国国情的教改发展之路。

教与学的学术（Scholarship of Teaching and Learning, SoTL）是近年来高等学校教育与教学的热点，循证教学（Evidence-based Teaching）则是更新的教育教学理念。《高等教育循证教学》将"教与学的学术"和"循证教学"两者结合起来，探索基于数据驱动的证据来指导教师挑选教学技巧与工具，尝试将 SoTL 的理论研究与教学实践相结合。围绕和谐师生关系、在线教学、新媒体技术等主题全面梳理现有的 SoTL 研究成果，分析现状与问题，并给出基于证据的对策建议，旨在帮助教师挑战教学技术与工具，进一步帮助有志于从事SoTL 的教师明确其在相关领域的出发点和可能的落脚点。该书不仅是针对非专业人士关于如何授课的简略指南，而且还涉及诸如因时制宜地选择教学技术，可以作为指导教学发展从业者组织教学发展工作坊、开展教学咨询的依据。

《STEM 教学实践指南》从一位大学化学专业教师的视角出发，将注意力更多地集中于高校一线教师在教学实践中会直接面对的一些具体的、实际的、操作性的问题。作者以"STEM 教育水平的高低在很大程度上影响着一个国家的创新力和竞争力"为出发点，反思了传统教学方式在促进学生深度学习和能力培养方面的局限，倡导"以学习者为中心"的教学范式，详细分析和阐述了教学设计、教学实施、教学评价这三个阶段中具体的困难与对策。在重点关注学生学习成效提升的同时，探讨学生批判性思维、高效团队合作和自主学习等方面能力的培养。新教师可以从书中学到很多行之有效且容易上手的教学策略，避开雷区，少走弯路；资深教师则可以结合书中内容找到共鸣，引发反思；教学发展和教学管理从业人员则可以借助该书提升工作水平。

本译丛得以实施，得益于重庆大学教师教学发展中心专项资金资助，感谢支持该项目立项和为该项目获得批准而付出辛勤劳动的重庆大学副校长廖瑞金教授、本科生院院长李正良教授。本译丛得以出版，要感谢重庆大学教师教学发展中心黄璐主任、李珩博士、陈圆博士、刘皓博士和重庆大学外国语学院游振声博士以及翻译硕士们的辛勤付出。尽管教师教学发展中心一直在开展教师教学发展项目，翻译国外著作对于教师和学生而言也是一种培育和鞭策，但同时面临着语言、专业及能力等诸多挑战，即便我们努力找到与现实教育场域非常贴切的表达方式，仍可能存在不足与问题，万望各界专家和教师们海涵并指正。本译丛得到了重庆大学出版社总编辑陈晓阳、社文分社社长贾曼、责任编辑夏宇、责任编辑李定群、责任编辑陈曦的大力帮助。对参与该项目的所有同事、学界同人、出版社的朋友，以及他们对本译丛能够克服重重困难而得以顺利出版所给予的支持、鼓励以及体谅，我们表示由衷的感谢！最后还要特别感谢我的先生但彦铮对丛书的翻译工作给予了全方位、大力度的理解与支持。

重庆大学教师教学发展中心作为国家级教师教学发展示范中心，一直关注国际教育发展的动态趋势。该丛书的主要译者都有研修和访学的经历，他们或策划实施或亲身参与了诸如牛津大学举办的"Oxford Faculty Development Programme"、密歇根大学举办的"CRLT Fellows Program"等国际化教师教学发展研修项目，以及台湾大学举办的 ISW（Instructional Skills Workshop）、FDW（Facilitator Development Workshop）国际认证教学发展高级研修项目，这些项目的经历、经验及其本土化应用都极大地促进了学校和区域的教师教学发展。衷心希望本译丛的出版能更好地满足当前教师教学发展研究和实践的需要，为我国教师教育研究和实践做出贡献。

彭　静

2021 年 4 月于重庆虎溪

前 言

在每一个神话中，无一例外都会出现大门、入口、河流、阶梯、山峰、小路。如果你是神话中的那个英雄，那么在你的英雄之旅中，就得跨越这些门槛：挑战是从此岸出发到达彼岸。这途中充满着诸多障碍，如峡谷、急流、强盗、饥饿、诱惑、懦弱、绝望。沿途除障碍以外，你也会得到一些指引，但这些指引对错参半。那么，该如何辨别呢？这就很棘手了。正如古地图所预示的那样：此处有龙（术语，表示地图上未被探明或很危险的地方）。

现代生活中，跨入成年的大门是一道槛，它几乎决定了成年之后的一切。曾经父母或监护人是你的法定代理人，但接下来你将独自一人，扛起自己的责任，踏上一段披荆斩棘的旅程。

就算你只差一天成年，你的父母还是可以告诉你该怎么做。但当你第二天早上一觉醒来时，从法律上说，他们就可以不这样做了。

你已经跨越了孩童和成人之间的界限。

从个人和社会的角度看，这种跨越影响巨大，人们为此争论不休。例如，多少岁才能喝酒？多少岁才能以成年人的身份接受审判和处决？多少岁才能参军？多少岁才能投票？有时是 18 岁，有时是 21 岁，至于哪个年龄更合适，这仍存有争议，因为这无论是对于个人还是对于社会而言都很重要。

你的成年礼代表着你将面临一些生死攸关的问题，所有这些问题都是我们要共同面对的。童年何时结束，成人责任何时开始，责任的火炬何时交接，我们在这些方面争论不休。你的旅程就是所有人的旅程，你的未来就是所有人的未来。你准备如何融入，甚至可能是如何领导社区、引领一个时代和世界，这对于你的前人和后继者而言至关重要。其影响举足轻重，这一段旅程危险与机遇并存。

成年意味着你从接受他人的定义走向自我定义，从依赖他人走向法律意义上的独立。意味着你摆脱他人的控制，走向自我控制；摆脱他人的想法，转而形成自己的想法；从接受他人意见转变为有能力自行决定，决定自己下一步该去何方；如何辨别、如何评估、如何做出判断以及如何行动。

这一具有重大意义的转折时刻关乎人类该如何生存。你得依赖你自己——这是从《吉尔伽美什史诗》开始就存在于神话故事中的一句话。

在美国，我们称这一转折为上大学。

作为一名大学教授，我在漫长的职业生涯中见证过成千上万次这样的转变。每个学生发生转变的方式和年龄都不尽相同。显然，让一位学者随意进入任何一间教室，他都可以立刻判断出这间教室里的学生是大一新生还是已在学校待了一年或一年以上的学生。

父母也会见证这种转变。感恩节假期返家时，9月离家的孩子已变成了成年人，与离家时判若两人。看着一个陌生人在自家孩子的旧房间里四处走动，父母不禁会问："这是谁？"孩子发生变化的不仅仅是他们的年龄，还有他们存在于世界的方式。

大学促成了这些转变，而发生转变的不仅仅是年轻人。根据计算，目前有40%~70%的学生是所谓的非传统学生。这些成年的非传统学生与18~22岁就离家上大学并住在学校宿舍的年轻人一样，以时间、金钱和彻底改变生活的决心为代价，踏上了一段新的旅程。懒散的高中毕业生对未来感到迷茫；62岁的保险主管上夜校以实现自己获得大学学位的终身目标；休学年结束的学生重回州立大学；20多岁的索马里难民一边做着好几份最低薪资的工作，一边在社区大学学习英语；18岁的私立高中女毕业生拥有优异的SAT成绩，一边逐梦斯坦福大学，一边为未来能在硅谷工作而努力……他们和美国所有的大学生一样都自愿选择将大学作为他们走向成年旅程的一部分。在大学里，他们可以尽可能独立、负责任地生活，并获得尽可能多的满足感。

本书献给当今世界的2100万大学生，献给所有即将步入大学校门的学生。本书将讨论大学是否具有价值，并试图找到实现优质教育的方法。本书同样献给近15年来饱受诟病的千禧一代大学毕业生。

我认为，千禧一代的大学生们受到了不公正的待遇。为什么这样说呢？因为他们接受的教育是在19世纪末20世纪初发展起来的。在工业化和随之而来的城市化的推动下，生活、工作和社会发生了巨大的变化，美国的精英清教徒学院经历了一次大规模的整改，改变了学院的创始使命，从培养牧师转向选拔、培养、认证新职业、新院校和新公司的未来领导人。在20世纪的大部分时间里，这种规范性、学科性和专业性的培养卓有成效。但这对于我们的后工业和后互联网世界来说意义不大。在后工业和后互联网世界里，工作和家庭之间的界限远没有那么明确，工作本身也更不稳定，工资基本上"停滞不前"，自动化技术不断发展并日益成熟，民主制度不断衰败，一些职业正在消失，虽然我们还看不到，但下一次经济冲击就在眼前。

我们的高等教育机构一如既往地秉持帮助年轻人改变自己的宗旨，帮助他们从依赖走向独立、从幼稚走向成熟。大学总是善于此道。然而，现在的大学对如何培养学生在这个日益复杂和令人无所适从的世界里取得成功的作用大不如前。

有人说"从2000年前的苏格拉底学院开始，高等教育就没有发生改变"，这一说法无疑是错误的。现代美国大学只有约150年的历史。基本上，我们现在拥有的基础设施、课程和评估方法是在1860—1925年发展起来的。19世纪末，年轻的哈佛大学校长查尔斯·M.艾略特精力充沛、思维超前，他带领一批雄心勃勃的教育工作者，重新设计了清教徒学院，以适应蓬勃发展的工业化和城市化时代，因为这个时代需要的是管理者，而不是牧师。

艾略特和来自美国著名学府的同行们在大学开始了全面的现代化变革。为了支持新近分化的劳动力市场，他们重新定义学科，强化并拆分院系和学部、专业和辅修科目。他们按学分管理课程，并将普通教育和人文学科与研究生院和专业学院新兴的、专业的、高声望的研究事业分开，这些研究事业旨在证明新兴专业管理阶层的专业知识。艾略特和他的同事们成立了大学排名机构和认证机构，这些机构让他们的价值观更加系统化和神圣化。即使没有一个统一的高等教育体系，每个学院都明里暗里与其他学院进行比较。规模较小的文科学院和数量激增的公立大学也依据美国质量最顶尖、资金最雄厚的学校建立的基准进行评价。

19世纪末20世纪初的教育家也创立了我们今天仍在使用的一些教育评估方法。分数、统计数据、标准差、均值回归、贝尔曲线、智商测试、入学考试以及定时和标准化多项选择测试都是一些新的教育评估方法，用于评估学术投入和产出，用于区分哪些智慧、才能和成就重要，哪些不重要。高等教育革命的灵感部分来源于当时评估冶炼生铁的工厂和生产TS模型的装配线生产效率的管理理论家。从本质上说，高等教育的所有这些特征仍然在当今大学中有所体现。

然而，自1993年4月22日新世界诞生以来，已有整整一代人成长起来了。那一天，美国国家超级计算应用中心的科学家宣布Mosaic 1.0网络浏览器对公众开放。当时，世界上仅有不到20个网站；而至当年年底，网站数量就超过了10000个，仅此一年，互联网使用量就增长了2000%以上。一夜之间，只要能够接入互联网，世界上的任何两个人就可以畅所欲言。这几乎是人类沟通交流能力无法想象的延伸。

与工业化时代一样，互联网时代也存在着复杂且影响深远的社会、政治和经济变革，但这些变革不是由蒸汽动力和装配线机械化带来的，而是由数字化和基于算法的思想、资本、商品、劳动力和服务在全球的再分配造成的。现代网络计算已改变了日常生活和工作，而且变化的速度每年都在加快。在互联网中，未曾谋面的人们在网上以朋友、爱人或"喷子"的身份进行互动，有的甚至根本不是他们口中所说的那样。这些人之间形成的紧密联系没有包括在我们对人类和社会的概念理解中，即"自我"和"社会"之中。突然，我们花在网上的时间比线下的时间更多，我们在一个没有中央出版商、没有编辑、没有广播公司控制、过滤或验证内容的世界里互动；我们获得了极大的权利，可以获取和交流任何信息，无须按下暂停或撤回键。人人都有一个平台，这个平台没有专业的管理层负责，也没有学位要求。

这不仅仅是一项新技术，更是一种新的存在方式，它将世界改变得如此彻底，以至于人们很难弄明白我们到底改变了多少。然而，对于那些生于 1993 年之后的学生来说，他们没有"互联网出现之前"和"互联网出现之后"的概念。他们很难从认知上理解互联网时代之前的世界是什么样的。在《在世界与我之间》一书中，塔那西斯·科茨试图向他 15 岁的儿子解释在互联网到来之前人们是如何生活、思考和学习的："在你的一生中，每当遇到问题，你可以在键盘上输入这个问题，看着它出现在一个矩形框中，边框周围是公司标志，几秒钟之内，你就会欣喜地得到大量如泉水般涌现的潜在答案。但是，我仍然记得使用打字机的那段日子，那时 Commodore 64 电脑刚刚出现，还有在收音机里听到自己喜欢的歌曲的那些日子，但所有的一切都消失得无影无踪……对于像我这样的'年轻人'而言，畅游互联网堪比太空旅行。"

"太空旅行"这个比喻很能引起共鸣，也很实用。对互联网出现之前和出现之后的生活，我现在教的大部分学生是无法理解的，这也意味着他们没有完全理解过时的教育体系是如何让他们毫无准备地生活在这个世界上的。我们这个年纪的人足以认识到自己似乎正以新的方式生活在一个新的星球上，我们必须负起责任，开始认真思考如何改造大学，让学生们能在这个我们共同生活的、时常受到污染的新环境中茁壮成长。在这样一个复杂的世界里——没有人或集体能预测或解析我们的设备在纳秒内产生的数据——我们现在上学的方式与 1993 年上学的方式一样，或者与 1893 年的上学方式如出一辙。

为了让学生能够在我们现在生活的世界中茁壮成长，重新设计高等教育对于学生需要的"智力太空旅行"而言意味着什么？与充满互动性的互联网无关，单向传输教育模式在工厂和装配线层级的启发下出现。现在重新调整教育模式，改变单向传输教育模式中对学生的过度标准化要求、过度诊断（包括智力残疾、天才，以及介于两者之间的等级）、过度专业化要求和过度训练，这将意味着什么？现在的学生对一个世纪之前出现的互联网一无所知，他们不知道这一项新技术带来了怎样翻天覆地的变化，但他们必须面对这些改变，而且还要做好准备，找到方法在变化中取得成功。作为教育者，我们应该如何帮助这些学生呢？

这个挑战十分严峻，令人望而生畏。但在历史上，这种挑战也出现过。约在一个多世纪之前，当艾略特和他的同行们重新设计美国现代研究型大学时，他们遇到的挑战和我们现在整改高等教育面临的挑战一样严峻。他们当时所处的时代和我们现在所处的时代一样紧张混乱，既然他们能够成功，为什么我们不能呢？

1869 年，艾略特撰写《新教育》一文，尖锐地批评了美国当时的高等教育模式，这也是他在担任哈佛大学校长 40 年任期内继续领导高等教育革命的宣言。艾略特的文章分两期发表在《大西洋月刊》上，文章以一个尖锐的问题开篇，一位父亲对孩子接受的高等教育进行思考后提出了这样一个问题，"我能拿我的孩子怎么办？"这位父亲说，他的儿子不适合精英大学培养学生的职业方向——成为"传教士或具有学识的人"。艾略特承认这些大学已经过时了。在对当时的 3 种教育进行分类并阐明为什么需要自上而下的教育变革之前，艾略特在文章中写道："现在的确存在这样的现实需求和严峻问题。"在内战结束几年后，一系列金融危机让美国的未来飘忽不定，于是他写下了这篇文章。"美国人民一方面与物质和道德贫瘠作战，另一方面在努力解决自治这个可怕的问题。为了这场战斗，他们必须接受训练并武装自己。"然后，他详细地描述了他的愿景，变革大学，让学生为职业生涯做好准备，同时对学生进行深入的教育，让他们在脆弱的国家中担起重任。

艾略特和他的同事们成功实现了这一愿景。如今，我们和艾略特当年一样，也面临一个相似的转折点。自艾略特时代以来，社会发生了翻天覆地的变化，尤其是在过去的 20 多年，所以我们需要一种为这个时代量身定做的"新教育"。现存的这些大学再一次过时了，它们无法使学生从容面对学校之外的世界。再一次，教育急需积极运用艾略特所说的"开明自治"。

艾略特及其同事们彻底改造了清教徒学院。同样，在这样一个事物与事物联系紧密，岌岌可危的时代，我们也需要重新系统地设计高等教育，改造范围上至董事会，教学结果评估方式、选拔方式、认证和授权方式；下至教室，教师的基本教学方法。当代的学生需要所谓的软技能，包括成功沟通和协作所需的策略、方法和技巧。想要在一个不断变化的世界中找到自己的航向，这些是必备技能，仅依靠学生在自己工作和专业领域接受的培训是不可行的。

学生需要新的知识整合方式，其中包括反思学习的目的、反思学习的内容。他们需要的不再是"应试教育"。当所有的教育测试停止，学生需要的是各种挑战，需要的是能让他们在毕业后取得成功的挑战。这是一种以学生为中心的参与式教学法，称为"主动学习"。这种教学法鼓励学生从周围的信息中创造出新知识，并利用这些知识做出公开的、专业的或经验性的贡献，而且影响范围超出教室一隅。学生不仅仅要掌握专家为他们设定的内容，更要学会如何让自己成为专家。这是他们人生旅途中的生存技能。

重新设计高等教育需要教学变革，教学变革是席卷教室、课程和评估系统的一场革命。这意味着不再关注学生的被动性，而是要关注学生个体通过一些棘手的问题学到的新思考方式。它改变了大学教育的目标，从为满足课程和毕业要求而学习转变为为毕业后在社会中取得成功而学习。这也意味着用一种严肃缜密的方式检验学生的学习，这样学生就能掌握学习内容、学习方式、合作方式、响应反馈的方式以及成长方式。教学变革要教会学生如何在一个不断变化的世界中进行高效的理解与领导。

从内部改造大学并不容易。许多学者是传统主义者，多数大学尊崇其传统，并因此得到嘉奖。这些学者通常拒绝创新，原因很简单，因为创新代表了一种偏离常规的做事方式。也许这些学者也认同自苏格拉底时代以来高等教育没有发生改变的这一观点，但他们没有意识到，他们坚信的很多传统是为某个特殊的历史时期设计的，但这样的历史时期早已不复存在。

高等教育转型还面临着来自学院以外的挑战。最近的两次变革运动承诺会带来彻底的变革，但实际上什么改变也没有发生。其中一次是教育技术运动，通常受到商业人士和一些专家的支持，这些支持者赞成高等教育现代化，主张"终结大学"，利用新形式的技术取代教授和教室。对如何在一个不稳定的就业市场中做好就业准备，很多人都被误导了。技术能做什么、不能做什么，人们的理解尚不全面。无论是从高成本技术的既得商业利益出发，还是从以上哪一方面考虑，许多所谓的创新者都忽略了一个问题，即学习到底是如何发生的。在不改变教学或评估方法的情况下，将苹果平板电脑带入传统教室，将传统的课堂课程放到网上，并通过自动化的多项选择测试系统对学生进行评分，这只是将 19 世纪对标准化学习、狭义专业化和被动教学法的设想进行了数字化处理。然而，我们常常巧舌如簧地称赞这些尝试有远见，同时也是改变保守松散的大学所必需的举措。

第二次运动的变革者与第一次运动的变革者取得的成果有相同之处。这些政治家和批判家呼吁进行更多的"技能培训"，让学生"做好上岗准备"。他们认为，女性和性别研究等人文学科和项目是在浪费时间和金钱。他们通常认为，只有科学、技术、工程和数学方面的技能才能帮助学生找到工作，并促进经济增长。在州和联邦立法机构一级，这些人认为彻底取消对公共高等教育的资助是合理的，理由是我们应该从有限的职业培训中剔除"无用的部分"。在新经济中，这对于年轻人来说无疑是一场灾难。通过外包和自动化，以特定技能为基础的工作注定会很快过时。美国国际商用机器公司（IBM）确信，在人工智能的驱动下，机器人的使用将在未来20年内消除所有中产阶级的就业机会，尤其是在科学、技术、工程和数学领域。任何声称自己知道哪些特定技能可以在将来为学生保驾护航的人，都是在误导学生。

一些变革者是出于好意进行变革，但另外一些变革者要么是出于贪婪，要么是出于意识形态方面的考虑，或者两者兼有。不管动机是什么，变革者认为大学已经过时的这一判断具有一定的正确性，但他们却未能"对症下药"，给出恰当的对策。

无论以何种方式在进行，这些变革运动都源于一个更深层次的问题：当今社会，我们对高等教育的支持力度不足，但对高等教育的需求却比以往任何时候都要强烈。人们对高等教育这一公益事业丧失了信任，这让当前一切与之相关的事物都变得畸形。我们从大量的研究中得知，除了培养精英，大学的扩张还为中产阶级提供了一条道路，这对于民主而言至关重要。这是杜鲁门委员会在第二次世界大战后《退伍军人权利法案》（1944年）实施早期的发现。美国高等教育的黄金时代大致是从《退伍军人权利法案》持续到林登·贝恩斯·约翰逊总统领导下的伟大社会时期。在约翰逊总统任职期间，1965年通过的《高等教育法》增加了高等教育经费，特别是财政援助。但自罗纳德·威尔逊·里根成为加利福尼亚州州长起，一直到他担任美国总统期间，他不再支持高等教育，并且削减人均经费。这种趋势一直持续到现在。

如今，从茶党（Tea Party）到特朗普政府领导下的美国教育部，保守势力在州和联邦立法机构一级对高等教育发起攻击。2008年金融危机后，大多数州对高等教育的支出急剧减少，直到现在情况仍是如此。即使一些州的其他社会物资和服务已恢复到2008年前的水平，但教育支出还是没有增加。一些州的高等教育"战争"对学生生活和学生债务造成了毁灭性的影响。这导致大学学费更加高昂、课程选择和咨询服务不断减少，同时也是对教师的一种剥削。在大学里，现在几乎一半的课程都由兼职教师讲授，其中一些兼职教师的实际工资甚至低于最低工资水平。

这对学生、教师和制度变革都很不利。在过去几十年里，对高等教育支出的削减危及我们的公立大学，这使得许多教师对变革产生怀疑，而这些怀疑不无道理。在一些州——

特别是北卡罗来纳州和爱荷华州——州长或董事僭入最高级别的教师和行政管理，用与自己政治和意识形态属于同一阵营的内部人士取代优秀的学校领导者，并强行证明这些变化是"现代化"战略的一部分。

在过去的 10 年里，人们常说，如果把高等教育作为企业来经营，将学生视为"顾客"，那么高等教育会更加高效和现代化。这种想法大错特错——不仅错在把高等教育当成一种商业模式，更错在误解了高等教育的使命。

这把我们必须为下一代的未来做出的大量投资变成了少数人的摇钱树，一切可以出售给学校的东西，这些人都会制造出来。这颠覆了教育的目标——帮助年轻人转变成能在困难时期茁壮成长的成年人，将教育目标变成了别人赚钱的机会。极大的利益冲突将学校转变为中介机构，其主要目标首先是向股东报告财务增长，其次才是向学生兜售服务和商品。商务计划中根本不包括学习。

按正常的上学年龄计算，在互联网发明后出生的大学生，他们一生都生活在不断消失、颠覆、分散、受扰、令人不安的经济环境中。他们目睹所有行业和职业的变化、萎缩或消失，包括音乐行业、新闻业、银行业、法律实践、娱乐、零售及大学教学。优步一代，也称"变迁一代"，对于他们来说，临时的、按需的、兼职的劳动是一种新常态。许多学生未来的工作可能没有福利、没有保险、没有其他保障，他们需要自己掏钱支付费用，看不到晋升或未来的希望。他们从授课的兼职教师身上感受到了这种惨淡的工作形式：学生在大学期间由没有工作保障的教师上课；学生很有可能在毕业后找到的工作也没有保障。

在我的学生里面，家庭环境极不稳定的学生会有找工作和丢工作的经历，他们也曾经目睹过父母找工作和丢饭碗的情形。大学毕业时，他们想要的东西很多：希望有一份职业或一份工作，为社会作贡献，让自己和家庭感到骄傲，让社区变得富强。他们想要的不仅是改变世界的技能，更想成为变革者；他们想的不仅是了解技术，更想发明服务社会的技术。这也是我希望从下一代年轻人身上看到的，当他们的父母和祖父母退休之际，自己可以肩负起领导世界的责任。

我曾在杜克大学担任多年的教员和行政人员，主管创新，自 2014 年 7 月起，我在纽约城市大学任教，提出并指导未来倡议计划。在这期间，我遇到了数千名学生，他们参与进来，意识到自己身上出现的问题，并决心学习必要的技能来解决这些顽疾。专家们对千禧一代的看法是完全错误的。谷歌没有让学生们变得愚蠢，苹果手机没有让学生们变得孤僻，大学也没有让学生们变得沉默和被动。他们想要充分地了解世界然后领导世界。坦白说，他们想要青出于蓝而胜于蓝，想要更好地解决世界上存在的重大问题。

学生们想要工作吗？当然。但是，他们想要的不仅仅是工作。他们非常现实，不相信工作培训就能保证他们在将来能找到工作。他们又非常理想化，不可能满足于一份入门级的工作，因为他们有机会打造一条意义非凡的职业之路。学生们如何实现自己的目标？在一个变化如此之快以至于没有人能预测接下来会发生什么的世界里，想让学生们取得成功，我们该如何培养他们？

今天我们需要的大学教育必须让学生做好准备，应对他们史诗般的旅程以及旅程中像高山和峭壁般的困难。教育应该给予学生力量，武装他们去面对一个艰难的世界，让他们学会反击，而不仅仅是去适应。

如果这听起来是个难以完成的挑战，那么我们先听前方传来的一个好消息。现在，几乎在每个学校里，睿智的教育者们——有时是少数有远见的人，有时是一大群人——都在研究高等教育的新模式。社区大学、人文学院、地方公立大学和大型州立大学也是如此。如果你是一名家长或一名未来的大学生，你可以重点考虑一下这些学校。比起一所收费高昂、声誉斐然的大学，这些大学可能更适合你的孩子或更符合你的目标。在排外性极强的一批大学里，富有创新性的教职员工和项目也在试图做出改变。尽管我们没有经常听到他们的事迹，但这些的确在发生。《新教育》也是为他们而准备的，希望探索出的新教育模式可以激励其他学校走自己的路。要变革大学，我们需要的不仅仅是一种模式，更需要一场运动。

在制度层面上，这场教育变革运动试图通过重新定义传统的知识边界，组织一系列的智力论坛，提供经验和项目，激发学生使用各种方法得出全面的、创新性的答案，从而跳出传统的学科、系别和部门，重新设计大学。是什么塑造了信仰？我们如何改变思想？通常情况下，大学中已经有了一些大胆且与之相关联的项目。这些通常是跨学科项目，资金不确定，无权雇用教师，尽管这些项目更适用于解决学生在现实世界中面临的问题。这些项目涵盖的一系列复杂技能，通常是雇主所要求的。项目通常覆盖本科和专业教育。例如，要解决一个有关环境问题的跨学科项目，就需要了解生态学以及法律、工程、计算、政策、法规及商业领域的知识；还需要统计学、数据科学，以及严密务实的逻辑课程方面的一些知识去评估证据。如果该项目的目标是教育学生如何实施解决方案（而不仅仅是研究），那么这就涉及人文社科方面的知识，学生需要了解文化、政治、意识形态、经济理论及权力动态——所有这些社会因素都可能促进或阻碍长期的问题解决进程。

像环境解决方案这样的项目通常是精品课程，甚至是一种个性化专业，选择这一专业的都是一些极具才华和抱负的学生。他们一般在学校的重点专业和学科之外运作，而这些专业和学科是学校排名和教授获得认可的依据。21世纪的新教育让边缘学科一跃成为核心学科，新教育强调的不再是专业和学位攻读过程中需要满足的要求（艾略特时代的作风），而是一系列既具互动性又有灵活性的想法和策略，这才是后互联世界所需要的。

如果我们能够变革学院和大学，不再为了考试而教学，而是挑战学生，赋予学生自主性，我们就可以最大限度地帮助学生在一个充满变数的世界中取得成功。这就需要一种新的教学方法，一种注重学会学习的教学方法——这是最重要的一种技能，任何人都可以掌握。学会学习能让学生成为一名独立的、严谨的研究者，无论在何处遇到问题，他们都可以通过一系列创造性的、批判性的和计算性的方法来解决。

高等教育的目标不仅仅是做好就业准备，它更为重要的使命是教会学生处世之道。毕业之后，在一个没有成绩、没有学校要求、没有论文、没有教师的环境之中，前路如何，我们无法得知。教育应当教会学生做好准备，面对一段即将开始的未知之旅。

目录

1　青年危机

　　艾略特惊恐地看着金融机构接二连三地倒闭，先是在美国，接着在欧洲，然后在全球新兴市场。最近，他以优异的成绩从哈佛大学理论化学专业毕业。他很幸运能够靠家族遗产生活，可以没有后顾之忧地从事纯粹的科研活动。虽然纯粹科研活动没有报酬，甚至没有什么实际价值，但是一旦取得突破，就可能改变整个世界。

　　但世事难料，艾略特专心从事科研的梦想破碎了。父亲投资失败，艾略特面临着和同学们一样的谋生挑战。除了纯科学教育，他在学校接受的主要是传统的文科教育。什么样的工作适合这种精英呢？越来越多的专家坚持认为，在一个现代化、高科技、全球互联的世界中，传统的大学教育一文不值。他会是美国第一代不如前一代富足的人吗？他在哈佛大学接受的教育是为他的未来服务，还是为他的过去买单？

　　我的学生将这称为"青年危机"。在他们25岁的生日派对上，这群年轻人全然没有光明职业生涯即将开始的乐观和兴奋，整个派对弥漫的是对未来的举棋不定和存在的无力感：即使手持学位，成绩优异，但就业前景却黯淡无比。按常理，计算机科学，数学和工程专业符合就业市场对学生的要求，但这类专业毕业的学生也在考虑要不要通过升学找到更好的工作，以便偿还学生贷款，离开父母的羽翼到外面的世界生活，成为一名高效的社会成员，能够和人们口中即将到来的机器人相抗衡。

　　像艾略特一样，在讽刺青年危机的庆祝派对上，我的学生也表达了他们真正的恐惧。

　　但是，有一个关键的区别。不同于焦虑的千禧一代，艾略特决心担起设计现代美国研究型大学的重任。艾略特生于1834年，1853年从哈佛大学毕业。他并不担心自己的工作前景是否会因人工智能驱动的"零工经济"而消失，他和当代的学生一样，关心的是技术在未来社会中的作用。他为第二次工业革命带来的变化而苦恼，这个时代充斥着电报、电力、铁路、大规模印刷、钢铁制造、商业石油钻探、城市化和装配线。艾略特是美国名门之后，他立志成为高等教育的变革者，因为他认为他所接受的清教徒学院教育和培养已经过时，在新技术催生的工业时代里，清教徒学院教育无法培养美国未来的管理者和领导者。

1857年的恐慌震撼了整个世界，也震撼了艾略特的认知世界。新的电报技术加剧了第一次全球性金融危机。摩尔斯电码以无法遏制之势传播经济危机的消息，四处扩散恐慌。俄亥俄州人寿保险和信托公司的破产给证券市场和各大银行造成了行业信用多米诺式的坍塌，债权人纷纷破产。信用危机首先发生在美国，相继扩散到其他各国。1857年9月，满载黄金以稳定纽约市场的美国"中美洲号"邮轮意外沉没，缓解经济危机的希望也随之落空，整个世界经济都遭到了破坏。直到内战，美国才从经济危机中完全恢复。

艾略特知道造成经济危机的原因。与大多数人持相同的观点，他认为造成经济恐慌的罪魁祸首是美国的浮夸和天真。要是加大对银行的监管力度；要是贪婪的债权人没有过度扩张风险贷款，而是严格把控抵押物不充足的借贷人；要是国会注意到堆积如山的债务带来的警示，没有困于党派偏见，这场灾难性的经济危机就可以避免。

美国作为一个前途光明的新兴超级大国，在1857年经济恐慌的冲击下，声誉一落千丈。其他国家——尤其是欧洲国家——直指美国缺乏一个成熟完备的高等教育体系，缺乏一个能让精英人才做好准备去应对美国在国际事务中日益发挥重要作用的教育体系。他们将经济泡沫的破裂归咎于美国的地方主义。美国人的确擅长创新，但欧洲人认为美国人盲目相信技术，没有完全理解技术的社会或经济的含义，如快速通信技术。

1857年，艾略特任哈佛大学化学数学系助教。他发现哈佛大学与1636年成立的培养牧师的清教徒学院相比几乎没有什么变化。1849年，年仅15岁的艾略特直接从公立波士顿拉丁学校进入哈佛大学学习，虽然他确实参加了入学考试，但那时哈佛大学并没有真正的入学要求。当时一个典型的考题翻译如下："在雅典比地米斯托克利更杰出的人物是谁？是谁即使遭到祖国无情的放逐，也仍然没有背叛祖国，反而做出了和20年前科利奥兰纳斯一样的举动？"

这种考试在1636年对评估受过古典教育的牧师们可能很有用，但是在艾略特时代，90%的哈佛大学学生无意担任神职，他们和世界上的大多数人一样，正面临着人类历史上最伟大的技术和社会变革，所以对于这些学生而言，地米斯托克利几乎没有可借鉴的地方。

无论如何，不管艾略特的入学考试成绩有多好，这都不重要，因为他进入哈佛的真正原因是他的父亲曾就读于哈佛大学；他的祖父塞缪尔·艾略特曾是马萨诸塞州银行的行长，并捐款主办了哈佛大学的艾略特希腊文学讲座。从他母亲的家族来看，其外祖先可直接追溯到马萨诸塞湾殖民地的创始人之一埃德蒙·赖斯。艾略特显赫的家世是他能够进入美国这所最古老的大学的筹码。

艾略特在哈佛大学学习的课程与入学考试的内容几乎一致。这些课程从哈佛大学成立之初就已经存在了。学生需要掌握的必修课程有严格的顺序要求，主要集中在三个学科领域：拉丁语、希腊语和数学，还有少量的自然科学知识等。

一般来说，在完成通识课学习后，毕业生会进入某个专业领域当学徒，如神学、医学、法律、牙科或兽医学。职业课程的学习是临时性的，它与哈佛大学的主要课程联系不太紧密。学生可以直接进入职业学习，而无须事先通过哈佛大学或其他任何学校的学习，学生们只需高中文凭就可以参加职业培训。

从 1636 年哈佛大学建校到 1857 年的经济危机，如果世界都按照以往的方式运转，这种教育体系不会导致多么严峻的问题。但是在经济危机发生后的那一年，虽然哈佛大学没有发生太大的变化，但其周围的一切几乎都发生了改变。

最重要的是，工业化改变了人类与地球的关系：我们可以活多久，在哪里生活，我们是选择住在乡村的独户住宅，饲养家畜，耕种庄稼，过着自给自足的生活；还是大举搬到城市，住进公寓，找一份工作，拿着工资从专门从事生产的人那里购买商品。可以用一个例子来解释这一动态而复杂的过程，如人们正在变化的饮食习惯。从 19 世纪初开始，人们通常在市场上购买家庭所需要的肉食，而不是自己饲养和宰杀牲畜。这听起来可能是一个普通甚至微不足道的改变。然而，伟大的环境和劳工历史学家威廉·克罗农详细地论述了在消费实践中，这象征着家庭、社区、社会、国家、经济、政治、劳工、移民、健康、生活方式和人口关系的转变。这也揭示了为什么艾略特时代迫切需要不同类型的职业教育。

以 1820 年新英格兰农村的一个农场家庭为例，他们管理一个花园，养了一小群牛，还养了几只鸡和一两头猪。全家人分担家务，经营农场和照顾家庭。虽然只是皮毛，但每个人都会在实践中学到很多东西——从家庭管理到园艺，再到畜牧业，只有少许劳动通常按照性别进行分工。相关知识和实践从上一代传到下一代，由哥哥姐姐教给弟弟妹妹。

当第一块西部牛肉以低于本地饲养牛肉的价格在新英格兰市场出售时，这种熟悉的单户农场经营开始发生变化。突然间，小农场经营难以为继。继而衍生出了现代农业经济的先驱，这种复杂的专业化农业经济需要铁路、航运基础设施、肉类包装设施等。一个家庭再也不能仅仅依靠土地，生产他们赖以生存的农产品和牲畜，再出售或交换几头牛或猪来支付他们自己无法生产的商品。许多农民家庭从农村搬到城市，只为找一份工作，赚取收入购买食物，这些食物可能是前一代人自己就能够生产出来的。

这种新的经济动态减少了对家庭手工业和农村单户农场的需求，但同时加大了对专业化人才的需求，需要更多专业化的人才对新兴的、机械化的大规模农业操作的每个阶段进行监管。例如，在卫生屠宰、包装和加工肉类配送方面需要一些专业化人才。创建专业协会是为了建立不同类型监管专家的资格认证标准。学校开始培训检验员以及独立认证检验员的人员。工人由管理人员监督，这些管理人员本身在高度分化的生产过程中受过专门培训，培训范围从牲畜运输到饲养场，再到维护牲畜运输的铁路。

需要一批新的专业人员来设计肉类生产的人力、机械、法律和信托机构，并管理肉类生产过程的每一个环节。专业人员的必要工作包括证明每个环节操作的安全性、计算利润、裁决冲突、成立工会保护工人免受剥削、为无法工作的工人提供社会服务等。这些技能按照传统的学习方式是学不到的，从父母或者哥哥姐姐那里学到的知识并不能通过实践就可以习得。

这些职业无法为工人提供像拥有一家小商店或农场那样的个人满足感。拥有一家小商店或农场，工作的自豪感会深深根植于日常生活以及社区的方方面面。在农业经济模式中，雇员们用劳动从雇主那里换取工资。任何奖励或认可都由雇主代表授予，雇主也就是通常所说的主管。员工不是因为他们的高自主性、聪明才智、知识渊博、富于创新等个人优点而获得奖励，他们获得奖励是因为他们完成了主管定下的目标（或生产配额），而这些目标又是主管的上级给他（她）定下的目标。员工不需要专门生产自己和家人生存所需的商品，但是全家的生存有赖于员工的工作能力。随着工业化的到来，工人们脱离了他们的工作，工作也脱离了工人生活的社区。这就是卡尔·马克思所说的"劳动异化"：人的劳动变成了物品，独立存在于人之外，并受他人的控制。

举个例子，牲畜的饲养和屠宰是分开的。饲养牲畜的人吃的肉一般不是自己饲养的牲畜，因为肉类加工业和肉食消费者是分离的。为了赚取时薪，工人全天站在工作地点把从运输线上运来的牲畜加工切割成大小相同的牛腰肉、鸡腹肉和牛尾肉，这一切割过程将个人责任从整个肉类生产过程中分离出来，将责任划到牲畜和食用牲畜的人身上。当底线只关乎公司及其股东时，劳动和安全之间的鸿沟即使不会变得不可逾越，也会不断变大。这就产生了保护工人的新需求。联邦政府雇用了一大群安全和健康人员来监管和保障劳动、安全和卫生。前几代人根本不需要监管人员和政府人员，因为安全和卫生与他们自身及其家庭和社区的生存直接挂钩。

正如克罗农所言，牛肉产业发生的变化同时也发生在当时的其他产业中，以家庭和社区为基础的生产活动逐渐转变为专业化的分工合作，所有的这些转变需要训练有素的工人，监管者和政府人员。

于是正规教育从此诞生。19世纪，对于美国和正处于工业化中的欧洲而言，伟大的教育项目旨在将农民培养成工厂工人，将店主培养成新兴产业的经理、主管、监管者、政府人员和决策者。实施义务公共教育响应了培养工厂工人的需求。在英格兰，1833年的《工厂法》很好地表明了工厂与学校之间的关系。那时，工业化已经在英格兰进行了几十年。该法案把可以在工厂工作的儿童年龄提高到9岁，并减少了儿童每天的工作时间（工作时间为9~12小时，取决于儿童的年龄）。该法案还规定每天应留出两个小时用于接受教育。正如马克思等人指出，这种学校教育不是为了学生的自我实现，而是为了培养顺从的工厂工人。教室同车间一样，都受到精心的管理，有固定的课桌、标准化的课程，并将知识划分成独立的学科，每天在特定的时间学习。

这种学习方式并不"自然"，但它与当时大规模生产的新世界非常匹配。随着人们从农场搬进城市，从从事家庭手工业转变为在工厂工作，很多家长担心在这巨大的社会变迁中孩子的命运。于是义务公共学校教育受到追捧。在一个不断变化的世界中，义务公共教育被认为是一种稳定规范的培养方式，足以让孩子应对未来。从1852年（马萨诸塞州颁布法律）至1918年（密西西比州颁布法律）期间，美国每个州最终都颁布了法律，要求州政府出资为学生提供教育。每个州都规定了孩子开始上学的年龄和可以离开学校的年龄，规定了孩子的上学天数、每天的上学时长、学校假期的长短，在某些情况下，甚至还规定了课程要求。

除了这些变化，在资本主义教育变革者、政治家、部长和商业领袖的领导下还开始了一项举措——在从殖民时期就成立的英格兰著名学府中扩张高等教育。从宪法颁布到1820年，平均每两年就会开设一所新的大学；1820年之后，平均每年有3~4所大学诞生。到内战时期，美国声称拥有近1000所独立的、分散的高等教育院校，招收了近15万名学生。

19世纪，这些大学在很长一段时间里基本是小型的教派学院，平均每个学院的人数不到90人。一些学院是由白人移民建立的，这些学院与其说是教育事业，不如说是一种宣传边疆力量的手段。在当地，这些学院早在实行义务中小学教育之前就已存在了。这些学院人手不足，财政状况不佳，而且经常缺乏各种课本和教学设施，用鸡、蛋、猪支付教授的薪水，甚至有时候什么都没有。时常有那种只是名义上存在于宣传材料上的"学院"。

从农场到工厂，社会各阶层对专业化培训的需求体现在推动公立大学系统的建立上，让人们在参与工业化、农业经济和大规模生产的更大进程的同时，满足生活在农村地区的人们的需求。1862年，在内战快开始时，国会议员贾斯汀·莫雷尔提出了一项法案，也就是后来熟知的《莫雷尔法案》，该法案允许将联邦土地出售给自耕农的钱作为捐赠物重新用于资助各州的赠地大学。给每个符合要求的州分配了3万英亩联邦土地，这些土地要么在州内，要么在州外的宅基地上。出售这块土地的收益可以用来建立学校。内战期间，南方各州禁止参与该计划；然而，在1890年，根据第二个《莫雷尔法案》，前南部邦联也享受到了同样的福利。用贾斯汀·莫雷尔的话来说，该项法案的重点是让高等教育"向所有人开放，尤其是劳苦大众"。

赠地大学扩大了高等教育的覆盖范围，延伸了高等教育的使命，它的范围和使命远远超过实行清教徒学院模式的常春藤盟校，这极大地改变了美国社会。多数赠地大学的基本宗旨是把新的农业科学以及随之而来的社会和经济发展带到美国农村：学校将教育农民，并让他们变得专业化。科学的作物轮作、畜牧业和土壤改良都是现代农业的一部分，这将成为大学研究的课题，而不是简单地从老一辈那里学习。

然而，从狭义上讲，这些赠地大学并非专业大学。《莫雷尔法案》的崇高目标是："在不排除其他科学和古典研究并涵盖军事战术的情况下，按照各州立法机构所规定的方式教授与农业和机械艺术有关的学科，以促进工业阶级接受有关职业和其他生活追求的文科和实践教育。"

当时建立的所有大学几乎都是公立的（麻省理工学院和康奈尔大学除外）。当内战结束，第二部《莫雷尔法案》将赠地大学的适用范围扩展到前南部邦联时，增加了一项新条款，从此建立了传统黑人院校（HBCU）。

当时美国南方很多州从法律上隔绝了白人和黑人，但由于《莫雷尔法案》的资金支持，因此，新学校不允许实行种族隔离。为了满足《莫雷尔法案》的条款要求，传统黑人院校紧邻南方白人的赠地大学。这是高等教育参与吉姆·克劳种族主义和种族化的"隔离但平等"的黑人歧视法案的一种方式，在内战后重建时期被"妥协"接受。

1869年，当艾略特在他的宣言《新教育》中谈及现有高等教育高校的缺点时，他有意将赠地大学排除在批评范围之外。因为赠地大学的概念从提出到当时只有"四五年时间"，"真正开始教育"的时间才几个月，判断这些大学有多创新还为时过早。然而，和同时代的其他人一样，艾略特意识到这些地方公立大学提供了一种截然不同的高等教育模式，与清教徒学院提供的教育模式相比，这种教育模式更加符合社区的需求。事实上，大多数"赠地大学"的创始校长都毕业于新英格兰的精英大学（包括哈佛大学），他们所接受的是传统的希腊语、拉丁语和数学教育，这和从密歇根州东兰辛或爱荷华州埃姆斯的土地上崛起的新式大学使命存在差异。至于如何调和这种差异，他们尚未做好准备。

随着人们越来越深刻地认识到，处于工业化中的美国公民需要与工业化相匹配的高等教育，艾略特在美国最古老、最负盛名的大学里掀起了一场革命性变革。他认为，如果美国处处都在发生变革，那么高校首当其冲应在学校课程中体现这些变革。按照他们的说辞，哈佛大学和其他常春藤盟校无法担起为新兴大学、公司、职场、政府和其他快速变化的机构培养合格领导人的责任。

在 1857 年的经济恐慌时期，人们认为哈佛大学的教授本就出身富裕，通常不需要靠教书赚钱。对于艾略特来说，他在哈佛大学的工资是象征性的，与其说是赖以生活的工资，不如说是一种谢礼。但经济危机之后，他在哈佛大学的工资是他唯一的收入。他担心自己迫于生计，不得不"放弃化学，转而经商谋生"。

艾略特沉浸在构想新式高等教育的兴奋之中，醉心思考新式高等教育如何为美国蓬勃发展的新兴产业做出贡献。他决定推迟进入商界，转而从事高等教育变革的事业。欧洲当时已经经历了广泛的教育变革。因此，1863 年，艾略特拿着祖父的遗产，再加上一笔贷款，带着研究德国和法国蓬勃发展的新式研究型大学的目的开始了他的欧洲之旅。一同前往的还有艾略特的妻子艾米丽和他的两个儿子，一个刚刚蹒跚学步，另一个还在襁褓之中。艾略特为自己设置了严格的欧洲高等教育体系的学习课程，其中包括职业学校及致力于培养欧洲精英的一流大学。欧洲的职业学校比美国新兴的赠地大学历史更悠久，发展更完善。

与他同时代的多数美国学者一样，艾略特慕名前往柏林大学（后改名为柏林洪堡大学），该大学是由自由教育改革家威廉·冯·洪堡于 1810 年建立的。和哈佛大学一样，柏林大学面向精英而非普罗大众，致力于培养未来的政治人才和知识领袖。柏林大学的理性主义思想基础意味着它着重对男性进行全面培养（当时不招收女性）。

柏林大学的学科结构和课程比美国的大学更加广泛。洪堡本人非常支持文学、历史、现代语言、美学和语言学（这也是洪堡自身的研究领域）等人文学科的建设。大学认为这些学科是自然科学、工程和技术等重点领域研究的一种延伸，两者不可分离，每个研究领域都需要以逻辑、推理和知识关联性为基础的基本原理。

柏林大学是一所世界性大学，旨在将学生培养成世界公民。它将研究和教学、科学和艺术结合在一起，要想培养一个满足社会需求的学生，都必须接受这些教育。受其创始人理性主义思想的启蒙，这所新式研究型大学的特色就是我们现在所说的"学术自由"——不受学校管理者或执政党的宗教、政治、经济或知识倾向的影响，能够自由地从事研究。柏林大学促进了自由、独立思想的发展和交流，促进了社会进步。洪堡强调大学应该由国家补贴，而不应受到资本市场需求和压力的驱动。

艾略特还研究了法国的教育体系。法国教育体系的基础与德国不同，它建立在另一种高等教育模式之上。德国的大学强调筛选、多样性和选择性，而法国的教育体系植根于"统一性"，即强调课程、学校要求和录取程序的标准化和规范化。艾略特仔细研究了这两种教育体系的优缺点，将更规范的法国教育体系和强调选择、强调学生选择能力（选择选修课程和研究指导教授）的德国教育体系进行了比较。

艾略特的长远目标是研究先进的高等教育系统对社会的影响。为了更深入地进行研究，他采访了各行各业的人，从法国的车间工人，女帽制造商到德国的企业领导人，甚至还采访了德国王子和公主。他采访的对象还包括上过大学的人和没上大学的人、从事专业技术的人和穷人、学生和教授、职业教育者和大学辍学者。艾略特希望评估大学的社会影响，这也是社会上大部分人的想法。

他指出，在欧洲，特别是在德国，所有的大学都是由贵族出资建立，包括专为技术性商人设计的理工学院。这就产生了两个后果，一是德国的教育体系实际上可以让学生免费接受高等培训；二是德国的劳动力群体会比美国的劳动力群体技术更娴熟，知识更渊博。

艾略特高度赞扬了他在欧洲之行中看到的许多变革。对哪些变革在美国行得通，哪些可能行不通，艾略特有他独到而深刻的见解。

他知道美国人不会接受一个由联邦政府出资、自上而下、统一的全国大学教育体系。从一开始，美国的教育就是地方各州的责任。强制或统一的变革在美国是行不通的，所以他转而集中精力把哈佛大学等一众精英大学打造成其他大学教育变革效仿的蓝本。

艾略特与欧洲教育家的思想在有一点上存在很大的差异。欧洲教育家认为年轻人应该尽早工作，但艾略特不赞同这一观点。在欧洲，10～13岁的孩子会步入不同的教育轨道，之后他们有的上大学，有的上职业技术学院，学习某一门指定的学科。例如，不擅长理论化学的学生在大学二年级时换成了教育学专业。相反，艾略特支持美国的高等教育理念，认为高等教育是一个正式的机会，可以让人们重新思考自己的职业，重新打造自己，走向一个不一样的未来。

独具慧眼的选择和恰到好处的时机使得艾略特在哈佛大学进行变革，并创建了美国的研究型大学。艾略特在欧洲进行信息收集之旅时，收到过一份薪酬丰厚且令人印象深刻的工作邀请：马萨诸塞州洛厄尔市的一家大型纺织厂梅里马克公司希望艾略特担任他们公司的首席执行官。作为报酬，艾略特将获得每年5000美元的高薪以及一栋免费居住的房子。

艾略特游历欧洲的主要原因之一是想知道美国高等教育如何才能培养更多的企业领袖，尤其是在制造业领域，所以担任梅里马克公司首席执行官这一工作邀请非常诱人。在梅里马克公司，他在工厂中受到的化学实训，他的聪明才智和商业头脑都有用武之地。

他还收到过另一份工作邀请。新成立的麻省理工学院是为数不多的私立赠地大学之一，刚刚向第一批学生敞开大门。艾略特决定放弃经商，转而接受麻省理工学院的职位，成为该校第一位化学教授，年薪为 3500 美元，远远高于他在哈佛大学的收入。

哈佛当时正处于一个挑战重重的时期。短短 10 年内，哈佛大学陆续有过三任受过牧师教育的校长，这 3 位校长要么辞职，要么在任期内去世。与此同时，越来越多的商界领袖开始认同艾略特的观点，认为哈佛在培养学生适应现代世界方面做得一塌糊涂。

艾略特在麻省理工学院当教授时，发表了一篇名为《新教育》的长文，文章分为两部分，言辞尖锐。这篇文章不仅引起了轩然大波，还掀起了一场以艾略特为核心人物的全国性讨论，讨论高等教育的范围和目的，以及应该如何彻底变革大学教育来适应工业社会，令大多数旁观者惊讶的是，当哈佛大学理事会为"谁应该在这内忧外患之际领导哈佛大学"争论不休时，有人提出了艾略特的名字。并非每个人都认可这一提议，哈佛理事会的一些成员犹豫不决，但是其他人认为艾略特认真务实，具有远见卓识，正是哈佛大学所需的人才。牧师和古典主义者是体现哈佛大学地位最重要的两个职业，但艾略特既不是牧师，也不是古典主义者。尽管如此，1869 年 10 月 19 日，35 岁的艾略特还是成功当选哈佛大学的校长。

艾略特轰轰烈烈地开始了他的任期。从古至今，就职演说大都充斥着陈词滥调，但艾略特在就职演说中明确表明自己将在任期内做出变革。他坚信美国人并非天性愚昧。和许多欧洲人一样，他指出落后的学校教育才是问题所在："出现问题的原因与人的天性无关，问题的症结在于小学到大学这一段不完善的教育体系。"在艾略特看来，真正的问题不是"教什么，而是如何教"。

从一开始，艾略特就采取果断的领导方式，重组学院，建立新的课程、研究领域、学科和要求；改善了教授的工作条件，改变学校对学生的偏好和录取标准。艾略特在哈佛大学成立了正规的医学院和专业学院，并为此筹集了资金。他与那个时代举足轻重的资本家联手资助学校的发展，并改进了学校的方方面面，从入学程序到毕业要求，从体育用品到种族关系。

艾略特一直与其他教育先锋者保持联系，包括康奈尔大学的安德鲁·怀特和密歇根大学的詹姆斯·安吉尔，以及 3 所私立地方研究型大学的创始人丹尼尔·科伊特·吉尔曼（约翰·霍普金斯大学）、威廉·雷尼·哈珀（芝加哥大学）和大卫·斯塔尔·乔丹（斯坦福大学）。他们形成了一个人际网络，并成立了一个几乎包括美国所有大学校长的协会，开始重新定义大学，认为大学是专门培养专业管理人员的地方，让学生可以在 19 世纪末 20 世纪初的经济、技术和社会混乱中茁壮成长。

　　尽管艾略特强调教育要有务实性，但他反对像德国的理工学院那样只提供技术性和职业性非常强的教育。他认为，职业教育论并没有产生预期的效果，"要培养一名优秀的工程师、化学家或建筑师，唯一可靠的方法是首先或至少同时将其培养成一名观察敏锐、善于反思、聪明理智的人，头脑里不仅要储存大量的知识，而且经过良好的训练之后具有观察、比较、推理和决断的能力。因此，每所精心建立的技术性学校的首要目标是进行严格的智力训练。同时，学习课程需要精心安排，要包括大量与学生目标职业相关的知识和实践练习"。

　　1909 年，在担任哈佛校长 40 年后，艾略特在一封写给朋友爱德华·埃弗雷特·霍尔的信中列出了他心目中的 9 项创举：

　　1. 重组医学院，并为医学院争取了巨额捐款。

　　2. 在兰德尔的领导下重建法学院。

　　3. 和信仰不同教派的教职工一起在科学基础上重建神学院。

　　4. 在代表多个教派的传教士委员会的领导下自愿提供宗教服务。

　　5. 除牙科学院外，进入专业学院须有学位，牙科学院今后也会有同样的要求。

　　6. 将哈佛大学作为一个统一的多部门单位进行管理——一个本科系部和多个研究生院。

　　7. 对选修进行制度上的完善。

　　8. 捐赠行为和学生数量的增加。

　　9. 哈佛任教的教员学术素质显著提高。

　　这份成就清单的内容涉及广泛。值得注意的是艾略特非常看重新设立专业学院的专业化程度和招生要求。对于所有的哈佛大学教职员工和学生来说，对研究、专业化和资格认证的重视必然也会对哈佛大学产生影响。艾略特九大成就中的每一项都要求对哈佛大学的其他方面进行广泛的变革。为了改变教学，拓宽学生的兴趣和特长（选修课），艾略特不得不重新思考哈佛大学的录取标准。他希望招收教育背景更多元化的学生，而不仅仅局限在希腊语、拉丁语和数学这 3 个领域。为了扩大学生群体的规模，提高生源质量，艾略特在申请的学生中挑选不是哈佛大学精英校友后代的学生。更了不起的是，艾略特以卓越的名义，支持我们现在所称的"多样性"。他认为这对哈佛大学学术生活的完善和现代化建设至关重要，有利于哈佛大学走向开放和包容。不同于前几任哈佛大学校长，艾略特同意招收犹太人或罗马天主教徒。他还招收非裔美国人，其中一个名为威·艾·柏·杜波依斯的年轻人是第一个获得哈佛大学博士学位的非裔美国人，后来成为 20 世纪最著名的社会学家之一。考虑到很多聪明的学生往往出身并不富裕，所以艾略特筹集了一笔资金，向他们提供经济资助。

艾略特虽然无法想象女性和男性同在一个校园的场景，但他非常支持女性教育，这代表着维多利亚时代美国的进步立场。当时，许多科学家和医学专业人士认为，学习会影响甚至摧毁女性的生殖能力，削弱她们的母性本能。艾略特在 1869 年的就职演说中指出："这个世界对女性的天赋和智力几乎一无所知。只有经历过几代公民自由和社会平等之后，我们才有可能获得必要的数据，对女性的自然倾向、品味和能力进行充分讨论。"他随即向听众保证，自己无意在哈佛大学进行性别平等的实验："对这个争议点盖棺定论不是哈佛大学目前该做的事。"

然而在 1879 年，一位剑桥商人亚瑟·吉尔曼找到艾略特，向他提出了一个要求，艾略特欣然接受。吉尔曼创办了私立女子学院，当时名为"哈佛大学附属学院"，后来更名为拉德克利夫女子学院。为了让哈佛大学的教师在他创办的女子学院授课，吉尔曼给他们支付额外的薪资，让自己才华横溢的女儿和其他年轻女性接受一流教育。吉尔曼询问艾略特他们学院与哈佛大学的关系是否可以正式化，艾略特对此表示同意，并同吉尔曼一道招揽了美国许多优秀的女性来领导该学院。其中就包括著名的博物学家路易斯·阿加西斯的妻子伊丽莎白·卡里·阿加西斯，她将成为拉德克利夫女子学院的第一任校长。经过劝说（高薪也是一部分原因），哈佛大学的其他教职工同意在拉德克利夫女子学院任教，对女性进行全面的学科教育。拉德克利夫女子学院是当时学科教育最全面的一所女子学院，涉及现代语言、哲学、音乐、历史、政治经济学、自然历史、数学和物理。

受柏林大学的启发，艾略特最重要、影响力最久远的贡献在于他对学生选择的重视。他认为应该允许学生选择课程和教授。允许学生选择自己的学习课程意味着大学需要适应可能出现的各种趋势。大量的学生涌向由某位教授授课的课程，这就反映了哪些学科领域受欢迎，哪些学科领域吸引力不佳。然后在最受欢迎的学科领域增加新的高级课程，雇用新的教职人员。这就需要新的研究生项目为该领域培养下一批教授，并且在现有的教师中为新的教职人员腾出空间。艾略特制订了待遇丰厚的退休金和养老金计划来激励战略性退休，这一做法前所未有。同样，所有的变化都是环环相扣的，整个教育体系可以说是牵一发而动全身。

为了促进对新领域的研究，奖励优秀教师，艾略特制订了新的晋升标准。新教师和新生一样，不能仅仅因为他是哈佛大学校友的后代就能成功入职，而且教师再也没有信托基金可以补贴收入。艾略特将哈佛大学教授的年薪从 3000 美元提高到 4000 美元，让他们可以养家糊口。德国研究型大学强调研究第一和知识自由，受这一点的启发，艾略特还制订了一套晋升和终身职位制度。

1909 年，在艾略特卸任哈佛大学校长之际，德国客座教授尤金·库恩曼写下了一篇文章，细细考量了他的成就。虽然艾略特在给朋友霍尔的信中提供了一份未加注释的成就清单，但是库恩曼的文章更加全面。他写道：

> 一种新的精神必将注入变革后的哈佛大学。哈佛大学必须彻底改变教学方法和目标，而且，所有院系急需提高工作标准。根据学生自我负责的选择，可以放弃一些要求不高的规定课程，转而投身真正的学习之中。实践目的不强的训练体系将会被纯学术训练所取代，用纯学术训练彰显高学识专业的威严和重要性。但最紧迫的任务是确定通识教育和专业培训之间的恰当关系。学生只有完成了所选学院的通识教育之后才能被专业学院录取。进入专业学院才是最终目标。事实上，美国教育的核心概念蕴含在对这些重大问题的决策之中。

在艾略特担任哈佛大学校长的超长任期中，他首次提出对美国现代大学的要求，并在哈佛大学进行试点实施，最终这些要求逐渐演变为制度化的存在。主要包括：主修、辅修、学部（人文、社会科学、自然和生物科学）、学分、学位要求、成绩、贝尔曲线、偏离平均值、班级排名、认证、通识教育、高年级选修课、选择教授的能力、可选的考勤制度、专业化（证书、认证）、研究生院、大学法学院、护理学院、研究生教育学院、大学商学院、哈佛女子附属学院（后称拉德克利夫女子学院）、竞争性奖学金、经济资助、大学入学考试、资本筹集活动、教授基本生活工资、终身教职、休假、教师养老金、学校排名、新课程和科目（包括自然历史、代数、实验室物理、几何、现代语言、美国考古学和人类学）、世俗化和选择性祈祷（哈佛大学是第一所结束强制性祈祷的美国大学）。

其中许多要求对于美国高等教育来说是前所未有的，甚至是比较激进的。1909 年大多数要求已经在学校施行，截至 1925 年，这些要求已在全国多所学校中成为制度化的存在。对当代的每个读者而言，任何一个要求都无须解释，因为这些要求一脉相承，仍是当代大学的根基。对于艾略特的个人成就而言，这些要求意义非凡。但是，如果将这些要求继续作为 21 世纪高等教育的基础，那么问题就来了。

哈佛大学从清教徒学院转变为美国现代大学，这种转变发生在一个特定的历史时期，目的是应对工业化带来的广泛的社会变革。在领导高等教育革命的过程中，艾略特和他的同事们顺应时代思潮，对工业化、数据驱动的科学方法、可量化结果、职业化、专业化、新的制造模式以及新的劳动和管理思想表示支持。美国高等教育精英大学的校长与当时资产最雄厚的企业家联手，为雄心勃勃的高等教育变革家提供了资金支持。例如，芝加哥大学校长哈珀与石油巨头约翰·洛克菲勒，斯坦福大学校长乔丹与铁路巨头列朗·斯坦福。艾略特则与这些巨头及当时众多其他的企业家紧密合作。

参与高等教育变革的慈善家，像卡耐基、洛克菲勒、康乃尔、詹姆斯·布坎南杜克、马歇尔·菲尔德、科尼利尔斯·范德比尔特等人，在公众眼里，他们是不折不扣的强盗资本家。虽然这些人在政治信仰和个性上千差万别，但他们都认为职业化和生产力非常重要。他们和艾略特以及其他教育家一样信奉 19 世纪 80 年代和 90 年代美国盛行的商业管理理论。他们尊崇科学管理之父弗雷德里克·温斯洛·泰勒的作品——《科学管理原理》，有时直接受其影响。泰勒的主要目标是将可量化或"科学"的计量应用于劳动，以提高经济效率和生产效率。

尽管泰勒的研究脱胎于工厂，但他认为自己关于衡量投入和产出的做法适合所有劳动，如公司董事会、专业协会以及大学中的劳动。他主持过美国机械工程师协会，并致力于为该领域制订管理严密的标准。后来泰勒成为达特茅斯塔克商学院（美国第一批商学院之一）聘用的第一位教授，他致力于将科学劳动管理转化为学术实践。劳动实践、测量方法、生产率配额的标准化是工厂和装配线管理的关键，这也逐渐成为高等教育的一种新方法，渐渐依靠定量指标来检验教育质量和专业知识。艾略特和泰勒都对对方的作品有所了解。

泰勒的时间和运动研究旨在最大限度地提高专业劳动力的效率。装配线最显著的一个特点：在产品制造过程中，没有全能或者多技能的工人。与之相反的是，生产过程被划分为一个个独立的任务，经过培训之后，每个工人能够准时完成自己在装配线上负责的那一项操作，而且在不断的重复之中，生产技能和效率达到最优。泰勒认为，如果遵循某些原则，就可以越来越高效地完成每项任务。这些原则包括对每位员工进行专门培训、评估，增设训练有素的管理者，对员工的工作效率进行监督和衡量。泰勒支持分工制度，在这种制度之下，工厂的管理者指示工人像机器一样有规律、重复地为工厂工作。设计的工作程序是连贯的；管理者希望工人从早到晚都能始终如一地按照同一工作效率进行工作。简而言之，人类的工作生活要适应机器的节奏和需要，人类的产出和效率按照标准化的测量来判断，所有这些我们今天都称之为"泰勒主义"。

泰勒在一家生铁厂当经理期间进一步完善了自己的想法。泰勒是一位富家子弟，曾就读于菲利普斯埃克塞特学院，并以优异的成绩通过了哈佛大学的入学考试。他本打算追随父志，去哈佛大学法学院学习。但是，像比尔·盖茨或马克·扎克伯格这样的行业先驱一样，泰勒认为未来属于产业，而非法律。在生铁厂，他提出了科学管理理论。他用新理论测量了在一个 10 小时的工作日内，一名工人在激励条件下可以搬运多少生铁，并设定了工作配额——在实验条件下，工人可以搬运多少生铁，搬运速度如何。泰勒把达到目标配额的工人称为"士兵"，把没达到目标配额的工人称为"装病逃差者"。"士兵"会得到奖励，"装病逃差者"则会受到惩罚甚至是被解雇。

为了让学生做好准备面对一个日益由工业化和泰勒主义主宰的世界，艾略特和同事在设计大学教育时，注重专业化、标准化分析以及来自同伴和监管人员的持续评估。在哈佛大学的引领下，几乎每所精英大学都建立了由筛选性入学测试和可测量结果驱动的教育系统，这是泰勒的劳动生产率计算在高等教育中的产物。大学将知识划分为不同的专业部门（学科、专业、辅修以及必修课和选修课的组合），之所以这样划分，部分原因是受到泰勒分工理论和效率理论的启发，泰勒的效率理论是指每位工人使用特定的方法熟练掌握一项工作的特定部分。高等教育中的职业主义几乎等同于专业化，这与先前历史上博学多才的人物典范形成鲜明对比，如文艺复兴式人物——一个多才多艺、全面发展、富有远见、跨学科的思想家。专业的学术培养和学术声誉与泰勒主义以及工业时代其他形式的管理哲学不谋而合，这些管理哲学强调岗位描述的高效性和准确性，需要给出具体的岗位要求、岗位职能、工作任务和职责。19 世纪 90 年代流行的"人力资源"这一新领域，源于泰勒主义，并融进了新的研究生院、专业学院和研究型大学的建校使命中。这些学校围绕相关生产安排课程，在特定的学科和专业协会内进行同行评审。

就连美国的文科学院也紧随其后，效仿哈佛大学的方式重新组织课程：学生在选择主修或辅修之前接受两年的通识教育。在艾略特帮助下建立的新英格兰院校和预备学校协会设计了排名和认证系统。通过该系统可以对美国不同的高等教育院校进行比较、判断和排名。学校的每个方面都会通过一个隐性或显性的价值体系进行判断，通常是一些可以量化的衡量标准。例如，"录取标准"或者"录取率"等输入标准，以及成绩的高分平均值（一种将知识简化为字母或数字的新概念和新方法）等输出标准。哈佛大学和其他常春藤盟校的研究型大学成了评判其他院校价值的隐性标准。教育机会不再只局限在于校友后代之中，换句话说，入学考试和录取标准（以及拒绝率）变得更加重要了，这有助于精英大学获得其他学校梦寐以求的顶尖排名。

为了顺应重视排名和指标的新趋势，精英大学的教育者们于 1899 年 12 月 22 日创建了大学入学考试委员会（简称 CEEB）。大学入学考试委员会总部设在哥伦比亚大学，负责设计更加统一的入学考试。大学入学考试委员会为植物学、化学、英语、法语、德语、希腊语、历史、拉丁语、数学、物理和动物学专业设立了笔试，任何人都可以参加。大学入学考试也可以将美国不同院校招收的学生群体进行比较。高校学生的考试总分越高，大学的排名也就越高。

学生、教师和整个学校逐渐按照预先确定的、可测量的价值体系进行评级。与此同时，泰勒主义用科学的时间和运动研究取代了经验性的质量判断，时间和运动研究可以量化车间工人的生产率。他还为中层经理和高管设计了新的会计方法和时间表。和泰勒的科学管理理论一样，艾略特领导的哈佛大学注重时间和知识的关系。例如，"学分"制的制订需要对学生的在校时长和上课时长（"联系时间"）进行统一要求和标准化管理。因此管理和学术领域的特点是对每堂课、每门课程、每学年和每个学位的课时数进行规定。

从测量工人用手推车运送生铁的效率到用标准化的考试分数决定学生是否可以进入精英大学，这两者之间的差异远小于我们的想象。泰勒认为应该给每位工人分配生产配额，而且专业化的劳动比常规劳动生产效率更高。在此影响之下，艾略特和当时的其他教育家设计出了现代大学来培养国家精英，让他们担起工业时代的领导者角色。在技术、科学、社会和经济快速变化的时期，大学将把这些精英们培养成专业的管理阶层。

艾略特对大学创新虽然现在看来是已持续 100 年的强制性和标准化管理，但对于当时培养新兴工业化和城市化国家所需的专业管理阶层来说，却成就斐然。现代大学的特点是培养和衡量专业知识生产，这些特点在当时有其可取之处。如此一来，学生就可以凭借各自的才能在一个分工明确的公司中找到自己的一席之地。稳妥起见，艾略特在学徒模式的基础之上重新设计了哈佛大学，这种模式可以测试学生在大学里学到的知识，测试学生所学的所有课程，判断学生是否符合该领域中专家规定的学位要求，能否获得该领域的学位。当然，对"卓越"和"领域"的定义首先以精英大学建立的标准为基础。

尽管艾略特的目标之一是培养全面发展、独立思考的毕业生，但是艾略特设计的教育体系很难从结构层面上进行创新。艾略特设计的教育体系缺乏灵活性和适应性，也无法根据学校情况（经济情况和地方特点）或者学生能力的不同作出反应。事实上，这一体系对天赋和智慧、创造力和独创性的认知非常有限。该体系狭隘地认为这些特质和能力可以根据预先建立的标准化指标——智力生产配额——进行测试。这就可以解释为什么在同一个时代既衍生了所有与高等教育院校相关的特征，又出现了"天赋"和"学习障碍"这样的新词汇。"天赋"和"学习障碍"可以说明人类的差异，解释为什么有些学生即使鹤立鸡群，令人钦佩，但也有无法测量出的缺点。

在现代大学里，泰勒所说的"科学劳动管理"在教育领域可以理解为"科学学习管理"。当今世界上盛行的标准化考试的源头可以追溯至此，那时的人们认为一个简化标准的答案才是科学的，是衡量智力、天赋或成就的良好指标。如果早期的教育工作者遇到标准化答案，肯定会难以理解，因为在他们看来，首要的评判指标涉及背诵、演讲、辩论以及其他表现形式。但是，身处机器时代的我们已经彻底接受了这些教育思考方式，所以很难脱离这些思想，也就难以看到这些教育思考方式的历史局限性。如果我们能够成功摆脱这些思想，我们会惊讶地发现，如今正规教育中的许多观念实际上已经过时了，甚至可以说是古怪的。

在艾略特时代以及接下来的几十年里，许多进步的教育家发起过抗议，反对将人们学习、思考和了解世界的各种不同方式简化成机器判定的考试分数，反对将所有的教学和课程推论简化为标准化考试。20世纪之交，约翰·杜威、玛利亚·蒙台梭利和一些进步思想家反对将人类蜕变为只会考试的应试人员，反对通过打钩填空的考试方式获取学位。教育研究和教育理论经过百年精密而彻底的发展，取得了丰硕的成果。例如，保罗·弗莱雷的批判教育学、哈沃德·加德纳的情绪智力、贝尔·胡克斯的积极学习和卡罗尔·德韦克的成长心态，这些理论成果将我们从研究型大学创建时期盛行的教育思想相隔开来。经过整整一个世纪的研究之后，研究结果表明了什么是学习，人们如何在不同的环境和领域中学习不同的内容，人们如何在团队中发挥自己的作用，人们如何投资自己的项目并完成一系列后续工作，把一闪而过的想法落实为具体的行动，这远胜于任何标准化测试所能衡量的教学。

然而，我们还没有将这些与积极学习相关的发现纳入大多数精英大学的制度实践中。恰恰相反，计划成为大学教授的研究生除了接受各自专业领域的严格培训之外，几乎从来没有上过任何一门教育学课程。他们对新的（甚至旧的）教学方法的研究知之甚少。如果学徒制（按照所跟导师学习的方式学习）是理想的教育模式，那么教师就无须学习如何更高效地给学生授课。假设教师们都是向各自的导师学习如何授课，如研究生模仿导师的授课方式，导师的授课方式也是模仿他们学生时期的导师，那么教育学也就无关紧要了，教学方法也不需要做出任何改变。

我们现在比以往任何时候都更加依赖泰勒的测量方法和理念，泰勒和他的同事将这些方法和理念融入了现代大学的基础设施中。例如，学术能力评估测验（简称SAT），这是学生进入大学的门槛。20世纪初期出现了第一次多项选择题考试，它可以用网格或成绩表（后来用机器）来评分。这种考试满足了当时的需求：新颁布的法律要求学生在16岁之前必须留在学校，这就有效地将中学教育从为精英分子准备的大学学前培训转变为人人可以接受的大众教育，包括美国当时的数百万移民。当时没有足够的教师，不能为每个学生提供单独的关注和详细的书面反馈。于是这类考试将复杂的学习评估过程变成自动化过程，把知识简化成从四到五个干扰项中选出一个最佳答案。即使没有受过训练，评分者也可以利用答案网格很容易地算出分数。恩波利亚州立大学（以前是堪萨斯州立师范学院）的博士生弗雷德里克·凯利发明了单项选择限时测试。在智商测定新方法（1904 年）的启发下，他在 1914 年发明了堪萨斯无声阅读测试。这些尝试完全是时代的产物。如果标准化和自动化（只要是黑色，你可以得到任何你想要的颜色）可以高效低价地设计出模型，那么标准化和自动化同样适用于学习。

以下是凯利设计的一个样本试题，这也出现在他 1914 年的论文中："下面给出了 4 种动物，圈出对农场有用的动物：牛、虎、鼠、狼。"论文继续写道："题目需要我们圈出'牛'这个单词，其他的都是错误答案。如果在'牛'这个词下面划线，答案也是错误的，无法得分……时间一到，立即停笔。听到开卷指令之后才能打开试卷，以确保所有人都可以同时开始答题。"

在正确答案下面划线而没有圈出正确答案，这就意味着我不能进入哈佛大学吗？到 1925 年，这种限时多项选择测试变成了人们更为熟知的形式，即学术能力倾向测验。90 年后，尽管多项选择测试背后的教育理念受到质疑，但 SAT 取得高分仍然是通往大学的入场券。满分成绩证明的是智慧还是顺从？这代表的是天赋还是财力，或是代表曾经接受过"应试教育"教师的培训？它能洞察一个人的创造潜力以及改变、学习和再学习的能力，或考试成绩所证明的指标恰恰与此相反？美国是世界上最早、最频繁地进行考试的国家。我们对测试的过度依赖只是冰山一角。一个世纪以来，我们一直在磨砺、完善、规范和扩展艾略特的高等教育体系。

哈佛大学经历了长期良好的发展。然而，在如今这个复杂而又常常令人不安的世界里，哈佛大学也无法让学生做好准备，满足世界在概念、认识、经济、知识和社会方面提出的需求。即使是艾略特时代最基本的范畴，在我们这个后互联网世界也不成立。我的职场生活、个人生活、社会生活和政治生活，有关我本人的所有信息，有关我工作的所有要求，这一切都会出现在我手中的智能手机上。在这样一个世界中，"工作"和"休闲"的界限在哪里呢？

我会在家里安装一个人工智能驱动的设备，这个设备可以悄无声息、小心翼翼地收集我每天的行踪，然后根据收集的数据告诉我想要做什么。我可以进入 19 世纪的办公楼，沿着走廊行走，每个院系和学科在走廊的划分之下变成了一个个独立的空间。走进我的私人办公室，然后关上门，把自己与外界隔离开来。随后打开台式电脑，整个世界，无论是个人的、社交的还是专业的，瞬时铺天盖地地席卷而来。相反，当我最终尽可能远地离开办公室去度假时，只要用手机打电话，我就会不可避免地看到部门主管发来的需要立即回复的电子邮件。当今的高等教育，并没有让我们做好准备去应对这个日渐融合且混乱的工作和家庭生活，这也是目前大多数人的现状。

我们现在所处的世界不同于艾略特与其同事创建主修、辅修、研究生院和专业学院的那个世界。事实上，很多需要非常严格训练的职业都已经没有了存在的意义。例如，多数医学生毕业时往往拥有其他专业领域的学位作为自己的第二学位，因为医学院没有让他们做好从医的准备。需要高级学位（包括研究生学位和专业学院学位）的职业正在被迅速外包、外调或压缩为低薪、无保障的"应急"工作（指没有劳动保障，没有工作保障，也没有福利的暂时性工作）。会计、新闻、计算机编程和大学教师等职业经常出现这种情况。

如你所见，自从艾略特将学时、终身职位、护理学院等制度保留下来以后，高等院校并没有就此停滞不前。大多数院校都在不断增设与当今世界相关的新项目。无论是创建基因组伦理、数据科学和社会项目，还是成立种族和执法项目，高等院校都在努力解决当今时代最紧迫的问题。

事实上，今天几乎每个高等院校都运行着一套并行系统。一方面，学校提供传统专业、辅修专业、院系和学科，这些专业与工业时代大学创建的专业非常相似。传统院校雇用新的教员并决定教员的晋升和聘用问题。高等院校往往根据这些核心学科的生产力进行排名，所谓的核心学科与 1900 年哈佛大学和拉德克利夫女子学院的核心课程类似（现代语言、哲学、音乐、历史、政治经济学、自然历史、数学和物理）。教授职位列表招聘以及发放研究生、新任教授的助学金和奖学金都在同一个专业协会公告，这使得他们很难远离传统学科的边界。

然而，大多数院校真正的进步体现在研究机构、各种研究方案和跨学科团体等非传统领域。这些非传统领域通常跨越了传统结构，受到教师最具创新性的研究启发，给学生提供机会参加原创研究，实践项目、实习或体验式学习，不再将学生局限在传统专业的各种要求和设定之中。跨学科项目往往与核心院系存在某种矛盾甚至对立的关系。这些项目最易遭到开支削减。削减"无用学科"让大学变得更经济，这类学院精简运动与意识形态目标紧密相连，通常最先被削减的就是就业机会最灵活的相关项目。

当代大学的传统基础设施仍然与艾略特及其同事设计的基础结构非常相似。然而，这样的基础结构对于当代的学生而言已不再适用。19 世纪的变革改变了人们的生活和工作条件，为了应对这些变化，艾略特及其同事重新设计了美国的高等教育。在他们看来，应对这些变革需要一种专业化、可测量、可量化的新方法来教育美国的年轻人。

他们的这一想法完美地应对了数百年前工业化时代出现的大规模变革。

如今，同样身处困境的我们正奋力做出改变。

2　全民大学

杰夫·温格既油嘴滑舌又自恋，擅长将苦差事丢给他人，完全符合人们对年轻律师的刻板印象，羽翼未丰但急于求成，穿的西服华美而昂贵，一如他常春藤盟校出身的背景。然而转眼一切都烟消云散。杰夫被曝学历造假，他的学历出自哥伦比亚一家营利性学位"作坊"，而非著名的哥伦比亚大学。造假事件被曝之后，他在律师事务所的工作停了，律师资格证也被吊销了，落得个声名狼藉的下场。但他决心从头开始。

和所有道德故事一样，一开始杰夫在社会中失了体面，一败涂地，但在故事的最后他找回了自己的体面，甚至是完成了自身的救赎。物质财富的得失正是契机所在，杰夫在这得失之中找到了人性更深层次的财富。即使在通往道德的路上有时会故态萌发，但杰夫也逐渐放下了自己的防备，学会了谦逊、耐心、勤奋和尊重他人。慢慢地，他一步一步地走完这漫漫长路，最终走向了幸福。杰夫抓住了人生的第二次机遇，将他的人生提升到了一个新的高度，过上了更美好、更人性、更人道的生活。杰夫的第二条人生道路始于格林戴尔社区大学。

杰夫由演员乔尔·爱德华·麦克哈尔扮演，他是美国全国广播公司风靡一时的喜剧系列片《废柴联盟》的明星演员。喜剧演员兼作家丹·哈萌根据自己在社区大学的经历创作了《废柴联盟》，该剧的情节很简单。《废柴联盟》的开头展现的是杰夫曲折的救赎之路，即杰夫希望得到社区大学颁发的副学士学位。在格林戴尔社区大学，杰夫喜欢上了布里塔·佩里，布里塔·佩里是一名激进的社会活动者，高中辍学，在环游世界之后回到社区大学学习。杰夫为了接近她，邀请布里塔·佩里加入他成立的学习小组，布里塔·佩里同意加入，因为她是真心实意地想要学习，她还邀请了几个同学一起加入：阿布蒂·纳德尔，巴勒斯坦和波兰混血，沉迷于流行文化的各种八卦，有一点多动症；特洛伊·巴恩斯，是一位英俊的非裔美国运动员，他曾不安地透露自己内心古怪；安妮·爱迪生，一个非常聪明但缺乏安全感的年轻人，决心克服社会焦虑，戒掉高中时期养成的嗑药习惯；皮尔斯·霍桑是一位富裕、思想保守的老年"返校生"，该人物由油腔滑调的切维·切斯饰演，霍桑只要找到一个他可以欺负的人，就会向对方滔滔不绝地倾诉他的自我发现。

这是情景喜剧中常见的古怪多样的角色。大多数美国人生活在一个相互隔离的世界里，除在社区大学外，很少有人在日常生活中能遇到这么多形形色色的人。在社区大学中，人们可以遇到各个年龄阶段，来自不同背景、种族、经济阶层，信仰不同宗教，智力水平、能力水平以及决心各不相同的人。虽然该社会群体极具多样性，但他们有一个共同目标，那就是接受教育。《废柴联盟》这一纪实性电视节目准确地体现了社区大学的多样性。能够跨入精英大学门槛的人只有1%，而且高昂的学费只有富人才能负担得起，社区大学反其道而行之，向所有需要第二次机会的人敞开大门。

欢迎大家来到全民大学！大多数人都了解社区大学的目的。但我们不太了解的是，社区大学的地位虽不高，但是有很多值得其他高等教育院校学习的地方。因为社区大学的使命、结构和制度设计几乎与艾略特设计的研究型大学完全相反，社区大学与艾略特的研究型大学相对立，最重要的是社区大学不会对学生进行严苛的筛选。因此，社区大学为我们的教育提供了许多新的教育理念。

艾略特的四年制大学和两年制社区大学模式最大的不同点在于这两者的使命。研究型大学将学校声誉放在首位，而社区大学优先考虑的是学生的成长。社区大学没有用固定的专业标准作为录取门槛，如平均成绩（GPA）或高考分数（AST），不管学生的水平如何，社区大学一律招收并帮助学生实现他们的目标。以《废柴联盟》为例，招收的学生可能是一个名誉扫地、被剥夺律师资格的人，但他决心从职业和道德底层重新开始；也有可能是一个曾经嗑药的瘾君子；又或者是一个寻求陪伴的孤独老人；抑或是一个出身中产阶级的聪明貌美的年轻女性，为了探寻内心，花了太多的时间环游世界。以上这些社区大学可能招收的学生都不可能被斯坦福大学或哈佛大学录取，因为这些人既不会提升斯坦福大学或哈佛大学的排名，也不可能在未来给这些名校增光添彩。

社区大学优势明显，它能够创新并直接满足学生及各方的需求，原因在于社区大学没有包含在四年制院校使用的排名系统内。如果你是一所四年制大学的新任校长，不管是哈佛大学还是更大的公立院校，你的主要目标之一就是提高学校的排名，因为学校排名的提高意味着学校教育质量的提高。学校排名的提升也是评价新任校长工作好坏的重要指标。

校长提高大学排名最快的一个方法就是实行更严苛的录取标准，因为录取率是决定排名的一个重要因素。更严苛的录取标准也会带来其他好处。实行更严苛的录取标准会招收到准备更充分的学生，学校几乎不用做出其他改进，就可以自动提高学校的平均成绩水平、返校率和毕业率。因为美国的中小学公共教育是由地方政府出资，所以我们的公共教育体系是发达国家中最不平等的。由于阶级和现实中的种族隔离，地方学校系统极不均衡，提高"标准"（即录取标准）意味着你需要与一群更富有、准备更充分的学生进行竞争。这样会导致更多的全日制学生出现。尽管如今有 62% 的大学生一边学习一边工作，但对于非全日制学生人数来说，大型公立大学多于精英私立大学，社区大学里的人数也就更多了。一边工作一边学习会耽误毕业时间，影响学业成绩，这一点不足为奇。如果没有外部就业的压力，不兼职打工的学生快速毕业的可能性更大。

这是一个完美的封闭式循环。精英学生出身于精英家庭，接受的是质量更高的中小学公共教育，最终他们更有可能进入精英大学而更快地毕业。当然，这种录取方式限制了种族和经济的多样性。由于经济和种族隔离对社会的影响，因此，招收黑人、西班牙裔和新移民学生的可能性微乎其微。而社区大学之所以更加多样化是因为他们不追求排名——社区大学的创建使命决定了他们不会追求排名。

研究型大学的本质在于排除、分类、挑选和排名；社区大学的本质则是包容、补救和提供机会，社区大学会给人们提供一次、两次、三次甚至更多的机会，直到人们取得成功。因此，在社区大学中，教授有不同的教学方式、学生有不同的学习方式，成功也有不同的衡量标准。但在研究型大学中，要用优秀且专业的隐性标准来评价这些精心挑选出来的学生，这种标准通常体现在某个杰出的教师身上。在社区大学，几乎所有人都可以被录取，教育的目的不是让学生复制教授的专业知识，而是让学生获得发展所需的基本素养。

根据定义，社区大学以学生为中心，因为社区大学没有预设的、先验的录取标准，也没有根据假设的学校排名等级确定的筛选标准。社区大学不会明里暗里地与哈佛大学或其他顶尖名校进行排名，也不会设定标准对每个学生、教授、院系和学校进行评判。一所卓越非凡的社区大学总是不断地追问，社区里还有哪些人没有享受到服务（像残疾老兵、新近假释的人、老人、难民、无证工人、全职妈妈），并想方设法地帮助他们实现目标。

如果学校使命旨在接纳所有人，那么学校的一切运转都必须为每个学生的成功服务。这意味着学费更低廉；学生可以申请经济援助；学术学习更具灵活性和多样性；学校提供基本的识字和算术培训，基本的语言和文化培训（移民也包括在内）；根据当地社区具体职业提出的最新要求，为学生提供专业技能培训的机会；新增专业认证加强传统学位和文凭；给予个体学生更多的关注（重视咨询和小班教学）；增加课外内容和在线课程以补充本地课程；为兼顾学校、工作和家庭生活的学生提供更大的灵活性，满足他们的时间需求。社区大学建立的初衷是重点关注学生，而不是教授、专业或者学科，但教授、专业和学科是研究型大学的核心。

四年制大学之间存在着巨大的差异，同样，社区大学之间也不尽相同，各具特色。一些社区大学设计成专门的职业学校，或是提供特定的职业培训项目，这样的学校扮演着越来越重要的角色，因为中学在资金削减的压力之下取消了职业培训；另一些社区大学则是复制了传统院校前两年的通识教育模式，为四年制研究型大学培养输送人才。

然而就学校设计而言，社区大学不仅仅是四年制院校前两年的替代品。社区大学以学生为中心，这意味着社区大学的目标是以学生的现有基础为出发点，提高学生的知识水平。社区大学的通识教育课程没有认为，学生在进入大学时就已经具备了中产阶级高中教育阶段的历史、文学、艺术、社会科学、自然科学和数学等基础知识。因此，社区大学不会像四年制大学那样拒绝"准备不充分"的学生。相反，社区大学会接纳这些学生，帮助他们填补知识方面的空白并做好更充分的准备。

最近我参加了一个为期2天的研讨会，会上讨论了纽约城市大学（CUNY）系统中本科生的领导力和同伴指导。会议期间，几位学生找到我，真诚又恳切地希望我能和纽约城市大学的校长谈一下。他们对我说："您一定要告诉他，得让他知道四年制院校存在着一个很严峻的问题。校园里的一切都很落后，学校好像根本不关心我们，我们似乎没什么作用，感受到的只有挫败和茫然。"这几位学生都曾在纽约城市大学系统中获得两年制大学的副学士学位，目前就读于四年制大学。

这些学生都非常优秀，他们来自纽约大学系统中3所不同的四年制大学。当我告诉他们这些四年制的大学没有什么大问题时，他们对我的这一言论表示震惊。实际上，这些院校只是在按照当初设计好的方式运作，正如人们常说：四年制院校的目标是"淘汰"那些没有做好准备和"不适合上大学"的学生。帮助来自不同背景的学生走向成功从来都不是四年制大学的目标。在大学的第一次新生班级聚会上，院长通常会这样给学生们说："看一下你左右两边的同学，你们3人中只有1人可以毕业。"但是社区大学会张开双臂热情欢迎这两位无法毕业的学生，这两人将在社区完成挑战，重新找到自己的一席之地，从而走向成功。

在一所四年制大学的教师会上，教师们都在抱怨新入校的学生准备不足，能力不够，会上谈到的内容是如何保持学校的现行水准，防止分数灌水。同样的情况如果出现在社区大学的教师会上，会议讨论的重点内容很可能是在大量的测试和过多的应试教育造成破坏性影响的现行体制之下，如何满足学生进行补救的需求。

杰夫到格林戴尔社区大学的第一天傻笑不止，和他一样，我们习惯性认为社区大学无法提供其他大学所提供的高等教育。在我们已经内化的价值体系中，我们将社区大学置于价值体系的最底层。我侄女的朋友充满讥讽地告诉她，"圣莫尼卡社区大学基本上相当于十三年级"。但是对于我的侄女来说，那是她理想中的大学，在那里，她可以磨砺自己，实现职业理想，成为一名优秀的珠宝设计师，开创自己的事业。要真正欣赏社区大学的可取之处，就意味着我们要终止百年来的一些价值取向，如对证书的重视胜过对学生的重视，对掌握专业知识的重视胜过对实际学习的重视，要求学生向专家学习，而不是赋予学生自主性让他们变得更专业（无论最后的专业水平如何）。

从19世纪开始，社区大学就被视作中学后教育的一种替代形式，而非"不入流"的四年制大学。社区大学拥有完全的包容性，可以接纳不同水平的学生。它的目的不是培养专业的管理阶层，即能够领导美国在世界舞台上崛起的新型领导人。与四年制大学相比，社区大学并不是"落败者"，相反，社区大学有着明确的功能和目标。

1850年以前，只有少数社区大学提供特定形式的中学后培训，主要是教师培训。但在1909—1919年这10年间，中学后培训迎来了大发展大繁荣时期，当时全国社区大学的数量从20所左右增加到近200所。这些被称为"两年制专科院校"的社区大学数量不断增长，同时，中学也不断扩张，不再只局限于为大学培养精英。各州通过的法律要求学生在青少年之前必须待在学校学习，这就意味着教师数量会出现普遍短缺，尤其是职业教育教师数量的短缺。随着高中变得越来越包容，高中课程中加入了新的职业学科。但是，由于四年制大学没有涵盖职业学科的教学，因此，中学缺乏一个强劲的职业教师培训机制。这两个因素导致第一次世界大战后社区大学的数量翻了一番。新成立的社区大学既有私立的也有公立的，还包括教会学校和提供专业职业教师培训的营利性学校。

与四年制大学一样，设立新的社区大学是为了应对工业化带来的经济挑战。但社区大学关注的重点是普通学生而非精英学生。工业化引发的全球经济变化需要技能更熟练、受教育程度更高、更国际化或"世俗化"的人才，或者是人们通常认为的受过教育的中产阶级。当然，这也是艾略特努力改造和拓展美国高等教育的主要原因之一。但在1900年，超过四分之三的高中毕业生没有上大学，主要是因为他们自己没有继续深造的意愿，或者是没有经济能力，抑或是不具备离家去上寄宿大学的灵活性。而社区大学提供专业的技能培训，这是一种低成本的高等教育形式，人们可在不扰乱家庭或工作生活的情况下接受教育。

朱莉特初级学院被认为是现代第一所正式的大专院校或社区大学。朱莉特初级学院的前身是伊利诺伊州乔利特市中央高中学校的高中和社区大学的结合体。学生从该校毕业后可以进入高中，从事有关教师培训、职业教育或公民教育（普通公民课程）方面的专业工作和高级工作。很快，高中校园里的高等教育成分被剔除。自初级学院成立以来，美国就读社区大学的人数超过一亿。

从一开始，社区大学就有几个显著的特点。通常，社区大学总体规模较小，强调小班教学。与大多数四年制大学不同，社区大学很早就向女性开放，并且重视小学教师的培养。

密苏里州以及其他一些州没有强制要求文法学校教师必须拥有学士学位，所以在这些州的社区大学中，通常60%以上的学生是女性，而且将来准备从事K-8（幼儿园到八年级）公共教育。在早期阶段，由于经济条件的限制和种族主义招生政策（许多寄宿学院在公开或隐蔽的种族主义招生政策下运作），如种族隔离主义、反亚洲和反犹太主义，因此，社区大学成了移民和少数民族上大学的场所。

如今，美国有1166所社区大学，大约一半的美国大学生曾就读于社区大学。对于那些极度贫穷，没有资历，但又野心勃勃，意志坚定，潜力无限的大多数社会成员来说，社区大学是他们成为中产阶级，摆脱贫困的理想途径。

在年收入低于25000美元的家庭中，大约44%的学生在高中毕业后直接进入社区大学学习（相比之下，高收入家庭的孩子就读社区大学的比例为15%）。第一代大学生中有38%首先上的是社区大学，而父母是大学毕业生，孩子上社区大学的比例为20%。将近一半的西班牙裔学生、31%的非裔美国学生和28%的白人学生首先在社区大学开始学习。社区大学降低了入狱学生数量（所谓的学校到监狱的直通车终结者），因为中学的"零容忍"政策增加了警察对学校和学生生活的干预。社区大学通过接收来自刑事司法系统的学生，资助监狱项目等手段，减少了入狱学生数量，为帮助美国摆脱世界第一监狱长的恶名做出了自己的一份贡献。

社区大学的确有成效。普通的社区大学生一生的收入远远高于既没有专业证书也没有副学士学位的同龄人的收入。一项大规模的研究调查了六个州的社区大学，结果表明，在家庭背景相同的情况之下，获得副学士学位的学生比没有获得副学士学位的学生平均每年多挣5400美元。在这一数据结果中，很大一部分学生来自年收入低于25000美元的家庭。近四分之一的社区大学毕业生的收入高于本科毕业生的平均收入。如果大学排名的标准不是按照录取的难易程度，而是按照所谓的"社会流动性指数"（该指标用于衡量学生进入大学时的家庭收入水平与学生毕业后收入水平之间的差异），那么社区大学的排名高于四年制精英大学。社区大学的确为人们提供了一条步入中产阶级的途径。

社区大学不用衡量"优秀"的客观标准来衡量学生的成功。不管高考分数或先前的学业成绩如何，只要有高中文凭或是通过了通识教育发展考试的学生，社区大学一律准予录取。60% 的大学新生如果不对写作、阅读，特别是数学进行补习的话，他们无法跟上大学一年级的课程。如果我们的教育使命是确保每个学生都能学习，提高学生的知识水平，那么我们必须摒弃高等教育通常使用的许多指标，如钟形曲线。钟形曲线仅凭预先确定的评定等级就断定了学生的成功和失败。在教学结构上，许多大型公立和私立大学利用"淘汰课程"控制进入某些专业领域的学生数量。所谓的"淘汰课程"是一种学术手段，通常对一大群学生就某个学科领域进行入门讲解，然后通过标准化的考试给每个学生评定等级。在数学、统计学和有机化学入门课程上通常只有一小部分的学生获得 A。如果医学预科或数学专业需要一定的平均绩点才能进入该专业，那么课程没有得到 A 将对学生的职业抱负有着决定性的影响。在分数上设置门槛与社区大学的使命和课程设计背道而驰。

若使用缺陷型教学模式，教授利用专业知识，以优秀或失败为标准，评估学生距离优秀或失败有多远，在这种情况下，钟形曲线和淘汰课程才有效。社区大学的使命是向所有人传授知识，"我什么都不知道"是基线，是走向成功的起点，而不是失败的象征。

随着顶级的私立和公立大学的录取标准越来越高，平均绩点和考试分数与富裕程度前所未有地紧密联系在一起。收入差距不断扩大，不出意外，我们会发现越来越多的孩子被诊断出患有"学习障碍"。在缺陷型教学模式中，低分是学生的问题，而不是教师或学校的问题。教育家卡罗尔·德韦克将这称为"固定型思维"。固定型思维认为智力和天赋是内在的基本品质。而与此相对的"成长型思维"认为人们可以学习，可以通过夯实自身的学习基础学到更多的知识，可以反思自己的学习成就和学习方法来增强自己的学习能力。该思维还认为任何人都是能够成长的。社区大学以接纳式教学法为出发点，信奉任何成长都会带来成功，坚持学生是教学的中心。

约书亚·贝尔克纳普教授在曼哈顿社区大学（BMCC）给学生教授第二语言——英语时，他发现班上 25 名学生所说的母语各不相同。作为曼哈顿社区大学二语习得英语教学实验室的协调人，他采用了一种前卫的语言教学法，即所谓的"跨语言学习模式"，该模式认为多语言学习带来的是好处而不是弊端。美国文化中有一个悖论，即精英们自诩兼通多种语言。然而，对于移民而言，口音和母语中的其他痕迹却象征着耻辱。因此跨语言学习模式试图消除这种耻辱。

在开始新学期的第一节英语课之前，贝尔克纳普给学生们布置了一项任务：学生必须对自己的母语进行研究，找出两点最显著的特征，根据自己的研究写一篇正式的小论文，并用英语向同学们展示自己的语言研究。贝尔克纳普希望学生在专注提高英语语法和句法之前，先成为母语语言专家和权威，了解母语的显著特征。他希望学生成为典范型的研究者，用自己的发现为小组做出贡献，把学生眼中棘手的英语特征联系起来。英语并非一种"高级"语言，不了解英语也不会低人一等。课堂上的学生在另一种语言上掌握了多种能力，而且通过彼此的研究，掌握了有关语言形成的复杂知识，如语义、符号和语法等方面的知识。当然，在开始正式学习英语之前，他们就已经在用英语学习语言构成方面的知识了。

贝尔克纳普的教学法可以说是一个典型范例，完全体现了主动学习、以学生为中心的知识转移。贝尔克纳普从学生身上发现他们可以做出贡献的地方，然后制造契机供学生尽其所能，挑战自我，提高能力，学生在这种环境之下通常会比在被动的学习环境中收获更多的知识。因为通常在被动的学习环境之下，学生只需要学习规定的内容并通过期末考试就可以了。贝尔克纳普的学生在同伴面前展示自己的研究成果，研究的话题充满着浓厚的个人自豪感。但是用的是一种新的语言——所有的语言学习者对此都会表示担忧害怕，对于移民来说更是如此。在主动学习中，教师鼓励学生在他们现有的知识基础上获得更多的知识，最好是教师可以激发学生为集体利益做出一些贡献，不管是在课堂之上还是在课堂之外。换句话说，学生的成就不止被教师看到和评判，更融入了班级共同学习的项目之中。"起点在此，终点无限"是曼哈顿社区大学的校训。贝尔克纳普通过二语习得教学将学生们引上了正确的路途，但终点在何处谁也不知道。然而我们可以确定的是学生们已经蓄势待发。

如果教学目标是让学生取得成功，那么缺陷型教学模式就不适用。无知不是缺陷，也不是问题，更不必为此感到羞耻。恰恰相反，无知是上学求知的灵感和动力。可是这不能代表所有社区大学每一位教授的想法，但是如果教授奉行包容的原则，坚持以学生为中心的学习原则，认为大学最重要的使命是让学生在学校之外取得成功，那么他们就应该明白这一切。

这种教学方法是可行的，因为与四年制大学和研究型大学中的大多数教授不同，社区大学的教师实际上接受的是教学方面的培训。社区大学的教师不会只按照自己从导师那接受的教育模式（即模仿导师的学徒式学习方式）教育学生。事实上，社区大学的教师在研究高效的教学方法，以便教育好不同水平的学生。和公共教育的中小学教师一样，社区大学的教授也非常重视教育学。

教学方法没有纳入高等教育院校的排名体系之中，这是艾略特变革的独特之处。四年制大学教师的奖励和认可系统也没有把教学方法作为重要因素考虑进去。但是优秀的教学方法非常重要。几十年来，在教师招聘和教师聘用的会议上，包括美国最顶尖的两所私立大学在内，我听到过无数关于某人是"好教师"的评论。也就是说，教学没有被公开明确地纳入晋升决策的考虑之中，也没有一个基准可供国内排名。甚至我们衡量四年制大学教师教学有效性的方法——学生评估表也是不完美的。我们知道学生的评价带有种族和性别偏见，学生的评价与他们学到多少知识没有太大关系，这样的评价在帮助提升教师技能方面的价值微乎其微。在一个数据收集技术成熟的时代，四年制大学还没有找到更好的方法来评估教师的教学成效，这着实令人震惊。

这是我们又一处能向社区大学学习的地方，因为改进教学方法是社区大学的核心任务。在以学生为中心的教学过程中，社区大学的教授们努力寻找最好的方法来解决学生准备不充分、天资不足、害怕学习的问题，帮助个别或特定的学生学到新的东西。

皇后区长岛市拉瓜迪亚社区大学的盖尔·麦洛校长坚称："如果教育的宗旨在于改变社会底层人民而不是上层，这时，教育外围、中心和其他所有的一切都会随之改变。"

拉瓜迪亚位于翻新后的福特仪器公司大楼（该大楼曾是二战时期军用材料的制造厂）及周边邻近的低层建筑中。拉瓜迪亚有 18000 名学生，分布在 50 个不同的专业学习，包括文科、卫生、数学、戏剧、科学、商业和技术。这些学生中大约有 58% 的全日制学生，42% 的非全日制学生。拉瓜迪亚社区大学的学生来自 160 多个不同的国家，所说的母语竟多达 127 种。当你走进拉瓜迪亚社区大学时，你会完全颠覆自己对高等教育的设想。正如麦洛校长所说："四年制大学谈论的是录取标准，平均绩点或者是学校招收的学生考试分数。而我们采取的是百分百录取方式。"麦洛校长满怀热情地践行着学校使命，积极地提升、服务和解决社会底层人民对知识、社会、文化和物质的需求。这与完全从日益缩小的精英团体中选录学生的精英大学大相径庭。采取百分之百的录取标准时，哈佛大学的价值观无法作为社区大学的衡量标准。

麦洛校长的声音仍像少女一般清脆明亮，面容坦率，手势夸张。她管理拉瓜迪亚社区大学已 15 年了。玻璃和钢铁建成的城市校园里充满了现代化和工业化气息，她在校园里大步流星，仿佛身处自己的起居室一样驾轻就熟，捡起地上的纸扔进垃圾桶，记下哪扇木门上有划痕，一边走，脑子里一边想。她笑意盈盈地给每个人打招呼，回应她的也是一张张笑脸。麦洛校长希望拉瓜迪亚社区大学大放异彩，事实也的确如此。拉瓜迪亚社区大学被公认是社区大学的典范，拉瓜迪亚社区大学之所以能大放异彩，一部分原因是领导有方、奋发图强和意气风发的麦洛校长。她也因此受到各地社区大学管理者的尊重和效仿。

当我们参观拉瓜迪亚社区大学的剧院时，看到剧院的地毯，麦洛校长不满地皱起了眉头。她坚称："今年一定会更换地毯！我们的师生创作了这个城市里数一数二的戏剧，作为人才培养地，我们不能让这个地方破旧不堪。"

麦洛校长不希望校园里出现不体面的建筑，也不能容忍外界对师生的蔑视。麦洛校长经常把"天才"和"才华"这两个词挂在嘴边，只要遇到蔑视社区大学的人，无一例外，她都会予以还击。她表示，"你总是会遇到一些人，他们认为社区大学培养的就是冰箱修理工。当一名家电修理工无伤大雅，我们的学生不管获得的是哪个领域的职业证书，他们在工作上都能比其他人更胜一筹。这就是我们学校每个人感到骄傲的资本。但是你来拉瓜迪亚的唯一原因或者说是主要原因不能仅仅是为了获得职业证书。我们希望每个学生都具备三项核心能力，即探究和解决问题的能力、全球学习的能力和综合学习的能力。我们学校的标志性能力是第二项：全球学习的能力。我们的学生来自世界各地。我们比世界上任何院校都更擅长全球学习。"

拉瓜迪亚社区大学的校训是"勇于创造一切"。这一校训始于麦洛校长。麦洛脚蹬高跟鞋，身着皮革装饰的黑色夹克，一派首席执行官的穿着打扮，看起来挺有精英气派。她希望拉瓜迪亚社区大学的学生在学校生活之外也能追求卓越。她对我说："我们有学生从法拉盛（Flushing）走路去上一节课，然后又走路回去做兼职，领着最低工资。往返的路程有 20 英里 *。但是无论如何，他们都决心接受教育。你能说我们培养的不是未来的领导者？"

麦洛校长表达了自己的热情和决心，她希望看到拉瓜迪亚社区大学的每一个学生都能取得成功。她最喜欢的一个项目是校长协会，俗称"专横的妈妈"。这是一个面向全日制学生的领导阶层协会，参加协会的学生至少在 18 个学分中取得了 2.5 的平均绩点。加入协会的学生将得到 1000 美元的奖金，对于许多学生来说这意味着他们不需要再做另一份兼职。他们每周花两个小时参加这个项目，参加一系列课外文化活动、倾听行业领袖的分享、参加励志演讲、并获得其他类型的职业发展机会。学生重点关注职业规划、公共演讲和网络活动、文化欣赏、社区服务和领导力。还有一部分是介绍中产阶级的文化素养，拉瓜迪亚社区大学从来没有对此遮遮掩掩。校长协会的成员可以免费参加文化活动并获得地铁卡。此外，校长协会还有一个针对职业穿着的津贴，由百货公司"满分着装"的个人采购者指导学生选择合适的面试服装。

麦洛校长称："社区大学的任务是发现世界上那些没有其他机会获得成功的人。我们协会不会随意给学生提供奖助学金、机遇或尊重等。但是我们尽力给每个学生机会去争取这些福利。我们不像四年制大学一样进行筛选，我们的排名与我们拒绝了多少申请人无关。相反，我们学校旨在帮助所有身处逆境的学生取得成功。当你聚焦底层时，一切都会发生

---

* 1 英里 ≈ 1.61 千米

改变。"

这违背了"标准"教育的原则，暴露了"客观"测试的本质：所谓的成就，考试准备和努力学习涉及的通常是物质和文化条件，用一个准确的术语来说即生存的绝望。拉尼·吉尼尔称之为"精英统治的暴政"。在这种暴政下，无论是在标准化测试中取得好成绩还是没有取得好成绩的学生渐渐地都会产生一种错觉，认为考试是一种内在优点，而不是一种和收入水平相匹配的试前准备。社区大学倡导的以学生为中心的教育不会用学术成绩上的失败定义学生人生的失败，不会用零来框定学生的未来。

然而，想要实现全民社区大学的目标并不容易。社区大学面临着多样化学生群体带来的各种挑战，学生的个人水平和职业目标各不相同。在所有的高等教育院校之中，社区大学的经费最为匮乏，虽然社区大学对学生越来越有价值，但近年来还是遭受了严重的经费削减。致力于分析高等教育经费的无党派机构指出，社区大学的入学率在上升，但是国家对社区大学的人均拨款收入却急剧下降，这意味着目前社区大学的人均补贴还不如10年前的补贴水平。因为补贴经费的削减，社区大学的学费上涨，教师们不仅超负荷工作，还得不到应有的工资。社区大学的大多数课程都是由兼职或临时教师教授，兼职教师每门课程的收入为2000~3000美元，没有福利，也没有工作保障。如果将兼职教师的工资换算成时薪，相当于每小时10~15美元。

那些在获得副学士学位后转到四年制大学的学生也遇到了学校体制问题。直到最近，才有数据开始统计从社区大学转到四年制大学的学生人数，但数据仍然很少。据我们所知，高中生比社区大学的学生更容易进入四年制研究型大学。根据全国大学入学咨询协会的数据，美国中学和社区大学进入四年制大学的总体入学率分别为69%和64%。而从社区大学转到研究型精英大学几乎是不可能的事。

换句话说，全民社区大学的目标面临着巨大的挑战。然而对于许多学生来说，社区大学提供了一个无与伦比的机会。拉瓜迪亚社区大学数字学习项目副主任杰德·戴维斯博士一针见血地指出："学生面临的不是高风险，而是一场成本巨大的赌注。学生在畅想未来上做出的每一个选择，花费的每一个瞬间都与社会所给予的选择和时间不同，学生做出的选择，花费的时间是高额的赌注。当你生活在一个只有25000美元收入的家庭中时，不去工作或劳动，而选择到拉瓜迪亚社区大学上学是一个意义重大的抉择。"

纽约城市大学职业研究学院院长约翰·莫古列斯库从布朗大学体育系毕业，他坚称自己绝不是因为学术成就才毕业的。作为一名网球和篮球明星，如果18岁的约翰·莫古列斯库得知自己以后将被誉为美国公共高等教育领域最重要的一位远见者，连美国总统的演讲都会引用自己的作品，他肯定会非常惊讶。在漫长的职业生涯中，他几乎与纽约市所有的政府机构展开了合作，并为在职成人、成人和继续教育、劳动力发展、语言浸渗、成人识字和通识教育准备制订了计划。他为城市和各州的工作人员以及福利领取者制订了特殊的培训计划。他领导的团队开发了纽约城市大学第七社区大学——斯特拉和查尔斯古特曼社区大学，这是一所新式大学，专门从事户外的体验式和实践性学习，并辅以课堂教学。

莫古列斯库最近的一个项目很快得到了反馈，取得了非常满意的结果，也因此受到了全国的关注。他负责的联合项目加速学习（简称 ASAP）取得了前所未有的成就：这一项目使得毕业率翻了一番，一些学校和项目的毕业率甚至翻了两番。该项目的口号之一是"我们永远在你身后，你的书籍和地铁卡由我们来提供"。这一口号简洁有力地告诉了学生，帮助他们取得成功就是该项目的目标。

莫古列斯库院长带我去了他明亮、整洁的办公室。办公室位于曼哈顿中城，离先驱报广场只有几个街区。他谦称自己对学术没有什么追求。他一直认为自己涉足公共教育是出于偶然，就像他偶然进入布朗大学一样。一开始他在纽约格林堡的一所公立小学教书，在从未受过教师培训的情况下就这样开始了他的教育生涯。莫古列斯库说："这是我做过的最困难的一件事。那时候我 22 岁，孩子们十一二岁，正是充满无限可能的年纪，但也是最耗费教师精力的时候，我知道我无法跟上他们。"

莫古列斯库一直想成为一名社会工作者，所以他回到学校，攻读社会工作硕士学位，并进入了纽约城市技术学院的社区组织。他和导师范尼·艾森斯坦以及几个极富才华的教育工作者一起为移民、工人、福利领取者、发展障碍者和因犯建立了成人识字、第二语言教学和通识教育项目。

"实际上，创建的所有项目有一个共同目标：如何改变这座城市？如何让低薪工人摆脱低薪工作？"在纽约城市大学校长马修·戈尔茨坦的领导下，莫古列斯库的任务之一是与公立学校合作，建立公立学校和纽约大学之间的联系。莫古列斯库在拨款资金的支持下开始建立团队。团队由高技能人才组成，团队成员不一定非要有博士学位或其他高级学位，甚至不需要有传统的学术经验。

"我们团队肩负重大使命，意义重大，而且我们拥有无限精力。因此，戈尔茨坦校长给我们团队提出了一个问题：我们已经有了社区大学，但是毕业率不容乐观，只有10%~20%。这远远不够，我们必须做得更好。"莫古列斯库团队向市长迈克尔·布隆伯格寻求资金帮助，资助一项旨在提高社区大学毕业率的强化专案，并承诺保证50%的毕业率。实行该项目的第一年市长资助了 650 万美元，3 年共计出资 1900 万美元。

莫古列斯库回忆说："戈尔茨坦校长问道'我们真的能做到吗？''我们能实现目标吗？'我那时的答案是'我不知道，但我们会全力以赴！'"莫古列斯库组建了一个规划小组，开始思考可以做出哪些改变，哪些事情是当务之急，怎样才可以实现目标。

"我们的团队成员来自文学、英语教育、数学教育等各个领域。最主要的一点是我们并非传统的思想家。我们知道如何做出改变，也知道大学教育的专长。我们愿意思考新的解决方案，想出以前从未尝试过的新选择。我们每天每时每刻都在问自己：我们需要采取哪些新举措才能实现这一切？"

从第一天起，莫古列斯库就草拟了一个评估协议。他们进行的每一项实验都会有一个实验组和一个使用传统方法的实验对照组。

莫古列斯库表示，"测试之后我们会查看结果。如果实验有效，持续率增加了，我们就会专注该实验，并在此基础上继续进行实验。有些变化看起来并不具有革命性，实验花费并不高昂，不需要一些花哨的公司赞助，也不需要新兴技术的辅助。《纽约时报》的头条新闻也没有对此进行报道。我们对这两组试验进行比较，比较的是真正的结果而不是预期的结果。我们找到了一些革命性的发现，取得了一些成果，于是我们再接再厉，尝试新想法，然后比较新旧想法，在可行的实验之上继续深入挖掘。"

莫古列斯库说得没错，你可以这样想，虽然他们的新想法本身看起来并不具有革命性，但是与大多数教育变革不同，他们的变革将学生视为拥有复杂生活的完整个体，而不仅仅只是考生或统计数据。莫古列斯库和他的团队得出了一个结论，即只要他们提供一些微小的物质利益，就可以极大地提高学生成绩。

莫古列斯库说："地铁卡就是一个典型的例子。纽约地铁的单程票价是2.75美元。几乎每个人都必须搭乘地铁去社区大学，因此每天至少花5.5美元。"如果你每次上课前都要想一下，我是把钱用于教育还是食物，这就在基本生活层面上增加了一个阻碍因素，而你选择将钱用于教育才是明智之举。但是，人们不会为了接受教育而牺牲一切。例如，人们不会为了接受教育而放弃养育孩子。"

实验组的学生领取了地铁卡和其他适度的物质援助，而另一组的学生每天都得艰难而又痛苦地做出抉择，到底是选择教育还是食物，于是实验组的学生表现渐渐超过另一组学生。实验组的学生也开始相信纽约城市大学对他们寄予厚望。

ASAP的其他方法虽然看起来很基础，但是与传统和当代的高等教育思想有着本质的不同。无论是艾略特时代的智商测试和多项选择题测试，还是现在流行的注重工具和输出、轻视学生本身的商业教育技术部门，ASAP的方法都与这两者有着极大的差别。考虑纽约城市大学经济状况糟糕，资金严重不足，ASAP 项目重点关注一些常识性因素，关注一些可以简单快速解决并改变的因素。该项目关注学生繁忙的生活并进行适当的干预，为学生消除教育之路上的阻碍。

许多参加 ASAP 项目的学生都保有一份工作，但项目要求每个人必须是全日制学生。从课程选择到学习习惯，ASAP 项目会事无巨细地给每个学生进行高强度的个性化咨询。参加该项目的学生采取小组合作，组员之间互相指导，打造团队精神、培养友情、共同进步。该项目还关注徘徊在贫困线附近的学生日常生活。如果你没有承受错误的能力，那么一个错误可能就意味着你社区大学生涯的结束。例如，错过了学生贷款支票。如果财政援助有缺口（如佩尔助学金或其他资金没有到位），ASAP 项目的咨询顾问们会在你拿到助学金之前想办法弄到贷款。

莫古列斯库和他的团队简化了获取学位的要求。为了保证咨询质量，ASAP 项目仅在有限的学位项目中运作，而且在城市公共社区大学紧张的预算范围内，保证学生攻读副学士学位所需的课程。之后将会增加更多的学位项目，但在目前有限的专业中，咨询人员需要协调预修课程和高级课程之间的顺序和时间安排，确保学生可以尽快按时完成课程要求，获得学位。不同时间段的多种选择可以满足复杂多样的工作、学校和生活安排。ASAP 项目关注工作、家庭和通勤的现实情况。咨询人员会努力找到并尽力消除制约学生接受教育的阻碍。

所有的大学，甚至包括哈佛大学和斯坦福大学在内的顶尖大学都可以向 ASAP 借鉴。尤其是在重点公立大学和精英私立学校，我们发现获得巨额奖学金的学生往往也是最有可能毕业时身负高昂学费债务的学生。这些学生也有可能一边工作赚钱，一边读书，但这必然会延长他们获得学位的时间。他们也有可能没有得到学位就中途辍学，因为日常开销，债务以及身兼多职的重任让人疲于奔命，难以承受。虽然 ASAP 项目针对的是社区大学生，但是所有的大学都可以引进这一模式，前提是这些大学以学生的成功作为衡量自身优秀与否的主要标准。

ASAP 项目成功的原因在于体制变革。所有学院的院长在学校课程、财政援助、日程安排、教学方法和咨询等方面通力合作，而没有分成一个个官僚主义性质的小圈子。ASAP 项目的目标是全方位地满足学生需求。四年制大学偶尔会出现整合行政管理功能的情况。整合行政管理功能意味着偏离当前的技术补救措施，技术补救措施认为学校就是传授知识的地方，做好这一点就可以拯救大学。但 ASAP 关注的是学生，而不是工具，这与社区大学的使命不谋而合。这应该是所有高等教育院校的使命，也应成为新教育的使命。因为培养学生，让学生做好准备面对一个不断变化的世界是新教育的目的所在。

莫古列斯库指出："保持交流非常重要，因为事实证明，持续与学生保持联系有助于我们的工作。学生比我们更早知道问题所在。如果没有学生的合作，ASAP 项目是行不通的。学生让我们知道需要注意哪些地方。如果不知道问题出在哪里，你就无法解决问题。以前学生们觉得自己不受重视，认为教学体系无法修复或是受到恶意操纵，或是认为自己没有能力改变现状。但是现在，学生知道我们希望听到他们的意见。"

几乎没人相信 ASAP 项目中 50% 以上的学生会如期毕业，因为最开始的毕业率仅为23%。纽约城市大学中参加 ASAP 项目学生的毕业率甚至高达 60%。而且在项目一开始就建立了评估小组，所以负责人无须引进专业团队来弄清楚发生了哪些变化以及发生这些变化的原因。发生的每一个变化、哪些变化有效、哪些变化无效、什么情况下会产生积极的效果、什么情况下改变也没什么用，该项目对此都录有数据。新的市政府领导也非常支持 ASAP 项目，市长比尔·德布拉西奥投入资金扩大该项目。第一批参加 ASAP 项目的学生仅为 1192 人，但在 2016 年，参与该项目的人数就达到 25000 人。

莫古列斯库院长认为 ASAP 项目的原则清晰简单，任何学校都能复制，如四年制大学和文科学院。社区大学可以轻而易举地复制 ASAP 项目的原则，因为社区大学以学生为中心的学习基础设施已经到位。在四年制大学，除了各种排名、评级和认证标准之外，可能还会新增一点，即如何评估每个学生。评估的方式不仅包括标准化测试，还应该包括攻读学位进程中取得的进步。学校会为可能误入歧途的学生建立一些防范措施，并提供少量物质支持。要做到这一点，学校需要进行体制变革，因为经济援助与学生服务和学术咨询是分开的。但是与学生辍学相比，体制变革的成本要小得多。

鉴于 ASAP 项目的成功，实际上该项目现在足以支持其自身的运行费用。纽约城市大学中很大一部分学生靠经济援助生活。ASAP 项目加快了毕业进程，这样，参加 ASAP 项目的学生为其他学生腾出了经济资助和资源。当然，最重要的是，毕业生也能为社会做出贡献。莫古列斯库说："ASAP 项目将失败转化为成功，极大地推动了社会的流动性。"事实上，因为莫古列斯库还负责纽约市的劳动力教育和工作安置，所以他可以帮学生安排工作，帮助该市找到最合适的新职工。

这才是社区大学应有的样子。所有院校都可以学习这一模式。但是莫古列斯库不想止步于此，他认为高等教育必须坚持积极地参与公民生活的方方面面。他积极为社区大学培养的毕业生争取维持生活所需的工资。当我告诉他，大量的研究表明，仅拥有副学士学位虽然可以改善生活状况，但不能保证人们过上中产阶级的生活，莫古列斯库神情哀婉地摇了摇头。

"事实的确如此，但这是高等教育的过错还是社会的过错？如果已尽我们所能培养学生，教给了他们成长所需的所谓技能，如算数、阅读、写作技能以及有助于提高城市福祉的专业技能，那么社会就应该发挥它的作用，保证这些工作有存在的价值，保证为社会做出重大贡献的人可以得到回报。"

和麦洛校长一样，莫古列斯库决心帮助社区大学毕业生尽可能地为就业做好准备。但他也希望 ASAP 项目中的学生能够有信心成为社会变革家，而不仅仅是被动的工作者。

作为受过教育的选民和纳税人，社区大学的毕业生可以共同努力，确保受过教育的公民不会生活在贫困线以下。莫古列斯库一直认为，找不到高薪工作的大学毕业生代表的不是人们口中所称的"高等教育危机"，而是"美国生活的危机，中产阶级的终结"。

在莫古列斯库的玻璃办公室外，同事们正在收拾文件，准备离开。他向工作者们挥手告别，并告诉我实际上这些人并不会回家，他们会前往纽约大学校园的一个车间，在那工作一两个小时，然后才会下班。莫古列斯库的办公室里挂着一个大横幅，上面写着"全力以赴做好教育"。他看着横幅点了点头，继而说："只有努力工作才会让你走得更远，按时毕业可以让你做好就业准备。但找到一个满意的工作还需要社会的努力。如果你想让低薪工人摆脱低薪工作，就不能仅仅从教育的角度出发，还需要一个重视劳动，并愿意为劳动付费让劳动发挥作用的社会。如果我们不接受教育现状，那么我们也无法接受社会现状。我们力图日臻完善，贡献自己的一份力量——我们可以给学生们良好的教育，我们可以确保他们毕业。但是如果学生们将从事时薪只有 7 美元的工作，那么这不是高等教育的过错，而应归咎于贪婪的社会。"

许多研究指责高等教育没有让学生做好准备找到一份报酬丰厚的工作。你可能看到过与此相关的事件和条形统计数据，获得学士学位的毕业生没有挣到他本该挣到的工资，拥有副学士学位的人挣得更少。这些数据背后隐含的是，这一代人的教育无疑是失败的，教育需要做得更好，教育需要关注技能，关注就业准备。

正如莫古列斯库所说："我们的毕业生没有赚到他们应该赚到的钱，这不是高等教育的错。如果医疗助理的现行工资被人为压低，如每小时 8 美元，那么我们是否能培养出优秀的医疗工作者这一点就不再重要，因为这不再是一个教育问题而是一个社会问题。"

"高等教育危机"这一说法似乎让人们觉得唯一存在的问题就是高等教育处于危机之中。正如莫古列斯库所言，高等教育能够而且必须解决许多问题，但是也需要解决更广泛的社会问题。莫古列斯库说："这并不是说高等教育是完美的，我们希望 ASAP 项目成为典范。各院校可以按照自己的需要和学生的要求进行调整，只要真正尝试，就会有效果。这看起来可能有点简单，但这不是魔法，我们只需弄清楚'这些学生是谁？他们在学校内外的生活会让他们面临辍学或放弃学业的风险吗？'然后我们就可以集中所有精力和资源防范会让学生面临辍学或放弃学业的风险。"

经济衰退和大学教育（尤其是寄宿大学）的高成本意味着更多的学生正在寻找一种更经济的方式来获得学士学位。如今超过一半的大学生就读于社区大学，越来越多的孩子将社区大学当成一种选择，即使他们的父母接受的是专业的学院教育，这表明让社区大学毕业生升入四年制大学和研究型大学已经迫在眉睫。社区大学毕业生在转入四年制大学的过程中面临着诸多难题。数据表明，对于从社区大学转入的学生而言，如果四年制大学不允许他们转换学分，或者设置了其他限制条件（如不允许他们申请大学奖学金、荣誉社团或接受学术奖励），那么从一开始四年制大学的学生和从社区大学转入的学生之间就会存在毕业率上的差异。然而，若是在课程学分转换比较容易，没有什么困难的情况下，从社区大学转入的学生和其他学生群体在毕业率上不会有什么区别。

社区大学把学生视为独特的人，他们面临着各种各样的学术挑战和个人挑战，这一点杰夫有着深刻的体会。在拉瓜迪亚社区大学，教会学生面试时应该如何穿着以及如何表现自己属于非正式课程的一部分；在曼哈顿社区大学，学习第二语言时，母语中的基础知识是学习的关键。从这些社区大学中我们可以学到的是，高等教育不等于录取率。高等教育应该做的是保证学生的成功率，给所有学生机会，尽可能地给学生提供机遇，让他们在学校里和社会上都能有优异的表现。

理解社区大学的不同使命有助于我们发现其他高等教育院校中一些根深蒂固的理念，这些理念深深地根植在高等教育院校之中，一时难以察觉。在计算机科学中，如果你发现了软件程序中的异常，你会问这种异常属于软件特征还是软件故障。在现代研究型大学，失败是一种特征而非故障。若把研究型大学看成一台机器设备，那么整个设备在淘汰机制的基础上运行：入学时有录取标准，根据录取标准进行院校排名，接受通识教育的学生经过筛选过渡到越来越专业化的课程中，而这又降低了研究生或专业学院的录取率。相比之下，设立社区大学不仅是为了接纳每个人，也是为了尽最大努力帮助所有学生实现目标，不管这个目标是什么，帮助学生取得成功才是社区大学的特征所在。

变革高等教育的第一步是找到艾略特时代遗留下来的理念。第二步是找到这些理念对应的教育模式。高等教育结构和方法会阻碍高等教育实现自身的使命，我们要把这一问题弄清楚并不容易，很少有学校能够如此深入地审视自身的理念。然而，如果我们要变革传统院校，这一点至关重要。

对社区大学进行思考本身就很重要。对社区大学的思考有助于我们深入反思高等教育院校的理念，并找到替代方式应对当今学生生活中的现实状况。我并不是说，像哈佛大学、耶鲁大学、斯坦福大学、哥伦比亚大学（而不是"哥伦比亚"）以及普林斯顿大学和杜克大学这样的一流精英研究型大学应该放弃他们的录取标准，立刻转变成社区大学，这是不可能的事，也不应该这样做。这些学校的历史、目的、受众、意图和成本结构都各不相同。但是我认为这些顶尖大学可以从社区大学中学到很多东西，社区大学旨在为所有的学生提供支持，不管学生的起点如何，社区大学都会帮助他们达成目标。

提供地铁卡，组建团队，倡导包容，提供过渡性贷款，将学生视作一个整体为他们提供咨询，而不是将学生看成客户或者文凭寻求者。这一切都是社区大学宏伟使命中的一部分，即教会学生学习，利用学生的经验和知识从事原创性研究，并为社区做出贡献。一所成功的社区大学或四年制大学需要抛开缺陷模式，采纳积极学习，重视教学和学生发展，这也是新教育的关键因素。

3　反对技术恐惧

我的丈夫肯回忆，他在中学学习三角函数时第一台固态袖珍电子计算器刚上市。刚上市的计算器价格昂贵，售价大约为 250 美元。如果你拿着这样一台计算器计算，所有的孩子都会激动地发出惊叹。

但是在数学课上，肯的老师禁止学生使用计算器。

学校禁止学生使用这些新设备（至少在教室里不能使用），就好像这些激动人心的设备不存在一样。用心良苦的教师们坚信，如果允许学生使用计算器，学生从此就会依赖计算器，长此以往将导致学生的数学技能下降。因此，肯的数学教师用计算尺教他们学习三角函数。

现在回想起来，这似乎很荒谬。为什么计算器会削弱学生计算三角函数的能力，而计算尺就不会？答案可以一言蔽之，即"技术恐惧症"。技术恐惧症是指恐惧新技术以及新技术中包含的改变，尤其是一些年轻人能够轻易掌握的技术，但这种技术让老一辈感到自己笨拙、过时，于是老一辈们渴望回到以往的美好时光。肯的老师们并不关注学生的心算能力（一种有助于数学学习的基础习惯），而是担心他们依赖新的计算器而不是旧的计算尺。在科技史上，成年人一般认为在他们的成长时期没有出现的新设备肯定会对年轻一代造成某种不可挽救的伤害。对于教师来说，技术恐惧症的常见表现就是禁止课堂上出现新设备，尽管这些设备在课堂之外已经无处不在。

历史再次重演，只不过现在被禁止的不再是电子计算器；许多学校现在完全可以接受电子计算器。当然，如今很难在教室里找到计算尺的踪影。但是在过去 20 年里，许多教育家和学者禁止（或是呼吁禁止）在教室使用笔记本电脑、平板电脑和手机。这些教育家和学者的依据来源于与此相关的一些研究（其中一些研究在实验设计上的确比较有说服力，而且思考深入）。研究结果表明将平板电脑带进课堂的大学生上课容易分心（这是不是很令人吃惊？）有的研究还表明在笔记本电脑上做笔记会导致期末考试成绩下降。

畅销书中会经常看到这些研究结果，畅销书的内容无外乎是预言痴迷设备的年轻一代难逃失败的厄运。书中还警告道"谷歌让我们变得愚蠢"，并预言社交媒体会让我们的孩子走向"群体性孤独"（"如果你学不会如何独处，你将永远孤独"）。无论是在实验室还是在建议手册中，技术恐惧症总是以怀旧开篇。人们还隐约记得互联网出现之前的黄金时代，那个时候，每个人都很聪明，自给自足，没有人感到孤独。在那之后出现的一切都属于新兴事物。

我对这些技术恐惧症的言论持怀疑态度。我的个人经历是我持怀疑态度的一个重要原因，因为过去10年我一直在研究人类历史上最后一个信息时代对人们的影响以及人们对此的反应。工业时代带来了大规模印刷，同一时期，美国起草并通过宪法。随着蒸汽动力印刷机以及机器制造的纸和墨水的出现，书籍的印刷成本变低，中产阶级和工人阶级有史以来第一次可以购买（或者从新的图书馆借阅）一些畅销书籍。在此之前，你可能只有一本家庭圣经、一本圣咏经和一本入门读物，突然间阅读成了一种"消遣"。但是没有充足的书籍满足年轻人的阅读，尤其是一些描写英雄或女勇士的流行小说，书中描写的人物过着与现实中年轻人相似的日常生活。托马斯·杰斐逊和约翰·亚当斯是为数不多的几个反对阅读的知名人物，他们认为把时间浪费在这些耸人听闻的故事上只会让你变得愚蠢又孤独，还会让你与"现实世界"隔绝开来。1790年，专家们写了很多像《小说阅读，女性堕落之原罪》这样的文章。人们认为小说"催眠""俘获""压制"了读者的注意力和意志力。人们听到许多反对现代数字技术及其文化分支的技术恐惧言论，如反对平板电脑或电子游戏、谷歌或维基百科。在我看来，这就像开国元勋们抱怨那个时代痴迷小说阅读的年轻人一样。

在我们这个时代，一些教授和肯的中学数学老师一样满怀真诚和善意，他们不仅在课堂上禁止学生使用电子设备，而且还明文规定每个人应该如何做，并解释这样做的原因。为了便于讨论，我们可以举个例子，如学生手写笔记比在笔记本电脑上做笔记"更好"。即使这是真的，如果学生在毕业后以及在将来的工作中都要使用电脑做笔记，那么禁止他们在课堂上使用笔记本电脑有什么好处呢？因此，找到最快捷、最有效、最明智的办法教会学生使用电子设备，而不是"一刀切"地禁止学生在课堂上使用这些设备，这难道不是更好，更符合常理吗？

我们学生带的智能手机比美国宇航局用来载人登月的IBM 360大型计算机更强大。因此，与手机相比，普通的讲师不能引起学生的注意，这毫不奇怪。当然，有时我们需要告诉学生放下手机，但也需要反思我们的课堂。如果我没记错的话，我上大学的时候在课堂上经常会因为学生报纸而分心。这对新教育的真正启示是，我们需要更积极、更有创造性的教学方法，在教学中充分发挥计算机的力量。在学校接受正规教育时我们不使用电子设备，但其余时间我们都要靠这些设备来学习，这不仅令人费解、甚至还有些不负责任。

如果你希望学生不仅仅是在期末考试中取得好成绩，在生活和工作之中也能成功，那么禁止这些对毕业后的生活和工作至关重要的设备是没有意义的。相反，明智的做法是教师要教会学生掌握这些设备的关键用途并熟练使用。如果正规教育的目的是让学生做好准备应对毕业之后的生活，那么我们就不应禁止学生学习会在校外遇到、用到的设备。

这看起来似乎是理所当然的事，但要实现这一转变，需要重新审视一些有关正规教育作用和功能的根深蒂固的理念。正如我们所见，尤其是在现代学院和研究型大学，学校所有体制和基础设施的运行中心是学校本身，而不是学生和教授。1860—1925 年，大学设计了一系列入学和毕业要求，如录取程序、毕业要求、入学考试和各类认证，这些要求和现在致力于进步、以学生为中心、积极学习的大学教授的观点完全是对立的。社区大学在这一点上没有那么糟糕，但是在任何地方，教育者都对创新感到不安，因为创新让他们对自己的技能感到不自信。我们所有人（包括父母）经历的是正规高等教育体系的培训。在该体系中，学生因掌握和模仿教授的专业知识而获得奖励。当年轻人能够比父母和教师更灵活地使用全新的学习设备时，这时又会发生什么呢？

善意的教育者因互联网问题给学生甚至学生父母造成了严重的焦虑。毕竟，在计算设备出现之前，教育者们就已经学会了传统的学习方法，而且他们处于掌控地位。在教室里，教育者们就是权威，可以发号施令，因为他们知道什么是最好的。

我的学生一般出生在 1993 年之后，也就是互联网大爆发的那一年之后。我的学生和肯他们一样，认为禁止使用电子设备和明令禁止计算器一样十分愚蠢。如果肯和他的同学知道当英国 17 世纪发明计算尺的时候，大多数教育家也是惊恐万分，他们肯定会很高兴。发明计算尺的数学教授通常都是偷偷使用计算尺。他们害怕有权势的教师、地方执法官或宗教领袖把计算尺归为邪物，甚至认为这是对神明的亵渎。当时许多基督徒将使用机械设备的行为视为异端，因为这会让人类超越上帝赋予的能力。伽利略和一众科学家悲惨的命运表明，在那个时代，科学家被视为撒旦的同盟，是挑战教会权威的存在，所以那个时代科学家的日子并不好过，就连艾萨克·牛顿爵士也畏惧公众的反应，他和他的学生只能关上门偷偷使用计算尺。

我们一时难以消除人们技术恐惧的冲动，因为我们既是教育者，又是技术恐惧的怂恿者。老一代人习惯捍卫自己珍视的习俗，这是我们这些教育变革者的一个通病。数千年来，教育者一直将传统的学习方式变成制度化和正统化的存在，以传统的学习方式为基础反对新兴的流行事物，反对会分散人们注意力的耀眼的新事物。虽然我们大肆谈论创新，但在某种程度上大多数家长希望教育者维持标准，这常常意味着教育者要成为"守门人"，成为测试者，成为慧眼识珠的筛选者，保护传统和权威，避免轻浮冲动。雅典公民以荼毒青年思想为由逼迫苏格拉底喝下毒堇，血淋淋的教训让大多数教授望而生畏。

然而新事物出现的时候，敢于冒险的学生和教授似乎总能想到方法来运用新事物。肯中学时期的那些朋友、同学和牛顿的做法如出一辙。在学校的时候，他们就按照学校接受的方式学习数学，而在私下远离学校的时候，他们就用计算器计算各种有关三角函数的问题。

但是这里存在一个悖论：肯的老师认为，不让学生们使用计算器是为学生着想，是为了让学生提高能力，做好面对未来的准备。

第二个悖论是：计算尺与计算器之争并不是肯经历的唯一一个有关教育和技术变革的小插曲。他在高中上驾驶课时面临两种选择，一种是学习手动变速驾驶汽车，另一种是学习自动变速驾驶汽车。跟他当年在数学课上的逻辑一样，他选择学习自动变速驾驶汽车。

直到今天，他还在抱怨当年的决定，尤其是在国外的时候。为了满足他对汽车自动换挡的需求，他不得不花双倍的价钱租一辆"美式"汽车。计算尺现在已经销声匿迹了，但是除了美国，世界上其他各地盛行的还是手动挡汽车，这就是技术变革的棘手之处。因为很难判断哪些技术会长青，哪些技术会过时。这提醒我们投资正规教育时，要以权威作为保障反对那些昙花一现的技术。但是在一个鱼龙混杂的技术时代，人们该如何区分技术精华和技术糟粕呢？

如果高等教育的目标是让年轻人做好应对未来世界的准备，很明显，技术必须发挥作用。与此同时，我们必须更加审慎地思考技术应当发挥何种作用。转变21世纪的高等教育不是要把大量技术投入课堂。相反，我们需要的是重新思考高等教育，培养学生的数字素养——让学生理解、洞察，甚至掌控将持续改变并主导人类生活的技术。

今天的数学课主要讲互质数。范德堡大学的德里克·布鲁夫教授解释说，互质数是指两个没有共同质因数的数字。34和45是互质数，因为34=2×17，45=3×3×5。它们之间没有共同的质因数。

现在你明白了什么是互质数了吗？如果你明白了，你就属于布鲁夫口中所说的"那10%具有数学天赋的人"，这10%的学生会参加他的密码学课程。布鲁夫不仅给具有数学天赋的人授课，同时也会给其他同学上课。

布鲁夫身材匀称，胡子刮得很干净，戴着一副不显眼的钢圈眼镜，整个人看起来和蔼可亲，说话热情而专注，天生就适合当教师。布鲁夫不仅是一位数学教授，还是范德堡大学教学中心的主任，改善学生的学习体验是每天早上激励他早早起床的动力。他肩负着使命，热爱学校，尤其是数学，但布鲁夫知道"90% 的学生都曾对数学产生过恐惧和厌恶"。

数学是一门知识环环相扣的学科，你新学的每一个知识点都以你的已知知识为基础。布鲁夫说，"一个差劲的数学教师会永久地摧毁学生对数学的兴趣"，因此他的目标就是帮助学生培养对数学的兴趣。他希望学生在离开他的课堂时能够带着愉悦的心情，就像他当年当学生一样。布鲁夫的教学方法源自他所接受的数学教育以及他对著名教育家本杰明·布卢姆著作的研读。布卢姆用"掌握学习理论"推翻了学生学习是先天决定的这一旧观念。掌握学习理论认为在教育每一个学生时，应从她的现有水平出发，培养她掌握下一个复杂概念，然后在此基础上继续培养。教学失败并非常态，相反，教学失败反映的是教学方法的问题，因为教师的教学方法没有弄清哪些知识学生掌握了，哪些没有掌握，教师只有了解学生情况之后才能帮助学生找到方法掌握更多的知识。除了学习学习方法之外，学生还要学会利用已知信息推断其他问题的答案。学会了这一技能，无论未来遇到什么样的挑战，这一技能都会让学生受益终身。

传统的数学课堂上，教授站在白板前面讲解互质数，飞快地在白板上写下方程式。布鲁夫估计课堂上 10% 的学生早已理解了这一方程式，这 10% 的学生觉得课程无聊至极；还有 10% 的学生正努力理解方程式的含义；剩下 80% 的学生早已晕头转向，直接放弃挣扎，根本不听课。对于致力于学习科学、技术、工程和数学专业并有志于从事科学的学生而言，他们必须通过 Math 101 课程的选拔，所以课堂上经常弥漫着绝望沮丧的气氛。希望考上医学院的学生非常希望成功通过数学选拔，他们通常会请教师辅导，帮助他们通过期末考试；其他的学生就盯着自己的智能手机，希望逃离数学课堂，但他们别无他法，只能乖乖地坐在座位上。

这种情况绝对不会出现在布鲁夫教授的课堂上。他经常用应答器辅助教学：应答器是一种比较简单的技术，教师提出问题，应答器收集并投影学生的答案，这样所有的学生可以一起看到答案，一起分析。大多数教师对应答器不屑一顾，甚至嘲笑应答器把接受高等教育的课堂变成了游戏展示，多亏了哈佛大学物理教授埃里克·马祖尔对应答器的大力支持，现在应答器才越来越常见，人们的接受度也变得更高了。"翻转"课堂经常使用应答器，"翻转"课堂指学生事先阅读上课要讲的内容，然后积极回答教授提出的问题，而不是被动地坐在教室里。这样教授可以看到哪些同学给出了正确答案，哪些给出了错误答案。针对学生的答题情况做出回应，给出反馈，并再给出一个相似的问题，让学生再做一次。这就将大型课堂变成了双向对话，这样的课堂可以得到实时反馈，学生可以两两组队或者进行团队合作解决一些更复杂的问题。

布鲁夫教授给学生布置了一项任务：生成一对三位数的互质数。布鲁夫让每个学生在应答器的轮询系统上提交自己的答案，他自己也提交了一个答案，但他故意提交了一个错误答案。然后布鲁夫教授将所有的答案投射在上方的屏幕上。

每个人都在屏幕上的一排排数字中寻找自己的答案。接着布鲁夫教授告诉学生，屏幕上至少有一对数字是不正确的，他让学生以小组为单位，合作找出这一组数字，学生的积极性瞬间被点燃，学生们各自成组，教室里热闹非凡。经过小组讨论后，学生提交的答案中还有一个错误答案。让人喜出望外的是，课堂上每个人都在讨论、计算、检验，完全沉浸在课堂训练中，没人去看放在桌上的手机。

请注意，布鲁夫教授从来没有教学生们如何判定互质数。学生们互相交换信息，互相指导，互相给出提示和建议。几分钟后，在布鲁夫的提问之下，一位学生主动给出自己的答案，然后他叫了另一名女生解释她判定 493 和 611 没有共同质因数的方法。

"你们小组是怎么想出来的？"布鲁夫问道。

这位女生回答道 493=17×29，611=13×47，所以 493 和 611 是互质数。她解释说她们小组是将每个数划分成两个较大的质数相乘。听到他们小组使用的方法后，布鲁夫借机给学生石展一个更重要的规律："数字相乘比分解数字更简单。"这也是布鲁夫想教给学生的一条重要规律。

布鲁夫对学生们课堂上的表现很满意。接下来，他又让几个同学阐明他们得出正确答案的方法。教育者称这为"元认知"或"反思"，即停下来思考一下你的学习方式，理解一题多解的思路，抛开当前解决的问题，举一反三。一些理论家认为，反思是最重要的学习。因为通过反思，学生可以找到自身的规律，找到自己未来学习的最佳方法。要想学习考试之外的东西，学习今后可以运用的东西，这些因素至关重要。

事实证明，在小组研究互质数时，布鲁夫的学生发现了一种方法。在结构层面，这种方法在解决更复杂的数学难题上有很强的实用意义。布鲁夫说："这是公钥密码背后的主要原理。"布鲁夫的学生发现了如何使用质数生成代码，这是开放互联网最重要的安保系统之一，用于数字签名、法律和其他敏感文件等。

布鲁夫整个学期都在这一知识基础之上进行教学，对学生合作寄予厚望。他抓住时机向学生指出应答器只是一种工具，它既不是代替学生学习的神器，也不是妨碍学生学习的元凶。利用技术带来的优势使高效学习成为可能才是最重要的。布鲁夫的主要教学方法是同伴之间的互相指导，在运用这一教学方法的课堂上，使每个人都参与其中，而且应答器有助于促进交互式学习。如果没有应答器，他们可以用纸和笔来代替。这种教学方法的重点在于互动式的学习，这种学习方法要求学生积极参与到问题中来，并凭借自己的力量尽力解决问题。相反，使用花哨的数码工具但不要求学生积极参与的教学方法是没有效果的。若是没有精心设计的新式教学方法，光靠技术并不能帮助学生学习。这和站在黑板前讲课，写方程式的教学方法没什么不同。计算尺或是计算器的故事给我们的启示是教学方法的关键不在于教学辅助工具，而在于如何使用这些工具。

布鲁夫在他的博客上记述了自己的敏捷学习教学法，该术语来源于敏捷软件开发的原理。敏捷软件开发的原理可以追溯到 20 世纪 50 年代末，当时编写计算机代码的开发人员详细阐述了一种可以一起"迭代"的方法。计算机编程人员自行组队，每队拥有不同技能的人才，队内人员可以互相添加代码，对代码进行持续反馈和完善。要写出完美的代码，最理想的状态是所有队员齐心协力，而不是某一个人孤军奋战，但是无论如何都不会发生孤军奋战的情况，因为没有人能看到自己所有的错误。用程序员的话说，编码需要他人的"眼球"，最好的状态就是快速发布代码，让别人发现其中的错误并加以改正。

布鲁夫利用敏捷软件开发原理作为自己的数学教学基础。他指出："学习具有社会性，人们可以发现彼此的错误，并互相帮助，一起学习比单独学习容易得多。这也可以在一定程度上缓解失败和数学带来的焦虑。"

布鲁夫在一些更为复杂的课程之中也用到了敏捷学习法，如他教授的线性代数。布鲁夫笑着说："没有学生是因为想学习矩阵代数、向量空间和特征值才来上课的，他们之所以学习线性代数只是因为这是必修课程。我的目标是让学生明白为什么线性代数有用，为什么线性代数很重要，为什么要求他们学习这些知识。"

对这门课程，布鲁夫没有用应答器教学，而是用《大富翁》的影印本。他指出影印也是一种技术。

"《大富翁》是一种非常可怕的棋盘游戏。它没有什么策略可言。基本上，你在《大富翁》游戏中唯一要做的就是决定是否要购买房产，剩下的就是掷骰子。这意味着你需要知道购买的房产能否让你赚钱。你必须知道给定的财产什么时候会被其他玩家占有，如果他们占有你的房产，会付给你多少钱。你必须模拟计算出其他玩家占据你房产的频率，这也关系着你能从他们身上赚到多少钱。"正如布鲁夫所说，游戏中的那所监狱对概率有着巨大的影响，因为玩家可能会长时间待在里面，而监狱后方的广场是最容易被占据的。

布鲁夫告诉我："你可以用'马尔科夫链'来模拟这一切，但是，最好不要一开始就解释什么是马尔科夫链。我让学生们组队玩并自行制订策略。我告诉他们忽视监狱和公益金，这样可以简化模型，计算出降落在广场的概率。"他指出，当没有突发事件时，学生们往往很容易算出概率。随着时间的推移，游戏中所有土地被玩家占据的可能性是均等的，即使是最焦虑和最厌恶数学的学生也能计算正确。布鲁夫笑着说："这是一个可以增加学生信心的游戏。然后我把学生们分成了几个小组，加入了监狱、机会和公益金等因素，并添加了一些其他规则。我们一起讨论这些因素将如何改变我们的模式。在整个游戏中，我会一直为他们指出问题并给出提示，很快他们就能够计算出降落在每一个广场的概率以及每一轮掷骰子的概率。"

这100名学生曾经因为不得不学数学而苦恼，现在他们很高兴可以学一些具有实际操作意义的知识。不仅仅是因为他们可以在下一局《大富翁》游戏中取得胜利，更是因为他们知道现实生活也会遇到这样的情况。学生们已经看到冰山一角，现在迫不及待地想看到余下的部分。数学就像是一个谜、一道难题、一团迷雾，但是现在学生们不再对数学感到困惑，而是将数学看成一种他们可以使用的东西。

布鲁夫说："在他们开始模拟不同规则是如何改变概率之后，我接着介绍了矩阵这一术语。他们刚刚已经见过并且建造了一个矩阵。可能他们都不知道自己已经见过了。他们正在建造模型帮助自己理解这些有趣的问题，甚至还进行预测。接下来，我让学生谷歌搜索什么是"马尔可夫链"，然后找出所有以它为基础的复杂模型。从《大富翁》中学到的知识还可以用来模拟人群。事实上，学会了这一点，以后你就可以理解谷歌是如何运作的，因为页面排名算法使用的是和《大富翁》同样的方法。"

范德堡大学虽然不属于社区大学的范畴，但是布鲁夫的目标与社区大学教育的包容性是一致的。不管每个人之前接受的教育如何，不管他们之前的能力高低，布鲁夫希望所有人都能够学习并理解所学内容。他的理想是向学生展示如何在课堂之外有效使用课堂上所学的内容。布鲁夫不在乎他的课是否会打破常规，他也不担心"分数灌水"。他的目标是营造一种学习氛围，在这种氛围之中，学生能够自信地学习，自信地谈论自己的学习内容和方式。

范德堡大学是一所录取标准非常高的研究型大学。布鲁夫表示，他的课堂上有一些极具数学天赋的学生，对于这些学生来说，没有翻转课堂他们也能听懂数学课，甚至有些学生一开始很讨厌翻转课堂。他说："坦白讲，一些学生非常擅长'读书'。但对其他的学生来讲，数学课讲得太快了。我可以直接对这一部分学生进行教学，但是我发现90%的学生不知道他们在做什么。因此，我想为什么不换一种教学方法，换一种所有学生都可以学到更多知识的方法，不管是擅长数学的学生，还是在高中学习数学就很困难，认为自己进入范德堡大学全凭侥幸的学生。"

正如布鲁夫所说，一些学生"只想来听我讲课，这样他们就可以做笔记，然后通过课程考核，之后将线性代数抛诸脑后，绝口不提。传统意义上讲，大学应该是教授授课的地方，一切都与教授的能力、地位、理念相关，与学生的学习无关。"但是学习需要更多的学生参与进来，也需要教师发挥更充分的想象力，而不仅仅是在教室前面站几个小时，像背诵一样输出你所知道的知识。布鲁夫说："有些教育家称学生和教师之间存在着某种互不侵犯条约，即你对我要求不多，我也不会对你要求过多。但是我发现即使是一开始讨厌在课堂上合作、讨论的学生，中途也会发生改变。我能感受到他们对这种课堂的渴望，置身其中，他们会意识到自己是在真正地学习，他们会发现数学的魅力，找到日常生活中存在的数学案例。"

大量的研究验证了布鲁夫的教学方法。2014年，一份报告对228项STEM教学研究进行了分析，比较了授课法和主动学习这两种教学方法的效果。授课法指教师不断讲解，学生主动学习不是被动地听教师讲课，通过课堂活动或讨论进行学习的过程。分析结果表明，主动学习的效果更好。与传统的授课法相比，在主动学习的课堂上，学生的成功率、完成率和考试成绩更高。学生掌握教学内容和学习方法所花的时间也更少。

擅长教学的教授能够巧妙地将技术融入课堂，激发出新的联系和知识。中学教师把计算器作为主动学习的一种工具，让学生在计算器上找到正弦、余弦和正切三角函数。然后学生在此基础之上学习更为复杂的三角函数，并将其运用到自己热衷的领域，如天文学、程序设计、声学、光学、生物学、化学、计算机图形学以及在八年级数学教学大纲之外的其他课程。换句话说，技术是一种工具，同理，三角函数也是如此。

布鲁夫的笑容里带着满满的骄傲。他表示："一堂课下来，大约99%的学生都认为这是一种更好的学习方式。我们每周一、周三和周五在一起度过的50分钟是有意义的。"

布鲁夫的教学法虽然令人眼前一亮，但是传统教师的思想根深蒂固，不大可能接受新的教学方法，他们不相信新技术有助于学习。技术恐惧者不仅仅是害怕技术会对我们的大脑、社会生活或学习能力造成影响，更是害怕失去实用技能。我们完全可以理解这种担忧，因为当我们接受新技术时，的确常常出现这样的情况。

1837年发生的一件事可以充分证明这一点。当时耶鲁大学的一名几何学教授引进了全新的黑板技术，他坚持让学生在新的黑板上画圆锥截面，写方程式，而学生们认为这贬低了他们自吹自擂的记忆能力（更准确地说应该是死记硬背）和心算能力。于是学生聚众闹事，耶鲁大学也因为该教授陷入困境，闹事的30名学生也被停学。耶鲁大学警告道，如果不道歉他们将会被学校开除。最终这30名学生表示悔改，又回到耶鲁大学上学并恢复了其声誉，新的黑板从此也留了下来。

耶鲁大学的学生对黑板的焦虑也不无道理。他们的举动体现了知识和工业化之间的一种新型关系，这种关系将颠覆高等教育。在一个尊崇牧师的社会里，精英的数量较少，能力大同小异，良好的记忆力和雄辩术可以帮助你走得很远。但是在一个日益由蒸汽机驱动的世界里，情况显然不是这样，从黑板事件中可窥见一斑。无处不在的书籍、报纸、期刊和杂志充斥着大量的信息，这不仅使得科学变得过于复杂，无法简单记忆，而且也让记忆和演讲的价值有所下降。耶鲁大学的学生害怕失去原有的地位。背诵、记忆和拉丁语语法不再是当今世界的力量源泉。当今世界，高人气的作家或专业记者的智慧和才能比讲坛上的牧师更有影响力。

21世纪社会的哪些特征超越了前互联网时代的能力？在艾略特时代，为了应对工业化，高等教育走向了职业化和专业化。对于我们这个时代来说，搜索和研究的能力（分类、评估、验证、分析和综合大量信息）是一项极具价值的技能。随着推特和虚假新闻的出现，以及数字化档案的首次开放，这些主动学习技能应该在当今的高等教育中发挥更大的作用。

虽然人们通常认为依赖技术设备对人们的发展不利，但是对技术设备的依赖也给我们带来了好处。研究证明，我们现在已经与我们的设备紧密相连。研究还揭示了我们的设备就像是一个"交互"记忆辅助器，能够让我们编码、存储、搜索和检索信息，从而帮助我们更有效地找到答案。如果没有这些设备，我们的效率会大大降低。我们现在依靠设备来获取我们过去依靠记忆的信息，而且，多亏了这些设备，现在只要动一动指尖，我们就能得到比以往任何时候都要多的信息。一些传统主义者认为，正如1837年聚众闹事的耶鲁大学学生主张的那样——记忆仍然非常重要。很明显，现在记忆对我们的日常生活不再像以前那么重要了，这对于我们来说是好事，原因很明显，我们不再需要记忆一些事情。但放在几十年前，这些事情必须得靠记忆才行。

研究还表明，减少记忆量不会损害我们的认知能力，曾经一度以为这会对我们的记忆造成损害。无须多说，仍然有无数的事情需要记忆，并且我们还需把记忆逐渐转变成习惯，这样我们的生活才更有效率，如语言学习、基本数学原理、开车、舞步、游戏规则等。然而，曾经记忆的许多事情现在只需要谷歌搜索一下就可以知道，这样做也不会对我们的生活造成恶劣的影响。我们现在正处于互联网对认知影响测试的第二个 10 年，测试结果看起来比早期过渡阶段的结果更为积极。最近几十项研究表明，互联网出现之前所做的事放在今天，若我们仍以互联网出现前的方式去做，互联网也帮不上什么忙，这完全是一种无意义的重复。反之亦然，对一些需要用互联网，需要用其他新的互动技术来完成的事，互联网可以给予我们很大的帮助。

不管学什么，练习非常重要。例如，学习走路或打网球、编写 C++ 代码或进行脑部手术。如果你不练习网球，网球比赛的能力就会下降。然而，网球训练并不能提高你编写 C++ 代码的能力。肯的中学老师说得很对，计算器不能帮助学生提高使用计算的能力。但是，教育工作者经常忽略了一点，如果肯和他的朋友们能够使用计算器的某些功能，他们就能在此基础之上采用多种方式创造性地发挥三角函数的作用。打个比方，计算器释放了学生的大脑空间，如此一来，用计算器计算便于学生探索更具挑战性、更复杂的三角函数。

简而言之，我们应该比现在更频繁地在教室里使用各种技术设备，因为持续、仔细、严格地使用技术设备可以让我们更好地发挥设备的用处，这对于我们和社会而言都是好事。找到最具创造性、最积极的方式在课堂上使用技术有助于哈佛大学满足 21 世纪的大学要求，但前提是引入的技术要融入课堂和教学变革。变革之后，学生能够立刻最大限度地掌握交互能力。教授不能仅仅因为引入了技术就退出课堂教学，教授应该更加深入地思考技术可以做什么，学生可以用技术学到什么，学生如何了解技术，以及技术设备如何帮助学生思考、交流、迭代、反馈和发展。

在我的课堂上，我不仅允许学生在笔记本电脑上做笔记，还允许他们利用网络工具一起做笔记，如谷歌文档或者名为"假设"的开源平台。在这些网络工具平台上，所有的学生贡献各自的笔记、给笔记添加注释、添加链接以供进一步阅读。他们还建立了一个后台通道，基本上囊括了他们想在课堂上得到解答的所有问题。我在教《美国文学调查》《这是你的互联网大脑》和《高等教育的历史和未来》时，无论是新生还是博士生，当他们一起学习，互相交流时，每个人都会学到更多的知识。不要低估学习的社交因素，我发现当我的学生们一起学习、思想发生碰撞时，他们会学到更多、更深入的知识。就像布鲁夫教授的课程一样，学生们会学到更好的方法来查找和掌握内容，其中就包括有益于学生未来的互联网素养。

对技术恐惧者的害怕，我想说的是，如果教授能够被电脑屏幕所取代，那我们早就被取代了。在我看来，计算机技术的确是一种挑战，但这并不意味着即将到来的是失败。我们可以抓紧每一门课程做一些电脑屏幕无法完成的事情，如给每个学生机会理解、创造，甚至批判电脑屏幕上所发生的一切。

正式教育应为学生提供机会学习怎样最有效地应用技术，所以教师不应该在正式教育中禁止技术，而应该通过技术实践、技术互动、技术评估，让学生养成数字时代需要的数字素养。

斯坦福大学荣誉教授安德里亚·伦斯福德是每个人心中完美的英语教授。她气质优雅，花白的头发向上梳起，鼻梁上架着一副老花镜，神情既矜持又和善，脸上微微的笑意透露出睿智，总会让人联想到维多利亚时代的肖像画。但别被她的外表所迷惑，她是美国最具创新性的研究人员之一，她的研究内容是互联网对学生读写能力的影响，以及所有可以最大限度提高学生交互技能和数字素养的方法。该研究旨在帮助学生在学校和社会中过上更为成功的生活。

伦斯福德研究了美国各地学生的读写能力，她领导了无数的研究项目，使用的研究方法也是多种多样，最著名和参与最广泛的一个研究是对斯坦福大学的学生进行为期5年的写作能力研究。这一研究旨在解决校友和家长经常担心的一个问题：数字设备正在摧毁斯坦福大学学生的读写能力吗？如果数字时代正在摧毁美国最顶尖的高等学府之一，那么其他学校也在劫难逃。

对斯坦福大学学生写作能力的研究始于2001年9月，这是最为广泛的研究之一，不仅研究了这代学生实际掌握的知识，还研究了知识如何影响学生的思考和写作能力。243名斯坦福大学新生收到邀请参加此次研究调查，参加调查的学生需要提交他们的写作，无论是说明性的课堂写作还是个人写作都可以。接受邀请同意参加调查的学生有189人。他们还同意参加一项年度调查，每年对这189人中的五分之一做一次深度访谈。2006年，所有的资料都以网络数据的形式收集完成后，就开始了评估工作：评估15000多篇写作、访谈以及调查数据。

学生愿意将自己的学术写作和个人写作悉数公开，这一点是非常了不起的。他们提交了自己的研究论文和电子邮件、博客、社交媒体写作、期刊、创意写作，甚至视频脚本。伦斯福德教授不仅好奇这些优秀学生在课堂上的写作表现，也好奇他们对指定写作的感受。她还想调查这些学生课外写作的频率和风格。

伦斯福德教授发现，和人们的担心相反，如今的学生，包括那些声称花费大量时间上网的学生都非常擅长写作。然而，她发现这些学生的作品有一个显著的特征，明显区别于她研究的前几代学生的写作。伦斯福德教授和她的同事把这种不同归结于学生上网时长的影响：这一代人很会把握契机（kairos），契机是修辞术语，指人评估受众，并根据受众塑造自己的风格、语调、语言和技巧的能力。

伦斯福德教授在一篇数据分析论文中写道，"社交媒体上受众无处不在。在网上，因为反馈是即时的，所以很难说清楚谁是作者，谁是受众。这一代学生对这一点了然于心，从他们根据写作对象调整语气、词汇、称呼形式，甚至幽默的方式中我们也可以看出这一点。这是一种非常复杂、高阶的读写能力，能够针对特定受众进行有效的沟通。"

有趣的是，其他学者认为当代学生的写作特点无非就是浅薄、愚蠢、分散或孤独，但是伦斯福德教授几乎没有找到其中任何一点。不管采取的是定性还是定量研究方法，伦斯福德及其团队都没有找到任何证据表明学生花时间上网会造成读写能力下降。她发现的唯一负面影响是，与毕业时相比，学生刚进入斯坦福大学时对自己的写作能力更自信。伦斯福德猜测，这可能是因为他们的教授不断提醒他们使用社交媒体会对智力造成损伤，这也可能是因为每个学生的作文受到过多的个人反馈造成的。在斯坦福大学，每个学生都会受到关注，因为斯坦福大学大约 35% 的班级人数不足 10 人。学生们进行了大量的写作，之后会收到来自专家和个人的反馈，不过通常是批评性的反馈。在这个过程中学生的写作能力不断增强，学生听取并吸取批评，但他们似乎并不相信自己的写作能力会因这些批评而有所提高。

这项研究的另一个发现是，学生若是为了写论文而写论文，写出来的论文质量不会有多好。但是学生重视写作，因为写作拥有"改变世界的力量"。传统的写作教师经常这样批评这代人的写作。例如，在典型的五段式文章中，作者采用规定的方法，就像公式一样，根据条条框框呆板地写出每一部分的内容。即使受众变了，文章结构也不会做出改变。你也不需要改变，因为在传统的五段式文章中，受众就是教授，这一点是不会改变的。学生在学校学习的作文，受众只有教师和学生，但课堂之外很少使用这种作文形式和格式。

对于任何一个致力于发展面向未来的高等教育的人来说，学生们想通过写作改变世界的这一愿望都令她振奋不已。这是伦斯福德教授对这一研究结果的看法。她鼓励她的学生找到最好的方式，最大限度地利用写作实现某一目的。可能和传统的学期论文不同，他们可以对结肠癌展开研究，并将其研究转化为社区公共卫生宣传的白皮书和海报。或者，他们可以为当地报纸写一篇专栏文章，讨论斯坦福如何改变自助餐厅的购买选择来增强与邻近农业社区的关系。伦斯福德教授试图鼓励学生就重要话题进行写作来增强学生业已强烈的契机意识，然后定义并说服除她之外的其他社会受众。

事实上，学者们对千禧一代的读写习惯进行了缜密的研究，所有的研究都证实了伦斯福德教授 25 年来对数字时代学生素养研究的结果。例如，事实证明，千禧一代是二战以来阅读量最大的一代。但是，如果你还是使用传统的评估方法，就无法真正理解千禧一代的素养深度。千禧一代在青少年时期读得最多的是青少年文学，这是一个在互联网出现之前几乎不存在的出版类别。许多年轻人在当地的书店等至深夜只为拿到哈利·波特的最新一卷，等待过程中手里玩着电子游戏，他们觉得这两者并不矛盾。另一方面，这些年轻又狂热的数字阅读者长大后阅读的书籍包括当代著名的获奖作品，如连环画小说、年轻移民和少数民族作家的作品、世界各国作家的著作，甚至诗歌，特别是新锐作者的作品。千禧一代在青少年和成人时期的年度书籍阅读量远超前几代人。就像信息时代的第一代小说读者一样（大概始于托马斯·杰斐逊担任总统时期），年轻人强烈要求阅读贴近生活、反映生活、映射年轻人面对的社会和技术挑战的文学作品。

伦斯福德在她的课堂上发现学生们长时间的网上互动生活并没有让他们变得木讷或孤僻。相反，学生之间的联系更加紧密，更加活跃，他们更能融入更加丰富的文化之中，也更能接受印刷的旧式书籍。在他看来，这体现的是一种文学上的紧迫性。这一代人想知道什么才是重要的，想要就他们知道的东西进行交流。良好的写作对于这一代人来说很重要，而且他们的在校时间越长，对自己的评判就越严格。如果仅仅是为了完成学期论文而进行写作，阅读者也只有教师一人，这样的一篇文章看起来毫无意义，甚至有些可笑。为什么要只为写作成绩而进行写作？这完全背离了写作用于沟通、联系、劝说和互动的目的，即背离了契机的要求。

胡安娜·玛丽亚·罗德里格斯教授对写作和阅读的看法与当今学生的看法相似，她在此基础之上找到重组课堂的方法，重组之后所有的学生都能带着积极的社交目的参与原创性研究和写作。在加州大学伯克利分校的女性和性别研究学院，罗德里格斯教授的授课课程是 LGBT 146（L 代表女同性恋、G 代表男同性恋、B 代表双性恋、T 代表变性者），即"性倾向的文化表征"。在这门课程中，学生不仅要阅读大量复杂、难以理解的理论文本，还要进行原始档案和人种学研究。一些学者、理论家和行为艺术家是比较知名的女同性恋、男同性恋、双性恋和变性者，维基百科上有关他们的文章内容不充分或是有误，甚至有些介绍处于缺失状态。现在，学生需要用他们之前在论文中的研究结果进行判断、纠正并补充。

就在 2007 年，一些院系、学院和高校仍然"禁止"使用维基百科（并非强制性的）。技术恐惧者认为维基百科很糟糕，就像他们曾经怀疑应答器一样。人们对维基百科的存疑也不无理由，因为维基百科的制作方式与传统相悖，不同于一直以来的从上至下，专家推动、同行平议的学术作风。维基百科集的是众人智慧，编辑维基百科的人员不必用博士学位进行专家认证，所有人都可以编辑维基百科。因此，许多人反对使用维基百科。

罗德里格斯教授却不这样想。虽然维基百科很糟糕，但是它可以公开编辑，为什么不让学生们用自己的研究为世界上使用最广泛的百科全书贡献自己的绵薄之力呢？罗德里格斯教授给她的学生提出了一项任务，要求学生改进维基百科的条目，并向维基教育基金会的编辑寻求帮助。维基教育基金会是一个连接维基百科和学术界的非营利组织，致力于帮助教授们设计课堂研究和写作作业，以提高维基百科的学术准确性，扩大学术覆盖范围。维基教育基金会还与专业图书管理员展开合作，扩大公众获取图书资源的渠道，同时还加强和专业学术协会的合作，找到方法保证尽可能全面地覆盖学术领域。

　　在 LGBT 146 这门课程之中，罗德里格斯教授教给学生专业的研究技能。例如，如何验证信息来源的准确性和可靠性；如何用专业和准确的态度处理有争议的事件，如何恰当地引用信息源，这些都是整个社会迫切需要的技能。虽然罗德里格斯教授对学生的期望已经很高了，但最后的结果还是让她喜出望外。举个例子，何塞·埃斯特万·穆尼奥斯是一位颇有影响力的文化批评家。2013 年，年仅 46 岁的穆尼奥斯不幸去世，他的死讯震惊了整个 LGBT 学术界。但是罗德里格斯的学生发现，维基百科上关于他的介绍只有短短的两段。罗德里格斯表示："最后维基百科终于用一页的篇幅介绍穆尼奥斯的影响力。我的学生还在维基百科上创建网页介绍埃塞克斯·亨菲尔、贾斯汀·钦、马丁·王、吉尔·夸德罗斯和海湾地区当地的一些同性恋名人，如阿德拉·古巴、奇利·费利克斯、塞西莉亚·钟、塔蒂亚娜·德·拉·蒂拉。他们还补充了一些内容。这只是一个开始，学生最终会让维基百科变成一个更奇特、更丰富、更包容、准确的空间。"

　　从非专业人士的角度看，大多数人可能认为性别研究课程探讨奇特的行为艺术，这和学生将来找工作没什么关联。然而，罗德里格斯教授坚定地选择了这一学科领域，学生也对此充满激情。这种坚定源于她对个人或政治身份的深刻理解。为此，罗德里格斯教授像布鲁夫一样，在掌握学习的基础上设计了一门课程，无论是在课堂上还是在将来的工作生活中，这门课程将影响和改变学生的学习方式。在争取一些竞争激烈的入门级职位时，掌握研究、阅读、写作和在线编辑技能的学生占有优势。因为维基百科可以提供分析，追踪每个词条经历的所有变化，所以她的学生开始探索数据分析的方法和影响力。在创建词条的过程中，学生们把他们做的所有工作编辑成注释文献目录，并利用一种叫 Zotero 的文献管理开源工具收集引用和参考文献，让课堂之外的研究人员也能够在线查阅。许多入门级职位现在需要的网络和数字技能是许多精英大学的学生所不具备的。罗德里格斯的学生不仅仅要掌握一门自己感兴趣的学科，还要从头到尾规划并管理一个复杂项目。无论是个体工作还是小组合作，学生需要找出最佳的方式圆满完成项目。学生们正在学习如何以现实世界的人为受众进行写作，如何在一系列教育制度和实践中做出有意义的贡献。

　　将布鲁夫、伦斯福德和罗德里格斯这三人的项目整合起来，可以深入理解如何重新设计传统课堂，帮助学生做好准备应对他们这一代面临的挑战。同时，这三个项目还有一个共同点，即教授要使用最符合学生需求的技术。让下一代人能够有目的、精准地利用手头的大量信息实现"穷则独善其身，达则兼济天下"的目标，技术是最理想的方式。

　　埃文·米苏拉是一名专业程序员，同时也是一名正在攻读计算机科学的博士生。作为一个开源和开放存取的倡导者，米苏拉对编码充满热情，他积极倡导需要更多的女性和少数民族学生进入这个正在改变我们生活的领域。他的目标是将下一代培养成既关注创新，又关注平等的程序员和技术设计师。他已经完成了自己在纽约大学研究中心的课程，现在他一边写论文，一边教授两门课程，其中一门是约翰·杰伊刑事司法学院的"数据库和数据挖掘"。

　　在约翰·杰伊刑事司法学院，40%的学生是拉丁美洲人，21%是黑人。学院里将近一半的学生是家里的第一代大学生。米苏拉在他的课堂上使用开源内容并开发新的软件，但是他之前从未将互联网的开源、敏捷方法应用到他的教学中，于是米苏拉决定试一试。他没有采取传统的期末考试测评法，而是给约翰·杰伊刑事司法学院的本科生布置了一个充满挑战性的任务作为期末测评——制作一款可以做出"公共贡献"的应用程序。米苏拉规定了应用程序的性质和范围。

　　其中名叫尼维亚·德杰苏斯和玛尔塔·奥尔洛斯卡的两名学生问米苏拉，他们是否可以针对新近释放的囚犯开发一款应用程序。这两名学生开发了一个名叫"我的狱外生活（Jailbreak my life）"的移动资源指南，为刚刚出狱的囚犯提供交互式信息，帮助他们规划自己的生活。在监狱中，所有的事情都有人安排好，选择也是由别人做出，所以经过多年的监禁生活之后，获释的囚犯发现时间管理和见面安排对于他们而言是一个十分困难的挑战。有些人因错过与假释官的会面或是其他必要会面而回到监狱。德杰苏斯和奥尔洛斯卡决定在他们的应用程序中加入谷歌地图应用程序编程界面，这样用户就可以找到最近的基本资源，如食物、工作、免费辅导、咨询和医疗保健，并且使用 JavaScript 节点、HTML5和反应编程语言等现代技术构建该应用程序。

　　米苏拉将契机原则提升到一个新的高度，他让学生报名参加女性黑客马拉松比赛。黑客马拉松在很大程度上是一项自发的免费活动。这是一场发明与创新的马拉松，参与者以小组的方式自发聚集在一起。他们有时甚至通宵狂热地工作，所有人互相借鉴学习，因为他们朝着同一个目标前进。有些人会来黑客马拉松推销自己的项目，有的人混迹其中，寻找自己感兴趣的项目，然后参与该项目与其他成员开展一天的合作。黑客马拉松比赛上没有任何组织者或裁判，比赛甚至带有一些偶然性。这一比赛与其说是组织者的精心策划，不如说是取决于参赛者心情和精力的无心之作。黑客马拉松有很强的流动性，只要报名就可以参加。获胜的团队通常会有奖金以及其他奖品，但在紧张的比赛进程中学习新技能和网络化技术才是程序员积极参加线上和线下黑客马拉松的真正原因。

每年，世界各地的教育界、非营利部门和产业界都会举行成千上万场黑客马拉松。纽约市甚至有一个网站专门介绍各个时间段举行的黑客马拉松活动，如公民黑客马拉松、环境黑客马拉松、技术黑客马拉松、音乐黑客马拉松、教育黑客马拉松、社区激进主义黑客马拉松、多元化黑客马拉松，这些马拉松都安排在周末在某个城市举行。

如果你带着项目参加黑客马拉松，通常你会设立一个目标，即经历一天的比赛之后，你希望"输出"的具体产品是什么。在黑客马拉松网站上，你可以发布有关项目、团队以及理想合作者的要求。参赛者看到之后若是有意向参与，则会与你进行交谈并立即决定是否愿意和你展开合作。比赛结束之后，你可以发布开源代码，对该项目有兴趣的人员会随机组成一个小组。虚拟黑客马拉松比赛仍然在继续，小组成员持续参与、改进并完善这一项目。如果你习惯了传统的商业模式和项目开发，这一过程至少在你看来是存在问题的。但出人意料的是，这一模式居然行得通。

开源黑客马拉松几乎颠覆了艾略特时代的哈佛大学对工程师的所有要求。开源黑客马拉松没有等级制度，不需要文凭学历。黑客马拉松的参与者们不会问也不关心你有没有博士学位或你有没有在微软工作过，他们想知道你是否擅长与他人合作，是否擅长激励他人，鼓励他人参与以实现共同目标。黑客马拉松比赛的目标是在有限的时间内尽你所能，因为这是一个开源在线项目，在黑客马拉松结束后你可以返回该项目，通过迭代、修改、再混合和变形来对其进行完善直至项目达到最佳状态。

女性黑客马拉松的奖金很少，但是，为未来的合作项目寻找潜在的合作伙伴、员工和其他人才是这么多人参加该比赛的主要原因。米苏拉教授的学生德杰苏斯和奥尔洛斯卡正在寻找能够帮助他们一起完成"我的狱外生活"这一应用程序的合作伙伴。最终他们与两个专业的应用程序开发者达成合作，分别是萨拉·穆尔西和伊戈尔·波利托夫，其中一个还是最近从纽约城市大学系统中另一所学校毕业的校友。

德杰苏斯和奥尔洛斯卡摘得比赛桂冠。她们获得了最佳女性团队领导奖和哈蒙应用编程接口最佳使用奖。

德杰苏斯和奥尔洛斯卡没在赢得比赛之后就放弃了对这款应用程序的开发。在女性黑客马拉松比赛之后，她们继续合作，致力于研究计算机科学和法律实施之间的交叉领域，这个项目对他们的一生产生了不可磨灭的影响。德杰苏斯和奥尔洛斯卡联系了约翰·杰伊刑事司法学院惩罚与公共健康倡议部门的主任杰弗里·库茨，试图筹集资金开发这一应用程序，并让近来被释放的囚犯免费使用。女性黑客马拉松比赛一年后，德杰苏斯和家人搬到了得克萨斯州，她决定继续当一名与刑事司法系统打交道的程序员。奥尔洛斯卡在国防情报局实习，并在哥伦比亚特区找到了一份长期工作。米苏拉现在在约翰·杰伊刑事司法学院教本科生计算机科学，同时给雷克岛监狱中的被拘留者上计算机编程语言 Python，他还给纽约警局公共行政管理硕士的学生上数据管理和描述性统计课程。黑客马拉松给米苏拉教授和他的两个得意门生的人生带来了如此巨大的影响，很难想象出比这更有教育意义的结果。

蒸汽机和其他工业时代的发明充分利用机器的力量、速度和动力来完成一些人力无法单独胜任的工作。而互联网的发明充分利用了巨大的人力和生产数据之间的交互性、连接性、参与性和访问性，促进了互联网和所有计算机技术的蓬勃发展，这让我们可以以一种前所未有的规模和速度完成工作。很难想象我们当前的生活中还有哪些方面没有被互联网技术所改变。

新教育不仅要认识到这一现实，还必须重新构想高等教育。高等教育要利用学生带进大学的数字技能，同时将学生培养成为技术驱动时代全面发展的参与者，让学生既具有批判性和创新性，又具有怀疑精神。在课堂上，在高等教育结构中，在学校课程和教育学之中，已经没有了技术恐惧症的踪影。技术恐惧症束缚了我们的年轻人，它没有让年轻人做好准备，没有让年轻人武装好自己去应对世界、职场和未来的复杂性，这种复杂性是大多数人一开始无法掌握和预测的。

4　反对技术狂热

现在是 2013 年 1 月。《纽约时报》宣布 2012 年为"慕课（MOOC）年"，慕课指大型开放式网络课程。畅销书作家兼《纽约时报》专栏作家托马斯·弗里德曼称慕课是"全球在线高等教育革命的萌芽"。他坚信慕课将全面变革高等教育，大幅削减暴涨的学费。为什么要止步于此？弗里德曼称："慕课是当前让人们摆脱贫困的最有力的武器。"

斯坦福大学、麻省理工学院和哈佛大学这三所精英大学在慕课中发挥着引领作用，这些学校还与课程时代（Coursera）和优达学城（Udacity）等营利性公司以及非营利性的 edX 在线课程平台等展开合作，这些公司将主办并发布由十几所顶尖大学知名教授所做的视频讲座。

我所任教的杜克大学就是其中之一。我们与课程时代展开合作，该公司由达芙妮·科勒和吴恩达创办，这两位创始人之前是斯坦福大学计算机科学教授，他们公司的风险资本数额没有对外公布。在亚马逊网络服务主办的交互式学习管理系统上发布一系列数字化视频讲座，这就是慕课的上课方式。这些课程免费对听众开放，或者，如果你愿意，你可以支付 100 美元的费用进行"签名认证"。只要你看完了所有的视频讲座，并通过了机器评分的多项选择测试，你就可以获得证书。慕课为开放式入学，全球 18 岁以上的成人都可以参加，不局限于大学生。我曾受邀在慕课上做一个视频讲座，负责讲解美国高等教育的历史和未来。

我觉得我有点像肯的中学数学教师。我对这项新奇的技术持怀疑态度，但它的支持者承诺（用我们今天的商业行话讲），这项技术将"颠覆"高等教育的现状。慕课的教学模式在我看来是一种倒退，专家在半个小时的视频里不断输出知识，这其实是枯燥、被动和广播式教育模式的数字化体现，是一种直接从专家到学生的单向信息输出。大量研究表明，这种模式只对考试有作用，除此之外，作用不大。我希望我的学生能学到更多的东西：他们能够问出一些有价值，值得钻研的问题，而不仅仅是记下答案；他们在离开学校时相信自己有能力解决自己遇到的各种棘手的问题。多项选择测试和结业证书简直是对教育的冒犯，这不是我想象中的大学。同时，我也不相信慕课的商业模式。课程时代付给我一小笔费用，让我制作六个视频，每个视频时长半小时。完成杜克大学的常规工作之后，我不得不完成这一额外工作。我想不明白的是课程时代的这种安排真的能减少杜克大学的运行费用和学生的学费吗？随着投资者的收益不断累积，学生和教师真的会收获知识吗？慕课能让大多数人摆脱贫困的这一想法荒谬不已，但更糟糕的是人们对技术的狂热。

如果技术恐惧症意味着恐惧计算尺、黑板、计算器、应答器和大学教室里的笔记本电脑，那么技术狂热会导致一些浮夸和不切实际的想法，会夸大技术的作用、功效和贡献。技术狂热会让你失去理性的批判，可以说，技术狂热把你的权利、数据、隐私以及其他一切东西都让渡给了谷歌、苹果、微软或是其他生产制造电子书、全球定位系统、儿童玩具、家电、交通工具甚至是维持生命的起搏器公司。所有权积极分子艾伦·佩尔扎诺夫斯基和杰森·舒尔茨进行了一项实验，测试人们对技术的迷恋程度，他们利用一个虚拟网站策划这项实验，该网站承诺签署服务协议的客户可以免费下载软件。98%的用户选择同意这项条款，该条款的第一句话规定将所有权转让给用户的"第一个孩子"。

面对主宰生活的技术，我们的自满让我们更加确信学生需要具备计算机素养，以便为将来做好准备。与以往相比，当前，技术更应该成为进行深入、彻底、批判性分析的起点。这种由精英大学知名教授讲授的教学视频只会巩固和传播19世纪被动分层的教学模式，除此之外，并不会对变革高等教育产生任何作用。

西蒙·派珀特是人工智能领域的先驱，也是一位颇有影响力的学习理论家，他积极倡导以学生为中心的学习方法。他把这种用计算机启发教学的方法称为"建构主义"，"建构主义"的本质是以学生为中心的主动式学习。派珀特认为在互动交流的后互联网时代，最好的学习方式就是建构学习，通过实际操作，不断探索，在一次次的实验中尝试，从失败中汲取教训，然后再次尝试。对中小学（K12）学习，派珀特希望年龄、能力和背景各不相同的学生能够齐聚一室，共同学习。同时，他希望身体或认知有缺陷的孩子也能成为"建构大军"中的一部分。如果孩子身患残疾，那么他的一生就是一个充满创造性的变通过程。1985年，作为麻省理工学院媒体实验室的创始人之一，派珀特为实验室招揽了专家和业余人士、行业前辈和新手、计算机科学家和艺术家。在媒体实验室，学生和老师在新思想和新工具的激发下，一起探索、思考、构建、设计并即兴创作新工具。派珀特认为，教师的角色是"为学生提供发明创造的条件，尤其是在计算机时代。"

观看视频讲座与建构主义学习是两件完全不同的事。对课程时代，我还是坚持自己的看法。如果他们愿意让我开展试验的话，我可以制作课程视频，我想看看我是否能和现场的所有学生一起将传统的慕课形式转变成以学生为中心的教学形式，这里的学生不仅是指现场的学生，也包括成千上万在线观看慕课视频的学生。我没有布置传统的学期论文作为作业，而是给他们布置了一项难度更大的任务。我要求现场的所有学生找出一个既具创造性又具挑战性的方法，能够让慕课 18000 名在线注册者参与讨论，将慕课变为一个互动学习社区。派珀特称："如果该实验只是在教室放一些电脑，其他什么也不改变，那这可以说是荒谬至极了。"如果慕课只是简单地重复工业时代的分层教学，重复工业时代的课程和教学方法，最后只会导致一个荒谬的后果，即当代会大规模地出现传统教学的复制品。

值得称赞的是，对我想将成千上万名在线学生纳入互动研讨会的这一想法，科勒和吴恩达没有表示反对。作为工程师，他们感兴趣的是我们能从项目中学到什么。他们让我联系其他正在对慕课进行实验的人。在宾夕法尼亚大学，艾尔·菲尔莱斯教授正在推进"ModPo"项目，这一项目旨在不借助视频的情况下进行诗歌教学。菲尔莱斯每周召集 12 名学生，由一名班级成员将她选择的一首诗"分配"给所有课程时代的参与者。这 12 名学生每周会在课程时代平台上直播一次他们的现场讨论，并对所有在线用户发出邀请，用户可以输入215–746–POEM 参与讨论。当代诗人创作的诗歌深奥晦涩，以往只有少量的受众。但是突然之间，这些诗歌作者出了自己的畅销诗集，并在世界范围内获得关注。一些国际参与者也提名他们最喜欢的诗人的作品，为丰富世界诗歌教学内容做出了贡献。

这种形式不适用于我的历史课程，但是菲尔莱斯教授对慕课模式的创新开创了一个有用的先例。在这学期现场研讨会的学生到来之前，我召集了一个小组来制作视频。我和一些研究生助理、几位技术人员以及一位首次拍摄的制片人开始制作慕课课程。我们没有聘用像派珀特那样的专家，而是所有人一起学习、写作、拍摄、编辑、录制，然后将这 6 个半小时的视频上传到课程时代平台。因为在这些视频中露面的只有我一个人，所以在每一个视频结束时，会有一个"附加"功能，我们会调转镜头，向观众展示每一个制作本周课程的幕后人员并解释我们使用的各种工具，包括摄像机、软件编辑程序，以及视频录制过程中用于提示信息的提示卡和网站，如 Lynda.com。此外，我们邀请观众根据我们的视频自己动手制作视频，并将链接上传到我们的课程网站。

我们的前 4 个视频主要讲述美国高等教育发展历史的欧美背景。每个视频只集中讲述一段历史中的某一个关键时刻。前四个视频分别讲述了赠地大学的成立、清教徒学院到现代研究型大学的变革、《退伍军人法》和高等教育中伟大社会的扩张以及过去40年高等教育经历的资金削减。最后两个视频聚焦教育的未来，提出了高等教育转型的新思路。课程时代提供了积极的、以学生为中心的学习技巧，目的是让学生做好准备面对这个喧嚣的互动时代，课程时代还邀请了世界范围内的慕课社区成员建言献策，提出他们的替代教学法。

除了专有的课程时代互动平台之外，我们还打造了开源在线网络空间。参加现场研讨会的学生可以在这个网络空间主持他们的论坛、博客、维基或是他们想出的其他网络互动类型。我们会免费公开这些互动内容，供所有人访问，供所有希望做出贡献的人员使用。我希望慕课中的视频内容和我们以学生为中心的教学方法能够改变静态的慕课课程形式，能够成为被全球18000名慕课学生在教室和研讨室中接受的教学方法。我们的教学方法是新教育的福音。我们决定用一个诙谐的名字给我们的课程命名，以表明我们超越标准慕课的宏伟抱负："高等教育的历史和未来，或者，我们如何放弃旧模式，重新学习新模式，创造一个更加成功、更有收获、更令人满意、更有成效、更人道、更快乐、更美好、更具社会参与性的未来。"于是我们在推特上发起了"未来教育研讨会"。

慕课视频录制结束后，我把注意力转向了实际教学中面对面的研讨会和负责领导实验的学生。和派珀特一样，我们都认为19世纪按照"年龄分级"和"学科定班"的教育模式限制了学习体验，把学习体验变得同质化，所以我的研讨课堂向所有的本科生、研究生和专业学校的学生开放。我还向该地区所有院校的学生发出邀请。在邀请内容中，我有意用模糊且具煽动性的语言描述这门课程；在课程要求中，我表示我正在寻找12~15名有胆量、技术娴熟的学生参加慕课的全新实验形式，该实验将把慕课推向"更高的水平"。为了给他们一个下马威，我还告诉他们这将是他们参加过的最苛刻、最有创造性、最耗时的课程。

杜克大学、北卡罗来纳大学和北卡罗来纳州立大学的学生都报名了。从报名表中，我选择了14名极具天赋但迥然不同的学生来参加这次挑战。其中包括一名19岁的心理学专业学生、一名20岁的雄心勃勃的教育改革家、一位经历过伊拉克战争的30多岁老兵，他一边休养战争造成的创伤，一边攻读硕士学位；几位研究加勒比历史或计算机科学等领域的博士生；一位在桑福德大学公共政策学院攻读博士学位的哲学教授以及两名攻读美术硕士学位的学生（一名摄影师和一名平面设计师）。

当《高等教育纪事报》得知我们忙于"未来教育研讨会"的讨论狂潮时，该报的编辑邀请我写一个专栏，记录每周的活动，记录内容不仅包括现场研讨会，还包括一万八千名慕课在线注册者的讨论。但是，我提议专栏不应由我而应该由参加研讨会的学生来撰写，因为我们现在提倡的是以学生为中心的教学方法。虽然这一提议前所未有，但是《高等教育纪事报》的编辑们仍然同意进行实验。科勒经常宣称高等教育 2000 年来都没有改变，但与此相反的是，无论走到哪里，我们都发现有人希望"颠覆"现有的教育，他们在颠覆教学理念和教学方法上比慕课更具创新性。

我们已经准备好了。借用弗里德曼的一句话就是"开始革命吧！"

带着骄傲和一丝紧张，这 14 名学生走进我们的教室参加第一次"未来教育研讨会"。他们知道自己是被挑选为大学变革的领导者，但除此之外他们对这学期将要发生的事情知之甚少。

直到他们就座我也一句话都没有说，他们也没有看过教学大纲。但是，他们已经蓄势待发，渴望扫除一切阻碍，笔记本电脑也已准备就绪。

我开始分发铅笔和索引卡。

我一边用笔一下接一下地敲着空白索引卡，一边用不容辩驳的语气命令道："随堂测试。"

我用上课专用的语气问道："谁发明了印刷机？"这是旧时典型的单向传输教育模式——教授提出问题，学生给出正确答案。

我从电脑包里拿出一个模拟计时器，然后用同样的腔调命令道："你们有 90 秒钟的时间，完成之后把铅笔放下。"

这 14 名学生困惑地看着对方，但是当计时器开始大声计时，他们就动笔在索引卡上窸窸窣窣地写起来。本应该是高等教育的颠覆者，但突然间这些急切的变革者变成了乖学生。

这是我们如今培养年轻人的方式，也是我们亟待打破的模式。如果说学校的"钟声"象征着 19 世纪的义务公共教育——旨在将农民培养成像机器一样的工厂工人，那么计时器就代表着 20 世纪具有重大影响的总结性测试。随着泰勒主义的出现，仅仅会思考是不够的，你必须在规定的时间内思考，从指定的答案中快速选出"正确"答案，在计时器到点前尽可能地选出更多的正确答案。

计时器象征着过时的学习生产模式，这种模式将标准化与高标准混为一谈，简单地认为教育成功就是正确回答可以用答题卡系统评分的问题，但事实上，我们这个时代需要的是敏捷、创新和互动的思维。如今，网络攻击能摧毁一个网站，甚至可以通过摧毁中央处理器彻底颠覆我们的生活。在这样的一个世界用这种教育方式培养学生是可笑的，甚至是不负责的。2016 年 10 月 22 日，新罕布什尔州的物联网管理公司 Dyn 遭到网络攻击之后，大多数人才意识到被大肆吹捧的物联网在我们不知情的情况下，把家里的烤面包机和其他家用物品，甚至孩子的玩具都变成了黑客攻击的帮凶。技术还有哪些方面是我们所不知道的？即使是我们这个年纪的人，即使我们记得互联网出现之前的那段岁月，但当今世界的复杂性远远超出我们的想象，而我们的教育系统也几乎没有为年轻一代做什么改变。高中毕业时，一个普通的美国学生会经历大概 110 次重要的标准化定时测试，这些测试大部分都是模式化测验，而这种考试模式从 1914 年以来就没怎么发生过变化。因此，我们培养学生的方式和学生将要面对的世界之间存在着不对称，这种不对称也在变得愈发突出。

所有的学生都放下了铅笔。他们在不到 90 秒的时间里写下了"古登堡"的名字。

他们不知道我接下来会怎么做。所有人都非常失望，这一切没有让他们感到兴奋，也丝毫没有创新性和革命性可言。

"未来教育研讨会"前景堪忧。

仅仅几年的时间，我们已经忘记了 2012 年慕课席卷高等教育的狂热。技术狂热者通常沉迷于各种对未来天花乱坠的吹捧之中，以至于他们忘记了过去，迷失在当下。即使技术让科技狂热者的希望落空，但他们还是会继续购买下一个金光闪闪的技术玩具。技术狂热者忘记了上一次的技术失败，他们相信技术一定会解决所有问题。高等教育的问题不正是教授们的顽固不化和故步自封吗？雇用首席执行官、程序员和营利性公司，让他们利用最好、最新的工具颠覆高等教育不是更好吗？难道我们真的不需要靠边站，让硅谷给我们的高等教育院校带来真正的改变吗？

现在，我们知道慕课没有兑现他们的承诺，他们没能削减学费，没能给全球公民提供一流教育，也没有在全球消除贫困。事实上，慕课反而在某些方面带来了恶劣的影响。在知名的弗吉尼亚大学，其监事会对慕课极其狂热，最终这种狂热导致新任校长的辞职。新任校长特蕾莎·沙利文受人尊敬且有影响力，据说她被辞退的理由是没有在 2012 年夏天加入慕课潮流。艾略特和他的同事花了 60 年的时间才重新设计出研究型大学。弗吉尼亚大学监事会可能认为在互联网时代，有了慕课的帮助，弗吉尼亚大学在六十天内就能做到！虽然沙利文校长最终在师生的抗议下复职，但慕课的出现导致高等教育处于"变革边缘"的这一想法在其他高校中散播开来。

慕课不再是闪闪发亮的新事物，实力雄厚的大型公司会利用其他技术做诱饵，承诺他们将进行创新。无论是技术狂热还是技术恐惧，这两种极端都会带来弊病。焦虑不安的管理人员和教员为了不让自己看起来过时或是为了不让自己处于被动状态，他们往往草率地决定使用最新的技术设备，而这种决定是不明智的。或者他们可能会因为之前投资失败的技术产品而抵制所有的新技术，包括一些有价值的技术。

这就是为什么我在第一次"未来教育研讨会"上用过时的索引卡、铅笔和计时器开场。这并不是施虐，而是一种被称为"陌生化"的经典教学技巧，这种方法会让学生突然质疑自己已经知道的东西，开始审视之前认为理所应当的事情。在这十四个学生领导慕课成千上万的全球注册者之前，我希望他们能够批判性地思考一下，高等教育遗留下来的几个关键特点：技术、定时测试、过于简单的答案，像"古登堡"、教师的权威、广播式教学法，而慕课，所谓的教育革命，仍大规模地复制这些高等教育的遗留成分。虽然这些学生有好奇心，也敢于冒险（否则他们也不会加入研讨会），但他们也是习惯了 A 和 A+ 的优秀学生，接受的是正式教育理念和实践指导下的教育。

弗朗西斯·培根坚信知识就是力量。法国社会理论家米歇尔·福柯告诫我们要思考谁在控制知识，谁能够创造、实施和反抗知识。

根据培根、福柯以及其他思想家的理念，我希望"未来教育研讨会"上的学生问以下三个问题：知识属于谁？知识将力量赋予谁？当风险投资者想要通过大规模复制单向教学模式来改造高等教育时，他们的意图何在？虽然这样的"解决方案"可能适用于电报、广播和电影等新兴广播技术时代，但这不适合互联网时代。互联网的一个决定性特征是，不管你的地位和权力如何，你的受众都可以予以还击。当今时代比之前任何时候都重视连接和构建技能，我们为什么不针对这样的一个时代进行教育？慕课真的是一场教育革命吗？还是说这只是另一个时代的空壳，徒有其名，只是现存教育的机械化版本？精英教授制作的一个个视频真的能帮助学生学会独立思考和独立学习吗？网上教学泄露了我们的基本信息、秘密、消费习惯、银行账户等信息，不仅谷歌和课程时代掌握了这些信息，这些信息同时还有可能受到政府监控和黑客的恶意攻击，这真的是明智之举吗？我们是在向课程时代和其他营利性技术公司让步，让我们的"第一个孩子"也接受这样的教育吗？

我对"未来教育研讨会"上的 14 名学生说："我有个提议，如果你相信自己在索引卡上写的答案，你现在就可以交上来，我保证你这门课程的成绩为 A。"

克莱尔问："但是如果我们的答案是错误的会怎么样呢？"

"嗯，当然就是不及格了，"我说。

教室里响起了笑声。

马克斯问道："还有别的选择吗？"

"当然！把索引卡翻一面，我可以再给你们 90 秒的时间重新回答这个问题，你们可以使用你们带的所有设备；也可以做些研究，不要只使用维基百科，只要你想，任何方法都可以，只要你能够确认自己的答案。如果你不相信你现在的答案，看看你能否想到一个更好的答案！到底是谁发明了印刷机？90 秒，计时开始。"

在计时器开始计时之前，学生们互相讨论，合理分工。我听到一个学生说她可以创建一个谷歌文档，收集所有的相关信息。另一个学生建议使用 Zotero 开源文献管理工具，追踪所有的引用。

我曾经在不同的班级和研讨会上进行过大约 20 次以学生为中心的研究实验，每次的情形几乎都是一样的。如果学生知道可以互相交流，那么他们会首先向同伴求助，然后再打开电脑。现在千禧一代被称为"群体的一代"（不同于早期的"自我的一代"）我认为"群体的一代"这一术语更准确。根据我长期的教学经验，迄今为止，这一代人是最擅长合作且合作成果最为显著的一代。所以每当我听到有人评论智能手机和笔记本电脑让学生变得孤立和自恋时，我就知道他们肯定没有在一个旨在鼓励学生开展创造性合作的班级里待过。

在 90 秒激烈而专注的研究讨论之后，我问他们："是约翰内斯·古登堡发明了印刷机吗？"

所有人大笑。在接下来的十分钟里，他们告诉我刚刚学到的知识。他们发现毕昇在公元 1040 年，也就是宋代，发明了活字印刷的基本模型，活字印刷使用瓷片，将瓷片重新排列组合可以印刷出十多万个汉字。活字印刷术后来传到了韩国，韩国在 1377 年发明了金属字体并出版了《金刚经》，这是世界上现存最早的活字印刷书籍。中国和韩国的印刷品、印刷书籍，以及其他版本的印刷术和香料、纺织技术、思想、艺术、数学和科学在连接中西方的丝绸之路上来回穿梭。1450 年，古登堡发明了印刷机，但只能印刷欧洲语言中的一部分字母字符。1455 年出版了古登堡圣经，此后便开启了欧洲的印刷术历史。

我问他们："你们之前知道这些历史吗？"

"不知道。"

"你们以前有没有在课堂上做过这样的任务，利用你们从手机和电脑里搜到的所有信息来补充你已经掌握的知识，甚至是质疑你所掌握的知识的权威性？"

我再一次得到了否定的答案。

我发现如果没有维基百科这个平台，他们根本无法在 90 秒的时间里找到这些信息。世界上所有人都可以在维基百科上贡献各种各样的信息，只要这些信息能够为外部资源所认证。在藏书最丰富的图书馆中，占据主导地位的是记述西方历史的书籍，这些书籍（甚至是学术性书籍）往往不承认西方世界以外的发明。维基百科和其他的开源工具集众人智慧，在全球收集大量的知识信息，为我们曾经接受的历史提供了另外一个版本。

遗憾的是，这并没有让正式教育的大纲发生太多改变。技术属于意识形态，是认识层面的东西。我们的认知方式决定了我们的认知内容，但是我们仍然没有完全明白如何采取不同的方法，利用我们在全球和本地获取知识的新途径变革高等教育。我们可以做得更好。

我问他们："如果我是一个禁止使用笔记本电脑和其他电子设备的教授，结果会是什么样呢？"

在我还没说完整个问题前，克莱尔就打趣道，"那么发明印刷机的就是古登堡了"。

"如果你们在毕业考试中考到了有关活字印刷发明者的问题呢？"

"当然写古登堡了"，他们几乎异口同声地答道。他们的语气现在听起来有些愤怒。你不必现在就告诉他们，虽然支付了高昂的学费，但其实他们在大学里学到的很多东西都已经过时了。

我一直认为，"如果我们能将这一切扳上正轨，那么慕课中我们关于高等教育历史和未来的课程内容会解决所有问题。"

"你知道是谁发明了索引卡吗？"计算机科学的博士生巴里问道。这的确是一个开源程序员会问的问题，因为这与我们正在使用的工具有关。他告诉我们，索引卡的发明确有渊源，而且这和我们未来教育研讨会课堂有相关之处。1760年左右，现代生物分类学之父卡尔·林奈发明了索引卡。林奈是一位瑞典内科医生，他立志要将世界上的所有植物和动物（包括人）分门别类地进行等级排列。他在《自然系统》一书中把所有的植物和动物划分到具体的门类、属种等。他把厚纸剪成标准尺寸的卡片，并在每张卡片上写上不同的信息，这样他既能够重新排列信息，又可以保证每张卡片的信息不同。

在《自然系统》中，林奈还根据大陆起源和肤色将人分为4类人种。他详细说明了每类人种的"特质"。在等级观念的影响下，林奈赋予那些非白人的北欧基督教徒以卑微顽劣的特质。他称亚洲人为"luridus（黄种人）"，旨在表达词根lurid包含的所有意思：蜡黄、可怕、苍白、恐怖。除了这四类人种之外，他还划分了第五类人种——"怪物"。这一人种类别里的人具有我们能够想象的所有缺陷，也就是我们现在所说的遗传缺陷、认知缺陷，甚至文化缺陷。

巴里告诉我们，19世纪70年代，哥伦比亚大学的图书管理员梅尔维尔·杜威利用林奈的索引卡和分级分类系统发明了卡片目录和杜威十进制系统。19世纪90年代，人们发明了边缘切口卡片，这种卡片可以在分类之后用一根长长的细线悬挂起来。20世纪60年代和70年代，这些边缘切口卡片成了早期计算数据库的基础。林奈分类法中遗留的一些带有文化偏见的分类等级深深地根植于现代计算的二进制算法——1和0。技术通常看起来是客观的，好像技术可以不带偏见或是超越偏见运行。但事实并非如此，如果人类是带有偏见的，那么人类创造的算法也是如此。要理解技术保留下来的偏见以及技术自动化过程和技术复制中的偏见，就需要系统地分析。

巴里试探性地问道："你们知道制作维基百科需要多少张索引卡吗？"

一阵犹豫的沉默后，巴里告诉我们维基百科是在没有分类法的情况下创建的。他曾经是维基百科的编辑，知道维基百科的一个显著特征是没有预先建立的层级和分类法，仅英文维基百科就有超过500万个独立条目。你可以就任何事情创建一个条目，如录像机历史、漫威漫画人物、奇特的行为艺术家等，只要能够引用一条现存的二次文献，你创建的条目就会永远"保留"下来。维基百科上存在着大量的价值判断和争议空间，但是没有具体的规则判断哪些条目可以算作"知识"，哪些条目只是"传说"。这就是为什么关于活字印刷的条目会包含毕昇的贡献，因为维基百科包容所有的分类法，它不会贬低亚洲人，维基百科不会认为黄种人是可怕恐怖的代表，也不会理所当然地认为黄种人没有能力为西方的"发明"做出贡献。

打开维基百科网页，输入"维基百科"，映入眼帘的第一行就是"维基百科是一个免费的在线百科全书，所有人可以编辑并创建文章。"任何在主流媒体或学术期刊中出现的话题都可以在维基百科上创建条目。

维基百科条目发布之前要遵守一些基本（严格）规则，只有"验证"通过的信息才可以发布。巴里给我们列举了几条这样的规则。一些人批评维基百科对内容可靠性的规定过多；截至2014年，复杂的管理规则已超过15万字。巴里发起了一场讨论，讨论同行评审和众包学术、可靠性和监管之间的差异。

班上的一名本科生（整个班只有两名本科生）莱斯利举起了手。就在我们讨论的时候，她用手机搜索做了一些研究。"只有8%的维基百科编辑是女性，但是美国女性图书馆管理人员超过80%。"莱斯利如是说。

在大规模开放在线课程的第一天，我总结道："'开放'不一定意味着平等。"瞬间所有认知的启明灯熄灭了，一切归零。

以索引卡开场的方式奏效了，我不需要苦口婆心地教训他们，这是主动的、以学生为中心的学习方法的关键点。为学生提供发明创新的条件，设置挑战，接下来就靠学生自己走向目的地。慕课以一种单向的方式建构知识，以一对多的形式进行广播式教学，实际上是在重复一种非常过时的知识和权力模式。我们的任务是要找到方法，为成千上万的"未来教育研讨会"的注册者铺就发明创新的道路。

我给班上的学生提出一个挑战，要求他们找到最好的方法，让课程时代的学生在慕课上体验自主学习的，于是他们决定协调在线办公时间。这样，无论白天还是晚上，全球各地的慕课参与者都可以与"未来教育研讨会"现场的学生进行实时互动。睡眠不足成了这门课程的一个关键问题，因为学生在结束三四个小时的工作时我们这已经是凌晨了，而其他国家已迎来清晨。但是新的参与者看到在另一个时区已经开始的讨论后，他们也会加入。经历了一天24小时的全球化工作，学生经常在参加我们线下的班会时既感到兴奋又疲惫不堪。

现场的学生一起设计了许多不同的方法来应对盲目的技术狂热和单向教学法，把课程时代公司的营利性慕课转变为自己动手设计的点对点的学习体验。他们开玩笑说，我们现在领导的课程既有意义，但又容易失控，令人愤慨。我们利用社交媒体和开放的教育博客，在世界各地呼吁"合作教师"，70名教授和学术管理人员自愿每周就慕课主题的某些方面在本地主办研讨会。各地的研讨会就像快餐连锁店一样，但不要求完全相同；相反，我们鼓励这些分布在世界各地的研讨会领导者利用课程时代平台、脸书、推特，或他们研发的其他开源博客网站，分享他们掌握的有关美国各区各地的历史，然后汇集所有的补充信息，提供一个与当前不同的历史版本。

在新西兰的达尼丁，一群教育工作者每周在麦当劳观看视频，因为那里有免费的宽带。每次看完视频后，他们都会在推特上讨论并补充相关内容，如新西兰殖民历史对其高等教育形式的影响，以及毛利语言中的包容和抵抗现象。在曼谷、开罗、伦敦、罗马、奥斯陆、开普敦和利马的小组也会召开会议。他们通常会每周发布几次他们的论坛主题来回应课程时代上的视频，有时几十名慕课研讨会参与者会一起对替代性评分系统、语言改革运动和教会学校在土著社区中的作用等问题补充事实和观点。两个不同的讨论组开始在虚拟的网络世界中（可以说是人们的第二世界）独立会面。在厄瓜多尔，一位名叫瓦希德·马斯鲁尔的参与者每周都会制作精美的思维导图，用来记录视频课程及其全球发展。

除了他们使用的一系列社交媒体之外，"未来教育研讨会"的学生在一个开放网站上精心策划了两场数字黑客马拉松，每场大概24小时。他们的第一场黑客马拉松就像是我每次上课前给学生布置的任务一样，但是做了一定的延伸：学生们使用在线工具集体写一份"班级章程"，"班级章程"究其本质是我们这学期的服务条款。我曾经和50名学生一起这样做过，但还是头一次和18000名参与者一起制订"班级章程"。最后，近400人为"未来教育研讨会"的章程贡献了他们的想法，产生了数十个令人惊艳的"索引卡"时刻。

一位来自美国的讨论参与者写道："知识是一种公共资源，应该向所有人开放，允许表达自由、分歧自由、批判自由。"这是最尖锐的言论之一。这听起来似乎合乎逻辑，但新加坡国立大学的一名学生指出，"批判"是一种具有西方风格的修辞论证，它在亚洲文化中并不具备这种价值。在她报道的新加坡国立大学和耶鲁大学的一个联合项目中，新加坡学生回避了"批判性思维"一词。亚洲学生认为美国人的批判性思维既粗鲁又幼稚。他们认为学生在入门课程中批评杰出哲学家或世界历史人物的行为是蛮横无理的。随后举行了一个论坛，讨论高等教育和欧洲启蒙运动或理性时代之间的关系，这一论坛极大地拓宽了人们的视野。一名日本讨论者补充道，日本拒绝西方对"思想""身体""情感"和"直觉"的独特划分，这一点日本感到十分骄傲。日语中没有与"理性"对应的词或概念，日语中一般说"rashonaru"。直到现在，认识论的结果之一是西方人仍认为日本的知识体系除了迷信再无他物。在众多的迷信表现中，其中两个分别是针灸和冥想。于是"未来教育研讨会"的章程将"批判性思维"换成了一个更具社会群体意识的表达：集体进化思维。

第二次"未来教育研讨会"黑客马拉松的主题是"全球教育变革的时间轴"。在检索了国会图书馆的目录后，现场学生确定目前没有这样的资源，连维基百科在这方面的资源都很匮乏。一名参与者利用在线协作工具提出："在公元前 3500 年到公元前 3000 年的某个时候，一群苏美尔天才（姓名无法考证）发明了一套新的体系，可以在大脑之外储存和加工信息……苏美尔人发明的这种数据处理系统就是写作。"另一位参与者补充了一条公元前 2370 年的搜索条目："学者普塔霍特普留有著作《普塔霍特普箴言录》，该著作是一本生活指南，其中的反思能够为他人提供指引。"

结果证明，"世界上第一所大学是哪所学校"同"是谁发明了印刷机"这一问题一样难回答，因为这和我们之前学到的历史截然不同。了解了古代世界各地的大学之后，如塔西拉、夏姬、贝鲁特、奥迪沙、君士坦丁堡、比哈尔、费斯、巴尔干半岛和开罗等地的大学，我们发现在 1088 年博洛尼亚大学（通常被认为是"第一所大学"）建立之前，这些地方的学校已经很强盛了。于是有人将提交到全球教育变革时间轴的一个条目修改为："1088 年，第一所欧洲大学博洛尼亚大学成立。"

在第二次黑客马拉松的举行过程之中，来自英迪拉·甘地国立开放大学的一名参与者指出，她所在的学校有 300 多万学生，是世界上学生人数最多的学校。虽然一次只能和 6 名学生一起讨论教育和教学，而且彼此之间还相隔万里，但是这样的机会也弥足珍贵。来自孟加拉大学和土耳其阿纳多卢大学的两名学生指出他们所在学校的人数有 200 万左右。但没有一个人体验过他们在网上讨论或是在黑客马拉松中经历的知识亲密度。

在"未来教育研讨会"开始时，我对慕课持怀疑的态度，直到今天我仍是如此。虽然我也看到了这个高度互动、以学生为中心的在线社区是如何将学生的自主性调动起来的，不仅包括现场的学生，还有和我们一起线上讨论但相隔千里的学生。"未来教育研讨会"课堂给人的感受在某些方面就像是在国外学习一样，但又与国外学习不同。你可以在大三的时候去另一个国家，和来自美国的其他同伴住在一个宿舍。你会拥有一段很美好的经历，但是你永远不会真正理解来自另一种文化背景的人是如何解释这个世界的。在"未来教育研讨会"中，我们一直待在北卡罗来纳，但通过深刻而富有挑战的方式，我们与世界各地的人接触，在知识的国度中游遍了万水千山。

虽然无法证明，但是我有预感，因为这种互动是虚拟的，所以参与者会比坐在教室里更容易表达自己的想法，能够更轻松地说出不同意见，甚至可能产生更多的对话以及冲突。激烈的实时对话会不断改变我们的教学大纲，对话过程中不断出现的问题和想法会打乱我们最初六个视频中设想好的课程计划。这种对话式的认知方式是新教育的基础，是培养学生为进入社会后过上好生活和找到好工作做好准备的关键；这也是一种转变大学的方式，不再让大学变成人们口中所说的"仅仅是研究学术的地方"。

在这 14 名现场学生为《高等教育纪事报》撰写的一系列文章中，他们最终找到了技术恐惧和技术狂热间的平衡。与当时支持或抨击慕课热潮的许多记者或教授相比，这些学生更敏锐、更具分析性和洞察力。亲身经历课程时代之后——从学校外部发展来动摇高等教育基础的商业公司，学生们非常认真对待自己作为知识分子的责任，他们也没有回避争议性话题。其中一篇文章讨论了课程时代公司不断变化和不明确的服务协议条款中的问题，尤其是学生数据的使用。另一篇文章谈到了大学自动化教学中暗含的劳动问题。因为慕课的存在，博士生在高等教育中谋求教师职位时，更有可能被分配到兼职岗位。如果慕课的目的是通过削减教师职位来削减成本，那这对于高等教育的未来而言并非一个好兆头。还有一篇文章谈到了过去的教育技术，这些技术没有达到它们的宣传效果，并预测一旦慕课失去吸引力，硅谷风险投资家将投资下一项声称比教授更便宜、更高效、更好的新技术。

"观看视频和学习没什么差别"，这 14 名学生以一种出人意料的方式成功地将这种夸大其词、代价高昂、构思拙劣的想法变成了积极的、以学生为中心的教学方法，这种教学方法让学生终身受益。随着慕课的结束，从澳大利亚到阿拉斯加，从开普敦到卡迪夫，从达尼丁到大田，世界各地的学生开始了正式道别。分离难免悲伤，他们和我们一起参加了为期六周的线上讨论，在 14 名学生的精心组织下，他们通宵进行积极的线上互动。尽管困难重重，他们还是成功地把慕课变成了一个互动社区。

一天晚上，参加慕课的一名泰国学生在我们班的博客上写道："这是现在我从窗外看到的景象。"他还上传了一张手机拍摄的电脑图片，电脑屏幕上显示"未来教育研讨会"的网站。从照片中可以看到他的左手放在键盘上，除此之外，还可以看到他的房间和一扇窗户。漆黑的窗外闪耀着曼谷的灯光。

我们研讨会现场的一名学生也上传了一张照片作为回应，图片配文道："这是我所看到的。"图片上面可以看到截图、键盘、手指、房间、窗户、北卡罗来纳州达勒姆的景象等。几十张类似的照片开始出现在博客上，就像是来自世界各地的网络明信片一样，配文都是："我在这里。"

在线学习永远不会完全取代实体院校，但随着时间的推移，在线学习肯定会不断完善。目前，95% 以上招生人数超过 5000 人的院校会在网上提供课程，供学生修满学分。与慕课提供的营利性课程不同，这些网上课程绝大多数都由本校的教师授课，完全符合认证，并满足面对面课程授课的所有要求。有些课程会与公司合作，这种合作关系通常会带来有益的影响。当星巴克咖啡公司对员工进行调查以确定员工期望的新福利时，超过 80% 的人将公司帮助完成学校教育，获得学位列为首选福利，尤其是通过灵活的在线教学获得学位。将近 2000 名星巴克咖啡公司员工注册了亚利桑那州立大学设计的一个在线项目，星巴克咖啡公司承诺到 2025 年再为数万名员工支付学费。

但是，学校内部的在线学习也有一个明显的缺点：成本过高。2015 年，大学院校的技术成本超过 66 亿美元，其中约 40% 用于学校组织，60% 用于教研能力体系。更重要的是，技术总成本（从安全措施到许可协议再到硬件更新）逐年增加，但是技术狂热者误以为技术趋于便宜，甚至免费。需求和期望的快速增长导致技术的资金需求先于其他一切，甚至先于对教师的薪资分配。雇用报酬较低的兼职教师代替全职教授，这给高等教育带来了一场空前危机。随着资金源的不断缩减，大学院校认为即使是削减教师人数，减少授课课程也要稳住技术基础设施，这样的权衡未免有些因小失大。

我们在设计新教育时，这一权衡至关重要。艾略特明白仅重新改造哈佛大学的某一方面是不可能的，所有的一切都必须同时重新塑造。现在，我们需要将技术融入高等教育，原因很简单，我们培养的学生毕业时面临的是一个技术越来越发达的世界。鉴于计算机技术的重要性，我们还必须设立一些相关项目，训练学生理智地开发和使用计算机。我们必须从教学方法和资金状况上批判性、系统性地思考哪些方法行得通，哪些行不通。

慕课就是一个典型的例子，不仅体现了技术狂热者所做的虚假承诺，而且还展现了他们天花乱坠的宣传是如何模糊技术的承诺和局限性的。慕课狂潮在 2013 年 9 月戛然而止，慕课的崩溃速度和它当初兴起的速度一样快。加州州长杰里·布朗雇用优达学城设计三门在线课程，具体的费用未公开，旨在"解决"加州州立大学系统中存在的难题：大量的学生无法通过初级数学课程、数学辅导、代数和统计课程。发明了自动驾驶汽车的塞巴斯蒂安·特伦向 16 万名公众开放他在斯坦福大学教授的人工智能课程，从而引发了慕课热潮。

但遗憾的是，这一计算机科学奇才并没有比圣何塞州立大学多年来一直试图提高学生考试通过率的教授做得更好。事实上，国家科学基金会评估了优达学城设计的这三门崭新的课程，评估发现学生的总体通过率为33%，类似的课程如果由圣何塞州立大学教师按照传统方式教学，学生的考试通过率会比网上教学翻一番。

媒体的反应迅速而残酷，学术界的教授们却非常开心。虽然高科技公司慕课是高等教育的终结者，这件事被宣传得人尽皆知，但慕课奇迹仍以失败告终。如果你自信爆棚，你必须拥有超凡脱俗的实力。特伦非常坦率地承认了失败，他在《快速公司》杂志的事后分析中说道，"我们的产品的确很糟糕。我们没有考虑出身贫困社区的孩子，他们没有机会接触电脑，生活中面临着各种各样的挑战"。他承认，在线平台对于这个群体来说"不太合适"。技术并没有让学习变得简单和自动化，也没有变革我们的教学方式，在教会学生应对巨大挑战的时候，我们沿袭的还是老办法。圣何塞州立大学的实验揭露了技术让学习变得更简单的幻想。这当然是不可能的，因为这不符合学习的原理。

但是，教授们也错了。慕课并没有结束，它仍然存在。适当的网上学习仍然有存在的作用和空间。虽然慕课不再受到追捧，但是课程时代的科勒和吴恩将目光转向了高等教育之外的其他营利性企业。慕课很少再登上《纽约时报》的头版，甚至与慕课相关的信息都很少再报道。然而，现在注册慕课的学生更多了，人数比当年大肆宣传的高峰期还要多。在2016年1月，仅课程时代就在28个国家为超过1500万用户提供了1500多门课程，现在至少有2500万学生开始学习课程时代的课程，比今天美国所有院校招生的总人数还要多400万。

然而，慕课的课程完成率仍然很低。课程时代的签名认证系统会向付费学生发放证书，以首次观看视频的人数为基准，实际获得证书的人数不到4%。但是，数百万人中的4%还是很庞大的一个数字，很大一部分获取证书的人表示他们确实通过努力得到了一些职业或专业提升。对于那些别无他法，而对于自身有毅力完成全部课程的人来说，慕课显然提供了极大的便利。正如一位评论员所说，"网络教育比欧柏林（Oberlin）好，但是网络教育的成功之处在于它比无所作为要好，因为现在有数百万人都处于无所作为的状态。"

慕课也为实体院校带来了实实在在的好处。最近，招生人员一直在关注那些在慕课中取得成功的学生，尤其是来自低收入家庭的学生。如果一个学生能够坚持按照自己的进度完成慕课上的课程，那么不管你来自多贫困的家庭，你都有可能在传统院校里取得好成绩。规模较小的文科院校没有资金为所有领域的高级课程配备教师，如教师较少的语言领域。对于这样的院校而言，慕课带来的另一个好处是可以让他们扩充学校的授课课程。最后一个好处是全世界数百万的终身学习者可以通过在线免费课程充实自己，他们不是为了学分而上课，而是为了快乐或提升自我。

乔治·西蒙斯是加拿大在线学习的创造者，早在课程时代、edx 在线课程平台和优达学城进军在线教育技术行业之前，他就在 2007 年发明了"慕课"一词，他认为慕课的命运很好地说明了高等教育改革的自然过程。慕课狂潮平息之后，下一步需要找到方法创造性地利用在线学习为更多的学生提供机会。他认为虽然慕课存在不足，但是它"唤醒了我们"，也让大学教授更清楚地看到了我们沿袭下来的传统单向传输式教学的局限性。他说："现在我们通过技术可以在线对 10 万名学生进行教学，下一个挑战将是如何在大规模课堂中提升学生的创造力，如何找到一种方法，即使在 10 万人的班级里，也能用适应性学习让每个学生产生个人体验。"

通过打造一次以学生为中心的体验活动，参与"未来教育讨论会"的所有人都更加深刻地了解了我们生活的现实世界——一个技术和人类联系的世界。就算没有达到完全掌控，但我们获得了更深刻的理解和更强的现实感。这对学生的未来至关重要，不管他们最终从事什么职业，他们掌握了一套复杂的洞察和沟通技巧，这让他们在工作和生活中更具主动性。无论是养育孩子，还是应对未来生活中出现的新技术，他们掌握的那一套复杂的洞察和沟通技巧对他们都大有裨益。

谁发明了印刷机？这是我在慕课上进行"未来教育研讨会"时提出的第一个问题。通过这一个问题，我的学生无论是在课堂上还是在未来的职业生涯中，每当面对新技术时，都会保持谨慎和周密。怀疑是第一步，但我们并没有就此结束。我要求他们负起责任，做出改变，将他们关于最佳学习形式的想法转化为在线的实际行动。这意味着他们必须足够了解数据分析等技术后端，并且能够重组和修改技术后端；他们必须率先利用慕课的基本要素，设计出一种超越现有课程的新型学习方式，塑造出一些具有创新性、互动性、个性化和有意义的东西。他们没有被新鲜事物光鲜的外表所迷惑；他们也不是像鸵鸟一样把头埋在沙子里的技术恐惧者；他们没有因为慕课天花乱坠的宣传就盲目相信慕课，而是参与其中并进行技术评估，找到方法创造性地使用慕课，以此实现事先设定好的目标。对于新教育来说，这是一个比较好的开端。

2016 年夏天，我开车去弗吉尼亚州弗雷德里克斯堡参加一个为期 5 天的关键技术研讨会。这其实是一个学术训练营，供那些对教育技术感兴趣的人探索最可靠的，最激动人心的教育方法。100 多名教师、管理人员、信息技术专业人员、图书管理员、技术设计师、计算机程序员、企业家、学习中心主任、研究生以及一名本科生聚集在玛丽华盛顿大学——

弗吉尼亚州立大学系统中的公立文科学校。在那里，我们可以向研究人员、技术设计师、活动家、学习理论家、艺术家、计算机科学家和一些真正的黑客学习。我们一行人涌入会议中心，会议中心里围绕着一圈樱桃红色的椅子，就像是旋转的陀螺一样；还有一间通风良好、光线充足的餐厅，它有时候就像是一个巨大的变形玩具，我们就像是走进了一个高科技的多媒体礼堂；里面的座位呈阶梯形，还有所有你能够想象得到的科技小发明。这座一流建筑无不令人啧啧称奇。

参会者们也做好了转型的准备。因为我们第一次经历在推特和脸书上发起的总统竞选，而推特和脸书上充斥着"虚假新闻"。作为教育工作者，参会者认为他们的工作是培养更明智的学生，让学生不像传统媒体那样好糊弄。研讨会的主题包括优化搜索引擎、表面"客观"的谷歌搜索是如何达成，如何操作的。在研讨会期间，当我们搜索"犹太人"时，出现的前 10 条信息都是来自反犹太人和新纳粹的网站。这些网站打着公正和传播信息的幌子散播"反犹太人"的信息。随着选举的进行，参加研讨会的教育者越来越担心学生、其他教育者、公众，甚至传统媒体不知道什么是认证信息。影响力和口碑良好的报纸和电视新闻节目几乎每天都在不断重复居心叵测之人精心策划的谎言。弗雷德里克斯堡的许多教育工作者感到苦恼，他们觉得自己没有尽到教育广大公众和专业记者的义务，没有让记者承担起为公众报道准确信息的责任，没有做到提醒公众不要轻信他人的责任。一名与会者在我们的小组会议上讽刺地说道："我不确定互联网是否能担起重任。"而说这话的人是一所重点大学负责教育技术的主任；还有一些参会人员提到了奥威尔的小说《1984》。的确，我们对现在发生在民主时代的技术错位感到错愕不已。

参会者既不是技术恐惧者，也不是技术狂热者，他们只是想尽可能地多了解现有技术，了解现有技术的优势和劣势，这样他们就可以重新开始构思高等教育。与会者来自各个院校，包括耶鲁大学、米德尔伯里学院、史密斯学院，以及南加州大学和斯坦福大学，主要的公立和私立大学、地方州立大学、小型文科学院和社区大学都有代表出席。变革正在酝酿中。丹佛科罗拉多大学派出了一个由 6 名教师和技术管理人员组成的团队，他们甚至还派出了1 名院长。这一团队对此活动高度重视，他们下决心回到丹佛后进行教育制度变革。

作主旨发言的人是弗吉尼亚联邦大学社会学教授特雷西·麦克米兰·科托姆博士。她所在的弗吉尼亚联邦大学是弗吉尼亚州教育体系中发展最快、最多样化的一所大学。科托姆博士眼中的笑意一闪而过，她的身上展现着敏锐的智慧和权威。科托姆博士在推特上有 35000 名粉丝，还有一群新的研究生学生。她在发言中讲到了如何将更新推特博文和教学结合起来。科托姆博士是所谓的"黑色推特（Black Twitter）"上最有说服力的活动家之一，"黑色推特"是一个松散网络，他们利用推特就一些有关非裔美国人的重大事件发表自己的看法，这些看法比非裔美国人在传统媒介上看到的报道更犀利，在知识和政治层面具有更大的影响力。例如，2014年，密苏里州弗格森的孩子们因抗议而无法上课，乔治敦大学教授玛西娅·查特琳对此感到十分痛心，于是她利用社交媒体开发了"弗格森教学大纲"。这是一份免费的众包阅读清单，上面涉及的阅读内容包括种族、民权、政策和非裔美国史。"黑色推特"毅然接受了挑战：来自世界各地的人们开始投稿，使用挑衅意味十足的标签迅速创建了一个广泛多样的阅读列表，如"如果他们枪杀了我"这样的阅读标签。阅读投稿来自各个领域，其中有一位化学家还发表了一篇详细论述催泪瓦斯的长期影响的文章。

@tressiemcphd 是科托姆的网名，白人至上主义者和黑客经常在网上用种族主义和歧视女性的侮辱性言论攻击她，但她无所畏惧。她仍旧保持专业素养，有条不紊地批评、揭露每一个攻击她的人。面对这样一个恶意满满的公共论坛，我们很少有人会有这样的勇气。科托姆在推特上给自己定位的角色还是教育者。相反，她认为对社交媒体上一些令人头疼的政治问题，教育需要像"黑色推特"所说的那样更具"警醒"意味。正是因为这个原因，科托姆在数字教学研讨会上做了主题演讲，这也是她和别人联合成立美国第一个数字社会学项目的原因。数字社会学项目是弗吉尼亚联邦大学社会学系的一个在线硕士项目。一开始她和同事创办的规模很小，整个项目只有9名学生。数字社会学项目是一个非常严格的学位项目，培养学生针对大数据、隐私、算法、不平等和社会运动等问题在当地、全美国甚至全世界开展新型对话。该项目不仅邀请学生对数字世界进行研究，还要求他们致力于塑造数字世界。

无论是在学术界还是在社交媒体上，科托姆教授都是焦点所在。作为一名多产学者，她着实令人印象深刻。她的新书《低水平教育：新经济中营利性大学的崛起带来的麻烦》和她的推特评论一样言辞犀利，不留任何余地。她在书中鞭辟入里地分析了营利性大学剥削学生的方式，尤其是对贫困的非裔美国女性的剥削，而对于这样的女性来说大学教育是她们过上美好生活的最后一次机会。

科托姆一边喝咖啡一边对我说："营利性大学有很多需要批判的地方，但是我从中也学到了两点，并把这两点用于我们的数字社会学硕士项目中。"第一点是限制选择。限制选择才能让学生随时知道自己所处的位置，让学生们一起朝着同一方向，朝着可实现的既定目标前进。第二点是要确保学生始终明白现在学习的东西有什么用，以及所学内容如何与将来从事的职业联系在一起。

北卡罗来纳州中央大学是一所传统黑人学校，科托姆认为她的务实倾向源于她在该校度过的大学生涯。她声称自己在那里接受的教育就像是"地下铁路一样与世隔绝"，那里学到的知识有时游离于美国的主流见解之外，在推特、黑人活动家的博客和各种网站上传播。科托姆作为一名专业社会学家，她现在所做的就是了解不同的领域，了解不同的领域之间如何沟通（或是不同的领域之间为何相互隔绝）。科托姆称："社会学家研究的是不平等，差异是社会学的发展源泉。网上的不公折射出了现实世界中的不公平，反之亦然。"

科托姆受邀到弗吉尼亚联邦大学创建一个数字社会学项目，她确信几年后谈到社会学时前面无须再加上"数字化"。"资源全球化、外包工作、算法识别罪犯……世界上哪些事情能离开网络而存在？注册《平价医疗法案》，你也需要上网。要是不完成在线申请，你试试能不能在麦当劳找到工作。我启动了第一个在线社会学项目，参加的学生全都是来自新闻、医疗保健、法律、教育和计算机科学专业的全日制学生。他们在工作中收集'数据'时看到了不平等，但他们越来越怀疑这些不平等意味着什么。这就是社会学。"

尽管目前的学术就业市场比较惨淡，但是科托姆还是受到招聘市场的热烈欢迎，她决定接受弗吉尼亚联邦大学的邀请。弗吉尼亚联邦大学明确表示它不仅是对科托姆的非裔美国人或女性社会学教学感兴趣，它还希望科托姆为社会学系创建一个具有变革性的新项目，打造一个新领域。美国社会学协会还没有数字社会学分会，现在，随着科托姆项目的建立，数字社会学分会也成立起来了。

科托姆对营利性大学的研究主要集中在两个方面：第一，税收如何从公立大学转移到营利性大学；第二，现实状况是，美国末流大学中最贫困的学生承担着最高昂的债务负担。"营利性大学旨在养活贷款行业，而不是为了学生的进步和学习。"科托姆对接受网上教学的学生非常感兴趣，尤其是就读于营利性大学的学生，以及那些在最后时机利用付费服务从认证机构拿到学位证书的人。其中，这类付费服务就包括优达学城。优达学城承诺会让学生找到工作，但不一定是带有福利或工作保障的全职工作。苹果资助优达学城用其编程语言 Swift 培训程序员。学生们每月支付 299 美元来学习这些课程，并允诺其成为苹果公司的程序员。这真的是一个可以帮助人们摆脱贫困的好系统吗？还是说这只是将原来属于中产阶级的职位降级为卡尔·马克思口中带有"剩余价值"的临时工。所谓的"剩余价值"，是指雇主操纵着市场（和市场培训），然后以低于市场价值的价格从工人那里压榨更多劳动力。

科托姆表示："这些都是社会学中的关键问题，但令人震惊的是，以往甚至没有一个专门的项目对这些关键问题进行归纳、质疑、研究或解决。难道你不觉得已经为时晚矣了吗？"人们对计算工具的无知；对猛涨的高等教育成本、隐私和个人数据的忽视；对高等教育落后的担忧；对下一代成长落后的长期恐惧等。科托姆的新书致力于弄清楚营利性技术部门是如何利用上述一切牟取暴利的。她坚信："如果你认为困扰高等教育的所有问题源于技术，那么你可能对技术或高等教育一无所知。"

无论是技术还是教育，科托姆都有着切身的体会。所以她才是启动美国数字社会学第一学位项目的最佳人选，而不是硅谷的某个科技助推器。科托姆表示："如果我们不能保证学生找到工作，找到令人满意的工作，找到比之前更好的工作，那我们就不会设立这个项目。"参加该项目的学生带来了新闻、出版、广播、法律和会计等不同领域的技能、经验和培训，这些领域经常在外包、离岸或自动化等方式的影响下遭到技术的重创，或是在技术的作用下发生重大改变。"我们知道，现在更需要的是能够理解技术、理解数据，能够使用和制造数据、知识渊博并具有批判精神的人才。"科托姆如是解释。学生们学习如何像运用和解释统计数据、数据分析和社交网络分析一样深入全面地运用理论和分析。科托姆说："过去定性和定量二元制主导着我的职业，主张定性研究的社会学家轻视、贬低主张定量研究的社会学家，反之亦然。但这种敌对和竞争在现实世界中都不重要，在我们的项目中，我们希望学生精通这两种研究方法。"

数字社会学项目的所有学生将一起开始学习相同的课程，该项目采用了和 ASAP 非常相似的集体模式，ASAP 是纽约城市大学首创的一个非常成功的社区大学项目。弗吉尼亚联邦大学项目的创建者希望学生在该项目的完成率达到 100%，这意味着利用群体学习的社会学和社会性来刺激和鼓励学生，让学生通过彼此的帮助留校学习。我们从多项研究中了解到，无论是哈佛大学的学生还是芝加哥市中心最贫困地区的青少年，群体学习、同伴组队学习能够促进共同进步，这是保证学位完成率的最佳方式之一。

正如科托姆所说，"当学生阅读埃米尔·杜尔凯姆、马克斯·韦伯、乔治·齐美尔、杜博斯等古典社会学家的书籍时，我希望他们能够互相讨论，互相调动积极性，互相合作，即使他们可能永远都不会碰面。所有的一切都是尽力为建构主义者服务。在建构主义中，学生们阅读的社会学理论与他们的生活和工作经验相关，反之亦然。我们希望这些学生明白成为一名社会学家意味着什么，社会学家需要的是一个团体。这并不是说要改变社会学这一领域，而是要用社会学中一些息息相关的、至关重要的知识来理解现代生活中最重要的问题之一。"

学生们也会阅读有关种族、性别和跨学科的理论，包括黑人报纸、杂志和网站等非传统来源上的理论。科托姆相信这些来源（通常在主流媒体的视线之外）就边缘社区成员如何获得数字资源提供了一些实用见解。在传统黑人大学（HBCUs）、"黑色推特"、社区大学、印第安部落学院、职业学校、公会、非营利教育组织和其他以包容为使命的学校中，学生学习有关资源渠道和数字鸿沟的知识，这比只从理论上学习"不平等"深入得多。举个例子，资金最雄厚的大学所做的一些研究通常会忽视网上和现实世界中黑人社区学校之间和学校内部的联系。

科托姆问道："我们如何在现代大学中为批判性思维和批判性参与创造空间？我们如何在网上为批判性参与创造空间？"随后科托姆给出了自己的答案："作为地下信息铁路的售票员，我的职责就是找出最好的创造方式。"

科托姆博士对她远程教育项目未来的发展充满热情。她坚定地认为这一项目不同于慕课，这不是一个营利性的项目，不会随着利润的消失而湮灭。这一在线项目深深地根植于距今已有180多年历史的弗吉尼亚联邦大学中（弗吉尼亚联邦大学成立于1838年）。弗吉尼亚联邦大学不会明天就被一些企业集团收购，这些企业集团的使命在于对营利公司进行少数资本重组，而不是开展教育。

科托姆认为学生的生命太宝贵了，不能浪费在为他人牟利而存在的学校中。对于一个营利性技术供应商来说，底线就是底线，不容侵犯。对于高等教育来说，底线必须是让学生做好准备，迎接他们将在今后遇到的挑战。

科托姆（@tressiemcphd）的使命更宏伟。她引用了弗雷德里克·道格拉斯的一句名言："培养坚强的孩子比修补破碎的成人更容易。"对于科托姆来说，这句话用来形容高等教育目标再合适不过了。在推特上当一名有原则、受过教育的公众知识分子也是一种教学。科托姆在推特上坦然公开自己，她知道各种攻击会随之而来，但同时她也意识到为了一个更加美好的未来，她必须这样做。对于她而言，进行明智、良好、防御性（反对错误的信息和剥削）教学是一种道义上的责任。科托姆相信，"人们不仅能够为高等教育中的批判性参与创造空间，对于道德层面而言，人们也必须这样做。"

新教育必须包括像数字社会学这样的项目，不仅仅是针对少数学生和某个学校，更应该面向世界各地的各个学校。我们再也不能简单地将数字或网络素养交付给计算机科学家。在线互动的力量和影响力正迅速成为我们政治、个人和经济生活各个方面最重要的因素。科托姆坚信新数字社会学项目中的学生肯定能找到工作。学生们将拥有世界所需的技能——包括如何识别和打击当代生活中不断扩散并且无处不在的技术滥用。

职场需要更多来自像数字社会学等项目的毕业生。我们需要教育工作者在技术恐惧症和技术狂热这两个陷阱之间找到平衡的方法，这样教育者们就能够游刃有余地驾驭如今这个对技术痴迷的时代，同样也能够让学生做好应对准备。

事实证明，未来的工作需要我们深刻理解技术给职场和社会带来的改变。这种理解需要实验性和经验性的训练，以及能够为天马行空的创意助力的务实性学术思维。只有充分理解这一挑战的项目，教师和大学才能引领我们所有人。

5　显著的影响

在这幅画中，座位上的学生目视前方，可能在看画面外的黑板。他们穿戴白色衬衫、浅色领带、深色西装，打扮得好似商人，面无表情地坐在教室里。一些人手捧课本，但看也不看一眼；一些人手握成拳，轻轻托着脸。坐在后排的一个人把头埋在臂弯里。即使他们曾对学习充满激情，但那段时光已不复存在。每一张脸都在默默地乞求同情，如果得不到帮助，就会流露出痛苦、恐惧、焦虑、厌倦和困惑的神情。这呈现的是日本学校的场景，但也是其他地方任何一所男子大学，甚至是任何一所高中都会出现的情形。

在这些面露痛苦的年轻人中间站着一位身着毛背心的教授。虽然这幅画只画到了他衣领，也就是脖子以下的部分。但我们可以推测，他肯定和学生一样无精打采。

这是一门 STEM 课：STEM 是科学、技术、工程和数学四门课程的缩写。在当今对数字时代高等教育改革的讨论中，专家或政客们认为，我们在 STEM 教育上落后了，学生所学的一切都应该与 STEM 有关。在经济困难时期，我们应该抛弃一切不必要的课程，专注于STEM 领域的技能培训。这不就是这幅画所呈现的吗？

教室里放着两个大型复合光学显微镜，教授左手拿着课本，右手放在显微镜的顶部。显微镜和学生一样大，各占据了一张桌子。显微镜的圆形机械部分，在技术上被称为"头部"，已经被一个真实的人头所取代。它那悲伤的表情和教室里的学生一模一样。

我们已经来到已故日本画家石田彻也痛苦而超现实的世界。他的画关注青年，即当代日本学生。这幅画叫《幼苗》。这些学生将成为什么样的人？我们如何培养他们？画上这台怪异的拟人显微镜表明，教师可以通过目镜向下观察学生的头部，就像用显微镜观察标本那样观察学生的思想。

这幅画有力地展现了 STEM 教育的真实情况：死记硬背、脱离生活、接收式学习、学生大脑处于游离、断绝、隔绝、工具化的状态。石田抗议道，我们不是机器人，不能通过剥夺好奇心来进行机械化和去人性化教育。在他的世界观中，大学以最糟糕的方式让学生"为工作做好准备"：学校以机械、被动又缺乏创造力的方式训练学生，帮助其完成从教室向职场的过渡。

当然，这是一个反乌托邦的愿景。从武藏野美术大学毕业到 2005 年 5 月 23 日离世（年仅 31 岁），在这 9 年里，石田创作了大约 200 幅风格、题材相同的画作。尽管他否认他的画作中反复出现的男性形象就是自己，但两者在外貌上确实很像。在《召回》（1998 年）中，年轻工人有着与《幼苗》中学生一样静止的脸，他们把被肢解的机械工人装箱，就像准备装运残次工具一样。在《运动器材》（1997 年）中，一位"工薪阶层"经理在一台跑步机上慢跑，这台跑步机也是一条装配生产线，由一些看上去和他一模一样的、没有腿的、几乎无法动弹的手工工人提供动力。在另一些作品中，学生们被困在 20 世纪 50 年代的 B 级电影宇宙飞船和铁肺里，在机械化的外层和内部空间受到折磨和约束，他们被训练成商人，而传送带则取代了他们的手臂。

和博斯一样，石田描绘了他那一代人的噩梦：年轻人的失业和不充分就业，腐败的政府实施"紧缩"政策，学校没完没了的家庭作业，持续的意义重大的标准化考试，以及针对压根儿不存在的工作的令人崩溃的职业培训。这些就是日本的未来吗？日本是世界公认的'老龄化'最严重的国家，这是由多种因素造成的：国民寿命延长、年轻人成家越来越晚、出生率迅速下降，以及将年轻劳动力拒之门外的排外心理。高昂的教育成本让这个民族感到绝望，日本非但没有以人道方式解决这些危机，反而决心铲除一切可能解决危机的要素。和西方国家一样，日本逐步对艺术、人文和社会科学减少投入，这使得日本的高中和大学变得不再人性化，就像石田画中那样毫无生气。

这个关于 21 世纪教育的残酷故事也是石田的个人悲剧。19 岁从高中毕业后，这位艺术感强烈且极具天赋的年轻人渴望进入艺术学校，提高自己的漫画创作技能。他想成为一名职业艺术家，但身为国会议员的父亲和作为传统日本家庭主妇的母亲认为，这对于他们的儿子来说将是一个灾难性的选择，会让他陷于贫困中。他们认为石田应该成为一名化学家、科学教师或教授。他们承诺，如果石田攻读有就业前景的 STEM 专业，他们将支付他的大学学费。

石田从家里搬了出来。日本最好的一所艺术学校录取了他，于是他开始靠兼职赚取学费，住在廉价又脏乱的出租房里。但他依然坚持绘画，并逐渐在日本获得认可。他决心前往纽约，登上这座城市充满活力的当代艺术舞台。他开始学习英语、存钱、工作、画画，循环往复。

靠微薄的工资，他积攒了 100 万日元（约合 8500 美元），希望通过这笔钱租一个画廊。后来，导师告诉他，纽约不像东京那样有供艺术家租用的画廊。他的积蓄只够他在城里住几个月。他变得越来越沮丧，而且母亲也开始担心他了。有一天，他想去出租屋对面的便利店买早餐，便揣着仅剩的一张 100 美元钞票离开了公寓。不幸的是，在穿越铁轨时被一辆疾驰的火车撞死了。

他的英年早逝让日本在"失去的 10 年"中最有力的声音随之沉默了。"失去的 10 年"现在已经延长到 20 年，并且没有任何减弱的迹象。石田的抗议画作举世闻名，却丝毫没能改变日本教育紧缩政策的趋势，这些政策依然在削减针对艺术、人文和诠释性社会科学的投资。

石田作品的独特之处在于它既反映了日本的教育现状，又预测了美国高等教育的悲观前景。他的作品再三警示，高等教育肤浅草率、不切实际。高等教育的真正目的应该是赋予学生技能使他们为工作做好准备，也就是说要实施 STEM 教育，这样的话学生毕业后就会有工作、有未来。在过去的几年里，我们听到过一种说法，学生的经济资助应该与未来的"成果"挂钩，学生就业情况应该纳入大学的排名和评价体系。2015 年，美国教育部甚至发布了一个名为"大学记分卡"的排名系统，该系统根据五个标准来判断大学有多"好"：学费、毕业率、就业率、平均贷款额和贷款违约率。这成为衡量教育价值的一种方式。诚然，大家都希望学生能够找到工作。但是记分卡还列出了工作的平均工资，暗示工资越高，工作越好。难道这就是我们教育的目的吗？仅仅因为某些职业的"工资比其他职业高"，培养工程师或投资银行家的学校就可以比培养教师、护士、社会工作者和平面设计师的学校得分高吗？

石田的作品不是简单地反映某种令人痛苦的现实，而是反映他对日本未来的真正绝望。但是，他没能活到他最担心的恐惧变为现实的那天。2015 年 9 月，日本教育部向 86 所国立大学发布了一份正式的"请求"（说白了就是指示），要求它们采取"积极的措施"废除本科和研究生的社会科学、人文和艺术课程，包括法律和经济领域的课程。由于出生率急剧下降，因此，日本内阁坚持认为，必须削减高等教育经费，而且经费只拨给"必要的"领域，也就是 STEM。石田去世 10 年后，2015 年 12 月，尽管遭到教师、学生和公众的强烈抗议，26 所国立大学依然宣布削减甚至关闭人文、艺术和社会科学院系。教育部对这些领域的资助也减少了。

这不再是一个艺术家的反乌托邦愿景，而是政府正在实施的一项政策。日本以国家教育政策的形式将石田的个人噩梦变为了现实。如果一些权威人士和政客能如愿以偿，类似的事情也会发生在美国。

STEM 不是症结所在，但也不是解决办法。

毫无疑问，我们需要更多接受过 STEM 教育的人，而且与其他许多国家相比，美国在培养下一代 STEM 人才方面做得并不好。与此同时，美国的 STEM 脱离实际应用，并被简化为"技能"，很难想象还有什么比这更糟糕的教学方法了。科学的教学方法是建立在好奇心、测试、重复、综合、分析、解决问题和发明的基础上的。此外，最新的研究表明，只学习 STEM 学科并不一定会在近期或长远未来得到更高的收入，而人文和社会科学方面的专业知识很有可能会带来更高的收入。例如，美国人口普查局 2014 年的报告显示，STEM 专业本科毕业生中，整整 74% 的人没有进入 STEM 相关行业。后续调查显示，许多人发现 STEM 相关行业的升职空间非常小，因此他们选择进入金融或商业相关的行业，如房地产。这些行业似乎可以提供更多的晋升机会，在某种程度上也带来更多职业安全感。大多数在 STEM 领域工作的毕业生往往会再回到学校修一个更高的学位，涉及商业、设计、公共政策、甚至艺术等非 STEM 专业。STEM 领域变化迅速，令人难以预料，据此诞生了一个专门为 STEM 提供职业咨询的衍生行业。这个行业强调坚持学习的重要性，要求学生与其他领域建立联系，把握住每个比日常训练更有含金量的机会来提高和发展自己的"价值"——这也是相关的跨学科新教育所强调的技能。

2007 年美国国家科学院的报告《在风暴中崛起》预测，面对国家对技术的迫切需求，如果我们不增加 STEM 专业毕业生数量，将会带来非常严重的后果。与此同时，该报告还得出一个令人担忧的结论，由于 STEM 教育脱离实践的土壤，因此，很少学生毕业后会进入该领域，继续攻读 STEM 专业更高学位的比例也较低。10 年后，STEM 领域（在中学和高等教育阶段）的教育者开始意识到要增加 STEM 教育的"吸引力"，如将课堂所学与现实生活相结合来展示 STEM 在课堂之外的实用性和意义。这是 STEM 学生学习的一个重要方向。参加实习、研究项目和培养跨学科技能，尤其是培养所谓软技能（STEM 专业很少涉及的人力和管理技能），都有利于进一步学习，有利于将专业课与专业及大学以外的世界联系起来。

对 STEM 过分简单化及专注的痴迷还导致了其他问题。虽然我们需要更多的 STEM 毕业生，但我们需要的是以不同的方式培养的、更优秀的毕业生。他们应该对大环境和灵活性有更深刻的理解，这样的话，如果他们失业了，还可以利用技能找到新工作。正如我们所看到的，许多 STEM 岗位、甚至所有岗位都容易受到自动化和离岸外包的影响。根据美国劳工统计局最新预测，到 2020 年，现有的 STEM 岗位将减少 8%。

自动化很可能成为未来几十年的重中之重。过去，自动化给人类职业带来的风险总是被"马车鞭子"言论所反驳。这个比喻是指，随着汽车的发明，马车鞭子的制造商会失业，但他们创造了汽车工厂工人、公路建设工人、加油站服务人员、加油站老板以及汽车保险销售人员、工业设计师、经理和首席执行官这些新的就业岗位。然而，没有人知道这个比喻是否会一直成立。人工智能机器人从驾驶汽车到填写税务表格，什么事情都可以做。面对即将到来的大规模裁员，人工智能会创造什么新岗位呢，我们拭目以待。

　　在可预见的未来，可以肯定地说，只有需要调动人类洞察力和创造力的工作不会受到自动化影响，这是机器人无法做到的。无法想象未来有一天人工智能机器人取代那些需要人类判断力、才能、同理心、说服力、领导力，甚至是需要基本的人体接触的职业（发型师、外科医生、作家、教师、护士、企业家、政治家或治疗师）。主观且富有情感的人类特质不能被机器所取代，因为机器不能理解人类的需求、欲望、要求和抱负。在石田描绘的噩梦世界中，几乎所有的人类职业都可以被机器人取代，艺术家除外。因为艺术家本身的独创性和才华无可取代。

　　尽管某些（但不是所有）STEM 学生能够更快地找到第一份工作，但没有证据表明 STEM 教育能更快或更好地带来工作安全感或工作满意度。相反，有证据表明，随着时间的推移，人文学科学生可能会在职业生涯中战胜 STEM 学生，就像龟兔赛跑里乌龟战胜兔子一样。加州大学洛杉矶分校计算机科学教授诺曼·马特洛夫指出："统计数据显示，大多数软件开发人员不到 40 岁就离开了这个领域。Facebook 首席执行官马克·扎克伯格和英特尔公司前任首席执行官克雷格·巴雷特都注意到，编程师是年轻人的职业，"工程师的半衰期"只有几年。该研究清楚地表明，如果只有 STEM 专业知识，而没有任何解释性和批判性思维技能基础，你能得到第一份工作，但却很难升职。在所有升职技能培训网站，你都会看到以下五六项技能：人际关系或领导能力（包括跨文化交流技能）、沟通、协作、批判性思维和财务管理。如果这些技能对在职人员的晋升至关重要，那么我们就不应该将教授这些技能的课程从我们的课程表中剔除。

　　如果我们想"为工作做好准备"，那么我们必须清楚如今的工作对员工的要求。谷歌为了做好这一点在 2013 年推出了"氧气计划"。这是迄今为止所有公司中进行的最全面、数据最密集的研究，旨在了解晋升和事业成功所需的素质。谷歌收集了自公司成立以来的员工数据，并在 2013 年开始分析从公司成立之初的一个小型初创企业，到现在拥有约 6 万名全职员工的大公司，期间影响聘用、解雇、奖励或晋升的因素。因为谷歌的理念是每个管理者都应该接受技术培训，所以人们认为技术是管理者获得成功的关键。

谷歌经过一年的数据挖掘，分析绩效考核、员工调研结果、公司最高奖提名，同时对 1 万多名高层管理人员进行观察，得出了意料之外的谷歌发展素质清单，按重要性降序排列如下：细致指导点拨、对他人放权（不要事无巨细）、关心团队福祉、勇敢追求成果、认真耐心沟通、倾听他人意见、帮助员工发展、制订清晰的目标和战略。在影响谷歌实际晋升因素列表中，依靠一些 STEM 技能指导他人的能力排在最后。《哈佛商业评论》刊发过一篇题为《谷歌如何管理工程师》的文章，此文描述这家数据驱动型公司如何在筛选数据后修改自己的愿景。

如果我们要为 21 世纪创造一种新教育，这种教育不仅能培养学生的工作能力，还能使他们过上长久富足的生活，我们需要记住，用史蒂夫·乔布斯的话说，只有科学和技术是不够的。

当沙新伟（音译）说话时，他富有表现力的手也在讲述故事：先在空中挥舞，然后落在他的电脑键盘上，他的手指优美地敲出网址，屏幕上便出现了解释复杂概念的视频。他拥有哈佛大学和斯坦福大学的数学学位，堪称 STEM 领域的奇才。一块老式的黑板占据了他办公室的一整面墙，黑板上是潦草的方程式和几何图形。拓扑学是一门绘制连续曲面的几何学分支。他是一位专攻拓扑学的数学家，他的手势就像房间四周黑板上画的莫比乌斯带：婉转、流畅、立体。在莫比乌斯带中，某一时刻外侧会弯曲，下一刻则里侧弯曲，反之亦然——这很好地隐喻了他的愿景：不同院系和领域应该如何根据各自必须处理的特定项目或挑战不断地进行调整。

沙新伟的研究跨越了文科与理科、理论与实践、批判性思维与创造性生产、量化知识与人类应用等传统的学术分界线，将学科融合在一起。他的文章主题大多晦涩难懂，如有一篇文章的题目是"拓扑学和形态学"。在那篇文章中，沙教授写道："不需要将数学视为工具或测量方法，或是上帝的替代品，可以把其作为一种诗意的表达。"尚不清楚这是数学还是哲学、工程学还是神学。我也不确定这些分类在他的新学校里是否还有意义。

如果你认为这是未来主义、科幻小说或其他与现实世界无关的东西，那你就错了。恰恰相反，沙新伟希望他培养出的下一代学生能带来"显著的影响"。要做到这一点，就要学习自然科学、社会科学、人文科学和艺术。要想让科学产生影响，就要去理解文化和宗教传统。要想让那些一开始就持怀疑态度的人接受你的方案，就要有创新性和创造性。狭隘的专业化并不能给你一个可靠的未来，也不能让你在面临失业时知道如何去应对。沙新伟要求学生们解决大量复杂的现实问题。例如，"如果没有水，菲尼克斯的生活会是什么样子？"

斯坦福大学哈素·普拉特纳设计院是一家著名的设计机构，是所有高等学府中最具创新性和资金最充足的研究中心之一，沙院长的项目没有设在这里。另一个资金雄厚又精英化的站点是麻省理工学院的媒体实验室，专门研究未来设计。但沙院长的项目没有设在这两个地方而是设在亚利桑那州立大学，这是全美注册人数最多的公立大学，共有8万多名学生。这并不是偶然。沙新伟的目标不是培养几个有远见的精英，让他们创造新技术改变世界，而是确保人数众多的公立大学学生能了解发生在他们社区的变化，并且针对这些变化甚至远远超出社区范围的变化，学生们有能力开展重要的、有意义的技术变革。

"如果没有水，菲尼克斯的生活会是什么样子？"这不是某一门学科就能回答的问题。然而，沙新伟不喜欢"跨学科"或"多学科"这些词。对于他来说，这些概念过时了，对改变传统学科结构限制的作用甚微。他更喜欢的术语是综合——他认为这是一种从看似相反的角度处理复杂问题的新方法，这些对解决不断变化的人类状况或气候状况是很必要的。他希望他的学生掌握数学、社会学和哲学，并在解决问题时了解每门学科如何提供各自有效的方法，如何以不同的方式解决同一个问题，或为同一个问题找到不同的解决方案。艺术家的洞察力对于他来说尤为重要。与（任何领域的）理论家不同，艺术家通过他们手中的材料——有时是文字材料，来实现他们最奢侈的愿景。与工程师一样，所有艺术家都必须有远见卓识。颜料是一种限制——帆布、黏土或金属，钢琴或大号，舞台或城镇广场也是如此。与工程师不同的是，他们起初可能没有蓝图，但他们最终还是会创造出一个产品、一个物体、一个事件、一场表演，在真实的时间和空间里上演。沙新伟不只是想招募或培养梦想家。他想让学生们了解那些怀揣梦想的——艺术家——是如何在现实世界中实现梦想的。这就是他所说的综合。综合不同领域人们的不同观点和才能，我们就可以解决好重大问题。

沙新伟告诉我，"思考所有你不得不面对的问题，然后回答'如果没有水，菲尼克斯的生活会是什么样子？'如果你想抓住这类问题的要点，就想想那些与你共事、与你交谈的人。"他的手做出一个倾斜的曲线，就像一只飞翔的滨鸟。"我们不是在提出解决方案，而是在尝试发明新技术。当然，我们可以教给学生我们知道的东西，但这不能帮助他们走很远，不是吗？教他们如何询问他们不懂的问题，教他们那些也许想象不到，也从来没有想过，没有人能解决、没有人知道答案的问题，不是更好吗？我们不需要用假设性的问题来突破限制。我们生活的时代，世界上有的问题非常重要，没有人知道答案。然而在大学里，我们仍然在教书，就好像我们知道答案一样。这是一种欺骗。这很危险，非常危险。如果你期待看到显著的影响，你就要让学生去挑战，去承认自己不理解、不知道以及没人知道的东西，并开始验证那些可能成为解决方案的想法。"

在综合项目中，大约有400名学生学习了"氧气计划"研究中管理层所看重的软技能。因为没有人能知道所有的事情，学生们必须学会如何通过相互交流学习，把他们的专业知识"翻译"给那些有着不同原则、经验和专业知识的人。众所周知，跨领域合作十分困难——正如艾略特在《新教育》一书中所指出的那样："实践精神和文学或学术精神都是好的，但它们也是不相容的。"如果混在一起就不好了。也许，在1869年，确实是这样。但我们再也没有机会做这样的区分了，因为世界及其问题太复杂，并且与传统的思维方式不尽相同。

他说："有时候，隐喻可以带来解决方案。"在他的台式电脑屏幕上，他提出了一个基础科学课程项目，要求学生回答"身体是如何运作的？"在这门课程中，学生需要帮助中风患者了解自身情况并以此开展康复活动，这是一项特别困难的挑战，因为这些患者无法处理自身反馈，丧失了这项他们曾习以为常的认知能力。

他伸手从桌子上拿起一个水杯。"拿起这个杯子对于我而言轻而易举。但对于康复中的中风患者来说，这似乎是不可能办到的。他们甚至不知道如何把手伸到桌子上，因为从动作和神经系统中获取的基本信息被损坏了。所以我们教学生评估中风患者还有哪些能力，并从这些能力着手研究，从病人的优势入手，而不是从缺陷入手。假设病人的听力依然很好，我们会问学生病人如何利用听觉感知手和胳膊的康复。他不能指望通过其他的认知形式来帮助他康复，但也许他能听到自己的进步。我们如何给他这个工具呢？"

在我们面前的屏幕上，我们看到学生们在基础科学导论课上提出的解决方案。伴随着舒缓的电子音乐，接受理疗的中风患者弧形摆动手臂以恢复全身机能，那音乐就像琴弓在小提琴琴弦上奏出的纯五度（音数为三又二分之一的五度音程称为纯五度）一样纯净而清晰。事实证明，音乐是互动的，患者的运动产生音符。当患者平稳地朝正确方向（符合治疗要求的）移动手臂，音乐会变得流畅、连续而清晰。当手臂摇摇晃晃或伸向错误方向时，音乐就会变得断断续续、刺耳难听。在视频中，患者一听到不和谐的音乐就将手臂收了回来。中风患者的进步离不开音乐的演奏。就像莫比乌斯带一样，因果循环往复：患者康复过程中所创造的音乐之美，是一种反馈，即使要面对疼痛和挫折，他依然受到激励，继续进行康复训练。我看着一个患者一次又一次地尝试。我看到他如何聆听，试着让纯净动听的音乐再次响起，因为这意味着原来的弧线、手臂和肩膀的肌肉正在恢复，这就是沙新伟所说的显著的影响。这名患者通过一种从未有人尝试过的方法获得进步，毕竟医学院没有哪个专业能教你通过耳朵来修复手臂。如果我们把基础科学课程的学生得出的解决方案进行学科来源细分，则包括生物学、康复疗法、作曲和指挥、音乐理论、计算机、电子工程、生物医学工程、护理、运动机能学和心理学。用沙院长的术语来说，综合就是将所有这些专业知识聚合到一个解决方案中。本科生很少看到他们在一门课上学到的东西与他们在另一门课上学到的东西如何搭配应用，往往也不会看到他们学习的内容变成问题的实际解决方案。这个康复方案实际是通过改变恢复时间来改变生活的。

"一位学习管弦乐指挥的音乐家提供了这个思路，"沙新伟笑着说。"在一所私立大学资金充足的高科技生物医学工程实验室，我曾见过康复实验。那里的残疾人穿着造价数百万美元的终结者式机器人套装，由电极发出他们四肢和大脑无法提供的反馈。有了音乐家的这种思路，这些实验有望以更低的成本达到更好的效果。谁能想到音乐家能帮助工程师拯救生命和未来呢？"

我们来看下一个话题。"我们成立了一个学生研究组进行气候变化研究，"沙新伟说："我们在这个政治化的时代很难获得支持，对政府机构的争论太多——二氧化碳排放量的增加不管是人为造成，还是另有原因——我们都需要转换研究视角，排除人为因素，通过实验来验证，并进行阐述：我们从气候本身的角度进行数学建模，综合研究气候变化。我们想探索的是，如果人类不是问题所在，那么仅仅通过记录天气对地球的影响，能得到什么呢？如果我们关心的是天气——而不是谁应该对气候变化负责，也不是气候变化对人类造成的影响——如果我们模拟地球上 10 万人停用汽车 20 年，气候会发生什么变化？这就像一场游戏。我们如何衡量气候的影响？这会带来什么不同？我们需要什么样的数学、统计、数据分析、可视化和叙事技巧，才能从已知——我们现在得到的数据——走向未知？"

沙新伟相信，只有这种通过综合应用 STEM 的方法才能使它产生显著影响。如果所有的研究都因为某些人或政治团体不愿接受人类"有错"而停止，那就不得不做一些研究以消除人类罪责。人类所做的只是一个需要衡量的变量，而不是一个需要监管的道德立场。有时你会抛开受损的认知来制订治疗方案，其他时候，你不得不与社会信仰或文化信仰背道而驰。

他把这种方法称为"现代炼金术"。"当目前的科学解决方案无法解决问题时，我们只有通过想象才能产生显著的影响。有时候，好的科学也需要魔法。"我们今天面临的许多关键问题都一样复杂。这些问题与失去正常认知方式后如何康复及推测菲尼克斯没水后的生活一样，需要同样的学习强度。振奋人心的是，这些学生从入门课开始，就准备好了迎接这些挑战。

沙新伟的方法听起来可能像是某种新时代的官话：一种解决重大问题的方法，看似具有创新性，实则无法兑现承诺。然而，它却对现实生活产生了影响。患者在逐步康复，学生在学习新的方法来思考大脑和身体、康复和情感、科学和艺术之间的联系。对于这些敢于对紧迫现实进行大胆思考的学生来说，还有其他一些有形的东西。最重要的是，这些学生正在"为工作做准备"，这是每一位专家和政治家为 STEM 提出的目标。

2016 年，《美国新闻与世界报道》将亚利桑那州立大学—不是斯坦福大学，也不是麻省理工学院—评为美国最具创新力的大学。亚利桑那州立大学在高等教育改革中发挥了带头作用。该校成立于 1885 年，当时是地区师范学校，旨在为亚利桑那州培养教师。在 20 世纪经历多次调整后，于 1958 年更名为亚利桑那州立大学。亚利桑那州立大学现在是一所公立的都市研究型大学，在菲尼克斯地区有五个校区，四个附属学习中心。它是地区性公立大学联盟的领头羊，致力于大规模的教学创新，其范围、彻底性和严肃性足以让艾略特感到自豪。这些大学——包括中佛罗里达大学和加州大学河滨分校——在令人眼花缭乱的高等教育新发展的媒体报道中很少出现。它们也没有数十亿的捐赠。事实上，自 2008 年经济衰退以来，州政府对亚利桑那州立大学的资助已经减少了近 50%。在这种情况下，教师和管理人员仍致力于将艺术和科学结合起来，以对现实生活产生显著的影响。在大学里，教授们正在根据新的挑战研究各自领域的具体要求，与其他学科的同事合作，帮助学生设计项目，通过综合，有时甚至用魔法来解决棘手的世界性难题。

亚利桑那州立大学校长迈克尔·克劳将本校和其他试图重新定义课程、教学结构和使命的大学称为"新美国大学"。兼收并蓄和经济平等是这些学校的基本原则，这与教学创新同样重要，也是教学创新的关键所在。艾略特将常春藤盟校的大门向所有人敞开，不仅仅是哈佛大学校友之子（即所谓的校友子女）。他明白，富有并不等同于才华横溢。作为一所"新美国大学"，想要迈入繁荣的、科技驱动的 20 世纪，哈佛需要录取最聪明的人。他并不提倡我们现在所说的基于贵族义务的多样性对非哈佛家庭给予某种慈善。他想要录取最有能力的年轻人，把他们培养成美国的领导者。事实上，他还想让这些年轻人挑战像他这样的来自美国上流家庭的精英。他并没有让哈佛大学发展平等主义，这毫无争议。他只是在增加哈佛大学的招生人数，一方面是为了打破体制上的传统，另一方面是他相信这将提高哈佛大学的卓越性和创新性，为未来社会做出贡献。

克劳也有类似的想法，但他构想的格局更大。克劳将"新美国大学"定义为"以录取学生和其成就为衡量标准，而不以淘汰的学生为标准"。此时政府正在大幅削减开支，大幅削减对高等教育的资助，尽管此时的高等教育正在孕育成功。亚利桑那州立大学的愿望似乎成了死亡愿望。很多诉求都没有被人注意，包括提高教育的包容性和多样性，提高毕业率，提高研究水平和师资质量。克劳校长认为，高等教育有点像谷歌的"登月计划"，谷歌用这个术语来描述秘密的 X 研究部门的工作。该部门的研究技术风险很大，尽管这个项目有巨大的潜在影响，也没什么风险投资家敢投资。换句话说，这样的创新相当于将人类送上月球的太空冒险项目。克劳认为，思维质量、公平、包容和创新对人类的后代同样重要，也同样需要冒险。"你不能抛弃我们的青年——除非你想扼杀美国乃至全球的未来，真的，因为我们是世界上最强大的国家。"

克劳所说的支撑亚利桑那州立大学成功的首要原则是"服务地方发展"。通过将研究与菲尼克斯的社区、文化、自然和社会经济条件联系起来，学生们可以看到他们的研究如何在课堂外发挥实际作用。此外，还有"变革社会""价值创业""灵感研究""助力学生成功""融合智慧学科""融入社会"和"参与全球"等原则。

这些原则指出了为什么亚利桑那州立大学的 STEM 课堂与石田画中死气沉沉的课堂截然不同。担任校长以来，克劳与教师们一起创建了 16 所学校，这些学校都以创新的方式跨越、改组、重组和重新定义传统学科。他以文化人类学为例。就在不久前，专业数量和选修课参加人数都在减少。许多大学，尤其是那些面临经费大幅削减的大学，可能会砍掉文化人类学这个系。但克劳认为，如今的世界比以往任何时候都更需要了解其他文化的人。因此，他要求全体教员通力合作，通过吸引新一代学生重建文化人类学系，并从方法论假设和历史出发，提出处理人类和文化因素的广义方法。由此产生的人类进化和社会变革学院根植于社会和生命科学，融合了以往截然不同的甚至对立的学科领域和方法，成为亚利桑那州立大学最受欢迎的专业之一。

例如，在 Ngogo 黑猩猩项目中，学生和教师通过多个研究项目了解黑猩猩的社群和行为，并学习更多有关灵长类动物进化的知识。与此同时，由于该项目所在的基巴勒国家公园不断受到非法偷猎者的袭击，因此，学校的文化人类学家和社会学家与乌干达当地执法人员合作，提出了更好的保护动物的方法。他们正在研究邻近社区的经济压力和文化习俗，以及贩卖动物产品的国际黑市，这项研究旨在保护黑猩猩的同时为当地居民提供服务。

人类进化和社会变革学院的另一个研究小组正在与附近的梅奥诊所合作研究医疗结果。研究那些长期减肥者的减肥手术成功或失败的原因。学生和教师使用定性和定量的方法，综合社会、文化和生物科学，进行人种志和纵向研究，旨在提高手术的成功率。

"设计心之向往"是克劳为教师们设立的目标，但并不是每个教师都以此为目标。众所周知，商学院一直不愿接受"新美国大学"模式，而其他院系则想要观望他们能在多大程度上推进"专业""领域"和"院系"的发展。生物系的教师们想自己组建一支教师队伍，其他系的教授可以加入项目，在项目结束后可以选择留下来，或者回到原先的院系。这样做意味着要重新思考教师的认可和奖励体系：什么是"贡献"，什么是同行评审，什么既是新院系的优点也是旧院系的优点。克劳批准了这项实验，并问谁想做第一个吃螃蟹的人。首批加入这个流动性较强的系的是哲学和公共政策系。生物学家认为，如果没有伦理学家和政策顾问的贡献，他们就无法在生物学领域产生显著的影响。

亚利桑那州立大学很久以前就抛弃了高等教育中狭隘的"技能"教学，转而以学生为中心进行教学。在前两年的教学中，它没有把文科和通识教育与专业分开，而是把研究、教学和公共服务作为从入门课程到博士研究的各个阶段的教学使命。这个使命通过实习、体验式学习、基于项目的学习和以解决问题为目标的竞赛来实现。"新美国大学"融合了所有这些学习方式。

亚利桑那州立大学的学生毕业后能做什么？他们找到的不仅仅是一份维持生计的工作，而是一份可以为之奋斗终身的事业。他们的才华使他们不论在营利性还是非营利性的就业领域都受到高度追捧。的确，他们全面发展、多才多艺、目光长远，以至于亚利桑那州立大学首先伸出了橄榄枝，把他们当教育创新人才引进。克劳校长说，与其他大学的毕业生相比，亚利桑那州立大学的毕业生更能解决复杂问题。二三十年前，大学和社区的体面工作都给了沿海精英大学或者亚利桑那大学毕业生（亚利桑那大学在体育运动及教育质量方面都是亚利桑那州立大学的强劲对手）。

但是，如今的亚利桑那州立大学毕业生是大胆、创新、成熟和独立的思考者。克劳校长指出，低成本和亚利桑那州立大学毕业生人才库吸引了新兴产业进入该地区，其中包括几家来自硅谷的大型科技公司。一般来说，公立大学是所在地区最大的雇主，亚利桑那州立大学也是如此。无论是在花销方面，还是在对当地文化和精神生活的贡献方面，大学都是当地经济的驱动者。亚利桑那州立大学现在雇用了 11000 多名校友。克劳校长的目标是将这个数字增加到 4 万。但他也意识到其间的矛盾，由于亚利桑那州立大学在创新方面的声誉正吸引新的雇主来到这一地区，因此，学校现在不得不更加努力地来争取自己的毕业生。

亚利桑那州立大学的下一个目标是建立人文研究实验室。一些人文学者希望与数学家、工程师、像沙新伟这样的计算机科学家，以及新成立的生物科学系合作。"你如何让教师重新设计他们自己的领域？"克劳校长问道。接着他对跨学科 STEM 教育问题给出如下解释：你们给予教师自由，并不是让他们放弃传统的学科标准而接受他人的标准。相反，鼓励他们和学生不断地反思选择，尝试新项目，积极创新、勇于探索、互相合作、综合研究。在设计学院，这被称为"迭代思维"。正如克劳所说，"设计、重新设计、调整、再重新设计、再调整——这个过程永不停止。"这就像是学习，没有终点，一切都是过程。这才是大学应该做的。"

　　并不只有亚利桑那州立大学和其盟校在设想和努力实现高等教育新愿景，而是从菲尼克斯到整个美国都在努力实现这样的愿景。在夏洛茨维尔，弗吉尼亚大学的全体教职员工和学生参与了一项艰巨的合作项目——设计一门新文科课程。弗吉尼亚大学的历史比亚利桑那州立大学还要悠久。弗吉尼亚大学由托马斯·杰斐逊于 1819 年创建，招收了超过 21000 名本科生和 15000 名研究生，是美国最著名的研究型大学之一。在新课程中，学生们将学习当今世界所需要的基本技能，包括将美学、经验主义和科学相结合的认知方式、文化差异和伦理问题。从掌握现代语言到财务知识和数据分析技能，弗吉尼亚大学的新课程将培养出一批新的毕业生，一批能够在 STEM 领域或其他任何领域都茁壮成长的毕业生。

　　教师、职工和学生不断交流讨论，用了两年时间设计出了新课程，为了推进下一个迭代计划，学校于 2016 年秋天对该课程进行了测试。参与测试的对象为刚入职的大学研究员、学生和教师，测试的课程为入门课，目标是在 2019 年秋季全校全面实施该教学计划。此外，学生和教师们还在开发一种全面的、顶级的"参与"体验，将学生的课堂学习与实际项目联系起来，希望为社会做出贡献，最好能带来显著的影响。

　　全国许多高校正在测试新的通识教育模式。其中许多模式都对写作和口语提出了要求，包括扩大展示和发布所面向的公众范围。达到这些基本要求的重要方法是鼓励学生在学习过程中反思和阐明所学内容（教育术语为"元认知"），这可以确保学习应用于生活。一些教育组织如图书馆、当地高中、科研中心、公民和社区组织、博物馆等与出版公司、科技公司等当地机构合作，可以为学生提供真实的实体工作角色而非机械的无薪实习。

　　在杜克大学，一个名为 Bass Connections（低音连接）的新项目取代了要求分散的通识教育，该项目将重点放在一个复杂的问题上，这个问题涉及 5 个广泛的主题领域：大脑和社会；信息、社会和文化；全球卫生；教育和人类发展；能源。在全球健康差异项目中，学生可能参加文学课程，但他们不会阅读《坎特伯雷故事集》（一般文学课程的必读书目），而是会读薄伽丘的《十日谈》，这本书讲的是 14 世纪一群年轻的男男女女在佛罗伦萨一栋别墅里躲避黑死病对身体和精神的折磨，他们轮流讲着故事，一共讲了一百个风月故事。他们还可能会读丹尼尔·笛福的《瘟疫年纪事》（1665）；阿尔贝·加缪的存在主义作品《鼠疫》，该书以肆虐北非的腺鼠疫为背景；阅读钦努阿·阿切贝的《瓦解》，其中描述的疾病，包括由白人殖民者带到尼日利亚的麻风病和天花；阅读诺贝尔奖得主加西亚·马尔克斯的小说《霍乱时期的爱情》。从这些不同的历史和世界文学作品对疾病的描述中，学生们接触到了根深蒂固的迷信、神话和文化习俗。他们开始认识到反复出现的医疗保健供给障碍，像疫苗和抗生素的耐药性以及仇外心理等更大的社会问题等。

　　除了阅读这些文学作品，学生们还阅读古典经济学和近代行为经济学的书籍，同时还在课堂和实验室学习科学、商业和管理课程。根据哲学家和经济学家阿马蒂亚·森的观点，我们必须考虑那些增强或削弱我们生活质量的无形因素，如不平等、预期寿命、婴儿死亡率和疾病，由此设计一个成本效益分析计划和一个实际的、战略性的业务及工作流程计划。学生们除了要做历史、推理、哲学、创业、服务导向和实践工作，还将根据意愿在异国他乡生活一段时间。通过接受全球健康差异项目的通识教育，学生可以积累从事所有工作所需的基本经验，他们毕业后不论是去医学院还是去加纳的非政府组织，都可以做得很出色。

　　从弗吉尼亚大学到杜克大学再到一个宏伟的新实验：2016 年的 South by Southwest 文化节，是一年一度的创新技术和创意嘉年华，麻省理工学院研究生院院长、工程系材料科学教授克里斯汀·奥尔蒂斯，宣布她将基于跨学科探究原则，建立一所全新的大学。

　　我认识的每一位学者都有一个梦想，那就是辞职然后创办自己的学校。奥尔蒂斯教授正在利用假期时间创建一所专注于项目学习的非营利性住宅研究大学。虽然学校尚未命名，具体细节也还没敲定下来，但她对新教育的愿景是建立新一代的麻省理工学院媒体实验室，将 STEM 与其他学科相融合、相匹配。

　　告别讲座，告别教室，告别专业。奥尔蒂斯教授从零开始，告别艾略特的研究型大学那套基本的教学和课程基础设施。精英主义的想法也过时了，她和亚利桑那州立大学的克劳一样，希望摒弃这种观念。为什么最聪明的学生一定是最富有的？为什么我们要为少数"多样化"的学生竞争，却没认识到能在艰难困苦的成长环境中生存下来的学生更有才华？如何能让有进取心的天才接受高等教育，而不被忽视或扼杀？在克劳和奥尔蒂斯看来，重新思考我们所说的选拔性意味着重新思考我们如何进行教与学。

　　奥尔蒂斯的方法已经引起广泛关注，让我们拭目以待。她强调学习应该关注学生，协作探讨，研究项目。科学与技术并重，基础研究和应用研究并举。同样，就像亚利桑那州立大学的克劳一样，奥尔蒂斯也在努力让她的大学造福人类，推动社会进步。正如亚利桑那州立大学和奥尔蒂斯所展示的，我们需要 STEM，但 STEM 需要与人文、社会科学和艺术结合。否则，它只对特定技能的发展有利，而不会对学生的生活和职业生涯产生长期、显著的影响。

　　奥尔蒂斯教授希望她未来大学的理想学生要有远见和使命感。她解释说："我们希望强调科学和技术，特别是科学和技术与人文和艺术的结合。"他们寻找的是对跨学科感兴趣的学生，"这些学生希望接受既有技术深度，又有界面广度的教育。他们想要探索跨学科途径、新兴途径，也喜欢自主学习，对自己的项目充满热情。"她重新思考标准学科和毕业要求、STEM 和非 STEM 领域的融合、选拔性和包容性的不同贡献以及一个多世纪前建立的其他双轨制文件，她是这方面的先锋人物。她认为，如果学生想在获得学位后继续取得成就，那就必须跨越这些分歧。她希望这些学生能够成为领导者，引领我们解决困扰未来的棘手问题。

如果奥尔蒂斯教授成功地开办了她的新大学，这将是马萨诸塞州自 1997 年欧林学院成立后的第一所高等教育机构。萨拉·亨德伦是欧林学院的一名教师，她还是艺术家、工程师。她的项目对象为那些被健全世界贴上"残疾人"标签的人。和欧林学院的许多教授一样，她拒绝界限。她将战略性的学科越界视为她的职责、她的使命、她的艺术、她的设计、她的科学。

作为一名设计师，她与客户合作——不是为客户工作，是合作。同样，她将参与性目标扩展到教育学。她不是教学生，而是与他们一起学习。她常常给学生提出需要解决的具体问题。反过来，学生也会主动联系客户，让他们参与到解决问题的过程中来。她坚信，"共同创造"的解决方案需要成为设计过程的一部分。

亨德伦将这些设计原则应用于她的教学、研究和"辅助技术"设计项目中。例如，在与生来只有一只手臂的工程师克里斯·伊诺约萨的合作中，亨德伦的学生们花了一周时间了解他的能力和局限。他们得知他可以灵巧地运用自己的躯干、一只手臂和两只脚。他们还了解到，他最不想要的就是 NASA 耗资数百万美元为他设计的那种笨重的、类似科幻电影的仿生手臂装置。当然了，谁想拖着那笨重的机械玩意儿？然而，这位热爱运动的年轻人渴望做一些自己的躯干或笨重的仿生手臂做不到的事：他想爬上攀岩墙，或许有一天，爬上悬崖。当然，这仅靠他自己是做不到的。

所以他拒绝安装多功能机械臂，转而与亨德伦的欧林学院学生合作，制造了简单的、轻便的设备，通过模块插座，他可以切换不同的、轻量级的单次功能，如一个开关可以帮助他爬墙，另一个可以帮助他骑自行车。他选择和学生艺术家们一起工作是因发现他们的实际词汇和视觉词汇比技术术语、蓝图和制作软件更具想象力和灵活性，而恰恰是这些限制了工程师们的创造力。艺术家们能看到工程师们看不到的解决方案。与此同时，工程师们的技能可以把艺术原型变成具有强大功能的可操作设备。为了研究无须用手的抓取方式，包括克里斯·伊诺约萨在内的所有人一起研究了卷须植物和动物，一起阅读和研究艺术。他们设计并制造了完美的设备来完成这项工作——一个简单、便携的设备，带有专门为特定功能设计的附件。这个设备能满足伊诺约萨的一切需求。

如果没有接受先倾听再合作的训练，学生们永远也不会想出如此适合用户的产品。如果他们没有广泛阅读，没有和客户一起去艺术博物馆、健身房、电影院，去体验客户能做的和想做的，他们也不可能创造出这个设备。

亨德伦的学生还与著名策展人、学者阿曼达·卡奇亚合作，解决她在大型公开演讲中遇到的一个问题。卡奇亚身高4英尺3英寸＊。她经常要面对讲台、麦克风和其他舞台设备，但这些设备通常是为比她高得多的人设计的。她也常常会登上"残疾人"讲台，据说这些讲台是为"小个子的人"设计的。不可避免的是，讲台的电线太短，或者一个设备与另一个设备无法以正常的方式连接。"她想要一种设备，可以把她升高到讲台的高度，可以让她有尊严地控制舞台，自主高效地完成演讲，毕竟，她是著名的演讲家。这对于一个身体健全的人来说可能很简单，但恰恰是因为身体健全的人认为这是理所当然的，才会产生问题。

亨德伦的学生先与卡奇亚讨论，然后用各种材料进行实验，最终选定了用于摩托赛车和宇宙飞船的高科技碳纤维。他们设计了一个坚固、轻便的讲台，可以像折纸一样折叠成一个笔记本电脑外壳，他们把它叫作变式讲台。卡奇亚只需要展开并将讲台滑动到现有的（对于她来说）功能失调的讲台后面，就可以将自己升到合适的位置。

这些学生阅读了回忆录、文学作品，以及人文、社会科学和自然科学文献中关于残疾人的研究，因此他们明白尊严对于卡奇亚来说与体重和效率等其他因素一样重要。在哲学家朱迪斯·巴特勒深奥而重要的理论著作中，他们发现了"规范性"概念——虽然这不是工程师的必读书目，但对他们的职业培训至关重要。

例如，在一个关于人类不同能力的视频"审视人生"中，巴特勒和残疾人活动家苏娜拉·泰勒问道：我们难道不都需要这样或那样的帮助吗？在我们的生活中，难道没有一个时刻，需要别人的能力来弥补我们的不足吗？我们不都在互相学习、共同成长吗？考虑人类的脆弱、衰老和死亡，我们在人生的某个时刻都需要帮助，这难道是可以避免的吗？巴特勒和泰勒强调，这不仅是关于"残疾人"的基本问题，也是关乎每个人乃至整个社会的基本问题。

亨德伦指出，健全与残疾、赋权与受损等理论问题是她在欧林学院实践的参与式教学法的核心。基本上，如果我们决定要生活在一个互相帮助的世界里，我们就要抛弃"专业技能"是一种条件或一种结果的想法，也不能认为拥有"专业技能"的就是教授，而学生的工作就是通过一系列的实验最终获得一个文凭。相反，我们需要认识到，学习是终身的，我们学习的条件可以在瞬间发生变化。人类生存状况意味着我们都有可能面临潜在的风险，可能在一瞬间从技术设计师变成残疾人客户。这种理解是亨德伦教学的关键。她指出，在

＊　1英尺 ≈ 0.3 米　　1英寸 ≈ 2.54 厘米

包括教室在内的每个空间中，不同的人都是不同领域的专家，不同的人都需要帮助和给予帮助。如果策展人卡奇亚在空间和装置艺术方面的专长给了学生们制作便携式讲台的灵感，通过这个讲台她又可以更好地传达自己的想法，那么是谁在帮谁呢？亨德伦说这种依赖是相互的。她认为，"辅助技术"的概念是良好教育的关键，因为归根到底，我们学习时都是在互相帮助。

亨德伦认为，作为教师，她也不认为自己就是教室里的专家。尽管她督促工科学生提出更加复杂的问题，生产越来越有用、越来越复杂、越来越创新的设备，但她也逐渐意识到，学生们的能力已远远超过了她的知识和专长。在一些情况下，有些学生展现出比他人更突出的专长，此时她的学生必须确认她的问题，她也必须信任他们的回答。成为负责任的共同学习者是优秀的最高标准，他们也将这种共同学习能力应用在他们的集体项目和问题处理上。

这不是我们所熟知的专业性、职业性的 STEM 学习。然而，我们知道，这样教育出来的学生不仅能获得入门级的工作，他们还注定会从事能实现个人抱负的职业。他们接受的训练使他们可以从容应对大多数毕业生毫无准备的挑战。欧林学院的本科工程专业一直排在前五名，该专业的学生刚步入职场就可以获得很高的工资。但欧林学院鼓励学生在最坚实的基础上构建知识和未来：坚实的基础就是兴趣和激情，这恰恰也是石田画中茫然、畏缩、双眼空洞的人们所没有的。

亨德伦希望她的每一个学生都立志成为她所说的"公共业余爱好者"。她认为，每一位教授都应该力争成为业余爱好者。也就是说，作为一名业余人士，要对思想、想象和变化持开放的态度。对于大多数教授和职场上的专业人士来说，成为公共业余爱好者是很难的，因为这意味着放弃专业知识和地位。然而，随着我们面临的问题变得越来越矛盾和令人苦恼，我们有必要这样做。如果我们的学生想对现实世界产生显著影响，那么公共业余教育——接受其他观点和其他专业知识——是至关重要的。

每当我看到轮椅上面熟悉的蓝白相间的"残疾人"标志时，我就会想起亨德伦和她的学生们。更多时候，人们看到这个传统的符号被一个简笔画所取代，简笔画中的棍形人像向前倾斜，仿佛在全速冲向终点。这款动感十足的赛跑版图标来自她创造的"无障碍图标项目"。该项目对所有艺术家开放，鼓励他们从网站下载图片，再把图片变成贴纸、模板、海报和标牌，贴在通用的残疾人标识上，盖住那些她认为是对残疾人刻板印象的通用标识。从印度新德里的医院到华盛顿特区的美国交通部停车场，随处可见无障碍图标。"图标是一个动词，"亨德伦强调。像所有的艺术一样，图标塑造了我们的感知，扩大或限制了我们的视野。与她所做的每件事一样，她的目标在于扩展，这也是她在欧林学院任教的原因。欧林学院是一所文科工程学院，在认识论层面上，其教育愿景远比许多智库和学者坚称的"革命性"更激进。"与有限、过时的技能培训或高等职业教育相比，它更实用，也更有可能让学生为良好的职业生涯做好准备。"

所有这些致力于高等教育改革的教育家都明白，如果我们要培养学生的能力，应对他们所面临的世界规模和世界范围内的改变，那我们不仅要重新思考 STEM 教育，还要重新思考整个大学的目的和任务。新教育不仅仅是对课程和教学方法的改革，也不仅仅是一门课程或一个项目，以上都以新认识论为基础。新教育是一种深刻、综合、积极、有意义的知识理论，它会对世界产生显著的影响。最后，新教育也是一个动词，它让我们的学生可以在复杂的世界中更好地生活和发展。

6　为什么上大学这么贵

在我做手术前，我的思绪转向了此刻最重要的事情——如果……会怎么样？

那是 2015 年 6 月，急诊室主治医生赵医生说，尽管有潜在风险，他还是会立即给我实施麻醉。

那天早上早些时候，我没有任何征兆地昏倒了。我在我的公寓里办公，准备和同事们开一个国际电话会议，然而下一秒，我就倒在了地板上。我的笔记本电脑发出哔哔声，表示是时候召开电话会议了。我发短信说："晕倒了，需要午睡，不参加电话会议了。"

我当时神志不清，并没有意识到问题的严重性，但谢天谢地，我的同事们意识到了。我的丈夫肯出差不在家，所以他们帮了我。和我住在同一公寓的一位朋友第一时间来到我家门口，很快我就被送进了纽约大学朗格尼医院的凯迪拉克病房。

"我从没有见过这么豪华的急救室，"我懒洋洋地对住院部医生说。

"你能住在这是因为你的情况是整个医院里最糟糕的。"

当你拒绝相信自己即将死去时，他们会对你说这样的话。

当我准备好并被推入直达手术室的电梯时，时间慢了下来，我开始关注生命中必不可少的事。如果这次我能挺过去，我的生活会发生什么变化？其实要改变的并不多。我有一个很棒的伴侣，一个很棒的家庭，很多忠实的朋友，还有世界上最好的工作。我在美国最大的公立城市大学教书，虽然面临着许多挑战，但在这里我见过最勤奋、最有激情的学生和教师。纽约市立大学是纽约市唯一的、最重要的经济活动驱动力——比华尔街还重要——体现了希望高等教育取得成功的美国梦。这里有悠久的传统和美好的未来，成为这里的一部分，我是多么幸运啊！

在手术中，我身边围着一支忙碌而高效的医疗团队，由 8~10 名医护人员组成，他们看起来和我在纽约市立大学的学生差不多大。这些年轻人来自不同的国家,有的出生在美国,有的刚移民美国。

之后我就什么都不记得了。

第二天早上在肯的陪伴下,我拖着赢弱的身体迎接涌入我病房的手术团队。

"你会没事的,"赵医生说。他们对此感到高兴,因为他们救了我的命,我能看出他们的自豪。他们反复诊断、治疗、确定恢复时间并开出药物。"虽然需要一点时间,但你的生活会回到正轨,很快你就能再回到你的工作中了。"

另一位住院医生说,"我们在谷歌上搜到了你,"其他人都点了点头。

"你还记得昨晚手术前你对我们说的话吗?你说我们都背负着学费债务。"

我不记得了。

"你对我们背负着25万美元的债务感到十分遗憾。你说医学院的平均债务都是这么多,这是一场全国性的危机。"

肯偷偷地笑了,他开玩笑说。"是在你们问她关于极端措施的问题之前还是之后?"

他们都笑了。

"事实上,我们后来讨论了这个问题,"阿里医生说。"我们没有人欠25万美元。"她停了一下。"我们欠得更多。我欠了40多万美元。"

"真是罪过,"我说。

团队中年龄最大的赵医生,大概35岁,插话说:"现在,你真的需要休息了。我们还会再来看你的。你会没事的,但是你现在的状况很差。请不要为我们担心。"

"我怎么能不担心你们呢?"你们救了我的命,也将拯救更多的生命。但我们辜负了你们。显然,在术前麻醉时,我就是这么说的。肯站了起来,但其实没必要,这些医生已经走了。他们叫我休息,说还会再来看我,看到我没事他们很高兴。

我问我的朋友埃里克·曼海姆医生,纽约贝尔维尤医院前首席执行官,怎么看清年轻实习生和住院医生的沉重学费负担,他说,"这没什么大不了的,他们将来成为整形外科医生,就能在一年内还清学费。"

他停顿了一下。"事实上,"他说,"有一个问题。他们可以通过进入利润丰厚的专业领域来偿还医学院的债务,但那样的话,我们的社会就输了。我们很快将没有全科医生,没有公共卫生人员,没有急救医生,没有妇产科医生,没有老年病专家,城市和乡村都将没有医生。所以这不仅仅是他们的问题,这是我们所有人的问题——我们的社会面临很大的问题。"

住院期间发生的事情令我印象深刻。我明白，除非我们解决了学费和学生债务问题，否则没法谈高等教育改革。如果职业选择受制于昂贵的学费，那你支付的学费不仅不能给你带来美好生活，反而会带来沉重的经济负担。这会贯穿整个大学生涯甚至毕业后的生活，使你不得不做出选择以应对经济压力、保障物质条件，从而忽略个人职业抱负。一个背负40万美元贷款的有抱负的医生还会拥有理想吗？

几乎所有专业都有类似的情况。商科尤为突出。如果一个学生想从事商业工作，她就得努力攻读商业学位。但这条路会令她沮丧，因为她会背负贷款，别无选择。债务缠身使学生们的选择范围也缩小了，他们不再探索和尝试与他们的激情和兴趣相交叉的潜在职业。相反，学费债务的压力将大学从对美好未来充满希望的地方变成了一个愤世嫉俗的企业，就像人们常说的那样，大学成了一张工作联盟卡片，通往学生们奋力争取的高薪岗位，虽然这份工作他们可能并不喜欢。

高昂的学费不仅迫使许多学生选择他们原本不会选择的专业，而且还成了许多学生学业路上的绊脚石。因为学费，学生们每周得做几个小时的兼职甚至全职工作，而这会影响学生获得学位的时间，甚至导致学生无法获得学位。目前，美国的大学入学率居世界首位，这一名次已经保持了几十年。然而，我们的大学毕业率始终徘徊在17%~19%。正如艾德菲大学名誉校长罗伯特·斯科特所解释的那样："在100名高中生中，约有70人能毕业；49人能进入大学；但只有25人可以在6年内获得四年制学士学位。大学毕业率如此之低，债务更是雪上加霜，因为无论学生是否获得学位，他们都必须偿还学费贷款。学生贷款有高额利息，目前比抵押贷款高50%，而且在美国学生贷款结构中，即使破产也得偿还贷款，无路可逃。没获得学位就从大学辍学是最糟糕的选择，因为我们知道学位对未来的工作有多大的影响。美国教育部国家教育统计中心（NCES）2015年的数据显示，拥有学士学位的成年人平均年收入约为48500美元，而拥有高中文凭的成年人平均年收入仅为23900美元。

大学并不仅仅在欺骗学生。在多数情况下，那些未收到大笔捐赠的公立学校和私立机构，为了满足基本要求也会上调学费。与此同时，学校的开销以学费的形式转嫁给学生，以大幅削减工资的形式转嫁给教师。我们学校一半以上的课程由兼职教师教授，他们没有福利，也没有工作保障。这一数字已经比1975年上升了30%左右。这些受过高等教育的教师以课程为基础领取工资，如果按小时计算，他们的工资远低于最低工资水平。这对学生的学习产生了直接影响，大学改革也无法进行。

对于新教育来说，教师经费问题产生的影响更具灾难性。如果教师、学生、行政管理人员的比例失调，全职教师的工作负担加重，他们就不太可能花时间重新设计课堂和教育体系，以便实施积极的、以学生为中心的教学。如果初级教师觉得自己处在没有选择余地的不稳定市场中，他们就会感到威胁，就不太可能积极推动大学服务现实需求的变革。此外，兼职和助教——通常是教育行业的新人——在机构管理方面几乎没有发言权，因此更不可能推动变革。他们按班授课，往往也不参加教师会议，渐渐也就丧失了对机构改革的想法了。最后，如果对未来没有什么希望，还会有人渴望成为一名教授吗？如果最聪明的年轻人没有进入这个行业，那么就更没有什么希望将这个行业变得焕然一新且充满激情了。

学生学费上涨和教师工资下降的不良趋势会更难保持良好的传统教育。更严重的问题是，仅实施传统教育其实已经不够了。因此，得出的结论是：高昂的学费迫使学生走上狭隘的职业道路，教育学生的教授处于超负荷状态，学生们所受的教育不足以让他们适应外面的世界。换句话说，学生们付出的更多，得到的却更少。我们社会最应该关注的就是如何避免这个恶性循环。

医院里那些对我关爱有加的年轻实习生们，满怀抱负，希望自己的工作对自己和他人都有意义，希望自己能够过上独立、舒适的生活。这也是我的大多数学生追求的。如今，学生和大学都面临着经济压力，改革变得更加困难。有时候，一份有意义的职业不得不排在第二位，让位于能还清学费债务的职业。

目前，有 4200 万美国人背负着超过 1.3 万亿美元的学费债务。2016 年大学毕业生平均每人背负约 4 万美元债务。而且，正如埃里克·曼海姆所预言的那样，学生们在担心偿还巨额贷款的同时，还不得不开始追求富有成效、负责任的成年生活。这影响着他们的专业选择和职业选择，也影响着他们是否继续深造，将来从事什么样的工作，为了还款又将留在什么岗位。负债累累地离开大学并不能让学生们做好准备迎接 21 世纪的经济挑战，他们从一开始就处于劣势，也更容易受到经济形势的影响。大学不再能满足人们的需求，不再能够帮助毕业生在复杂的世界中取得成功，而高昂的学费是使学生畏手畏脚的因素之一，债务羁绊了学生的成长。

如果我们真的想实施新教育，就必须解决这个问题。我们可以进行大学变革，并为学生提供最具创新性和实用性的教育。但如果不能减轻学费负担，我们就仍然是他们未来路上的绊脚石。我认识一位才华横溢的年轻人——杰克，他是多媒体领域的艺术家和理论家，在欧洲三个不同城市举办了三场展览，取得了极大的成功。杰克取得了私立大学的学士学位和博士学位，目前是英国一所公立大学的初级教授，教艺术入门课程。老艺术家们催促他做伟大艺术家们都做的事——辞掉工作，在希腊的某个小村庄或一些便宜的地方找个开销不高的小工作室，趁自己事业蒸蒸日上的时候投身于艺术创作。"试一试！"他们劝他。"这样的机会错过就没有了。"但他没这么做，因此他们觉得杰克不是一个"真正的"艺术家。他们不懂，从美国大学毕业，杰克负债累累，所以不得不以教书来偿还巨额贷款，每个月还款后，他的钱都所剩无几，更不可能抓住人生中千载难逢的机会了。

现在美国的毕业生都不会对杰克的故事感到陌生。大多数发达国家对高等教育提供资助，学生只需要付很少的学费，甚至不付学费。但美国不同，公立大学都会收取高昂的学费。从美国大学理事会的数据来看，2015—2016年私立大学的学杂费平均每年为32405美元，食宿费平均每年11516美元。相当于每年需要4.5万~5万美元，这还不包括书本费、生活费和其他开销。美国中产家庭的年收入为5.1万美元，高额的学费使得除精英阶层以外的其他人读不起私立学校。

2015—2016年，公立大学收取本州居民的平均学费为9410美元，而对于外州居民来说，学费为23893美元，公立学校的住宿费通常为10138美元。对于本州学生来说，每年的学费加住宿费约为2万美元，而对于外州的学生来说，为3.5万美元。后者的学费已经与私立大学接近，这也是为什么越来越多的公立大学希望通过招收更多高学费的外州学生来满足自身收益。这有点奇怪，每个州的公立大学都在努力招收其他州的学生，以此来保障运营成本。这种现象导致的后果之一就是，比起本州的公立大学，学生更容易被其他州的公立大学录取。

这种情况在南方各州尤为严峻，这些州的州长已经把降低企业和富人的税收、减少对高等教育的资助作为他们保守立场的试金石。南方各州在很多排名中都位居榜首，如削减高等教育经费最多、低收入学生学费最高、社区大学学费最高、大学学位人口比例最低，以及州内大学入学率降幅最大等。为了弥补预算不足，这些大学招收大量外州学生，并收取高额学费。尽管人们都说在最贫穷的南方各州，就业十分重要，但对教育投入的削减注定了下一代南方人贫穷的未来。

按通货膨胀调整后的美元计算，过去30年，公立大学的学费增至3倍，私立大学的学费翻了1倍多。尤其是在2008年金融危机之后，美国的大多数中产阶级，没有足够的存款来支付这样的学费。自20世纪80年代以来，有两条线渐行渐远：学费不断上涨，原先的中产阶级的工资和消费能力停滞不前或是下降。如果你是一个有17岁大的孩子的中产阶级，可能你根本没有能力支付孩子接受高等教育的所有费用。这意味着你的孩子上大学可能要靠助学金和贷款。

2008年，社会学家、高等教育政策专家莎拉·戈德里克－拉博对3000名进入威斯康星大学公共高等教育系统的学生进行了详尽的研究，揭示了债务负担如何影响学生在大学学习的学科领域、完成大学学业以及毕业后的生活。她指出，政府从 1981 年开始减少对高等教育的拨款，从 1981 年每 1000 美元国民个人收入拨款 10.18 美元下降到 1990 年的 9.24 美元、2000 年的 7.52 美元、2010 年的 6.32 美元，直到 2016 年的 5.00 美元。戈德里克 – 拉博指出："美国人虽然认为大学是必不可少的，但各州依然减少对公共高等教育的投入，并提高大学学费。在入学 6 年后，威斯康星大学的学者纵向研究项目中只有二分之一的学生毕业，其中四年制学院和社区大学分别只有 58% 和 42% 的人取得学位证书。

这些数字反映了全国的趋势。在采访中，戈德里克 – 拉博的研究小组发现，学生面临着食品与住房安全问题；工作安排或雇主要求比课程、考试、论文等学业任务更重要；对金钱的持续焦虑给他们的物质生活增加了心理负担。这些情况现在很普遍，但他们的父母或祖父母上大学时却没有这种情况。德里克 – 拉博尖锐地指出，如果她的研究对象在出生那一年（1990 年）上大学，他们就不用借钱读书了。一份简单的兼职工作就能帮助他们支付学费。

一所私立大学的变化发人深省。1970 年，一名耶鲁学生每年需支付 2550 美元的学费。按照 1970 年每小时 1.45 美元的最低工资标准，学生每天工作 4.8 小时就可以支付学费。2014 年，耶鲁大学的学费为 45800 美元，而同样一份校园工作最低工资为时薪 7.25 美元，学生每天工作 17 个小时才能付得起学费。

由于学费上涨、中产阶级工资停滞或下降，因此，这一代学生被称为"债务一代"。尽管在人的一生中，受过大学教育的人比没有大学学位的人在某些领域挣得多，甚至能多出一百万美元——与此相比，以前中产阶级的起薪更低，机会更少，更缺乏保障。因此，目前有三分之一的人拖欠着至少一个月的贷款不足为奇。

学生贷款是最糟糕的债务之一。从 1993—2008 年，美国国会一步步地通过法律利用学费危机，将学生贷款行业的直接控制权交给华尔街银行、私人股本公司和其他公司。这些公司迅速将购买的债务移交给托收机构，而这些托收机构利用一切手段收回贷款，包括在工作场所对借贷人进行骚扰或通过房东催款。这些托收机构是营利企业；他们不为学生、政府或大学服务。企业贷款机构已说服银行，让助学贷款债务成为唯一无法通过破产清偿的个人债务。这种赤裸裸的欺压十分猖獗，恐怖故事比比皆是。学生贷款可能是一种诅咒，一种对人们的生活具有破坏性的债务。银行家、私人投资者和高利贷者将利益建立在学生的痛苦之上。

政府方面，自 2009 年以来，奥巴马政府一直在努力夺回局面的控制权，使政府而非私营企业可以发放和收回债务。但这样做也存在问题：教育部计算出，在某些年份，政府每笔贷款的收益率高达 20%，令人吃惊。参议员伊丽莎白·沃伦和其他人正在努力消灭这种本质上接近高利贷的剥削，但没人相信这些努力在本届政府任职期间会取得成效。

为什么现在上大学要花这么多钱？要回答这个问题，我们需要回顾 1975 年而非 1875 年，美国的政策制订者改变了方向，开始把高等教育视为一种奢侈品，而不是一种公共产品，尽可能地将其从税收名册上删除，而不是给予支持。

这是严重的倒退，公立高等教育也曾有过黄金时代，那时有《退伍军人权利法案》（1944年），会为了人造卫星增加科学支出，那是林登·贝恩斯·约翰逊领导的"伟大社会"。那 30 多年（1945—1975 年），美国人将民主视为对抗法西斯主义和极权主义的途径，将中产阶级视为民主的关键，将高等教育视为工人阶级通往中产阶级的最佳途径。爱国主义与对高等教育的扶持相辅相成。1965 年的《高等教育法》标志着 20 世纪高等教育发展的一个高峰，它为普通民众提供了财政支持，包括对地区公立大学、社区大学和历史上的黑人高校的学生提供资助。联邦政府对高等教育的支出从 1956 年的 6.55 亿美元增加到 1966 年的 35 亿美元，呈指数增长趋势。

从那之后，这一走势基本向下。作为公共产品，高等教育的下坡是从加利福尼亚州州长罗纳德·威尔逊·里根这里开始的。导致他产生此想法的有政治和意识形态方面的因素，如反对企业所得税和累进税，对加州大学伯克利分校（简称伯克利）等学生的抗议不予理睬，坚信大多数大学教授是"自由主义者"。1960 年通过的《退伍军人权利法案》是加州的一项总体规划，也是公立教育最大的引擎，这项规划支持加州由研究型大学、综合性学院和社区大学组成免费三级教育体系，但里根暂停了这项法案。作为总统，里根继续实施削减成本的规划。他给学生们贴上了"吃白食者"和"偷税者"的标签。他的教育部部长威廉·班尼特坚称，拖欠贷款的学生是"赖账的人"，他们把钱花在毒品、汽车和音响上。"拿着社会救济金却赖账的母亲"的神话演变成了新的后婴儿潮时代"拿着社会救济金却赖账的学生"。

高等教育公共资助引发的讨论存在着种族因素。《退伍军人权利法案》的出台使一代欧洲裔美国人在经历了几十年的歧视之后终于发展起来。爱尔兰人、意大利人、希腊人、波兰人、斯拉夫裔美国人、大部分天主教徒，以及各种国籍的犹太人上大学的人数都创下了历史新高。然而，在布朗诉托皮卡教育局一案发生前的 10 年里，美国大学的种族隔离，非裔美国士兵的获益远远少于其他种族。尽管 43% 的黑人士兵都想上大学，但只有 12% 的人享受了战后的教育福利。现在，许多人认为，保守派攻击公共教育且不愿资助公共教育，尤其是高等教育，在一定程度上是因为学校里非白人学生数量的增加，以及公共教育中再次出现的种族隔离。白人选民因为接受过公共高等教育而获得成功，现在却不愿支持大多数非白人学生的公共教育。2014 年秋季成了一种标志，当时，学前教育到高中教育的公立学校中非白人学生占了总人数的 50% 以上。有色人种学生在大学生中所占比例越来越大，在公立大学和社区大学中占了大多数。到底是种族主义导致了高等教育经费的下降，还是如其他人所言，多个社会福利领域（高等教育、医疗保险、社会保障、监狱等）的竞争导致高等教育经费下降，这很难确定。但显而易见的是，公共教育支持力度的下降会对未来几代人产生灾难性的影响。

显然，在许多州——尤其是在茶党和其他保守派运动活跃的州，意识形态对削减开支影响很大。一些州不仅减少了对大学的资助，还规定了高等教育哪些地方可以花钱，哪些地方不能花，而且往往带有明确的意识形态意图。北卡罗来纳州的例子在这方面具有指示性和启发性。2015 年，该州的保守派州长帕特·麦克罗里，在极端保守的立法部门约翰·威廉·波普高等教育政策中心和北卡罗来纳大学董事会的支持下，以"紧缩"和"减税"为依据，决定取消北卡罗来纳大学的三个项目：北卡罗来纳大学法学院的一个贫困中心、一个致力于公民参与的项目、一个生物多样性项目。董事会坚称，取消这些项目并非出于政治动机，尽管这 3 个项目基本上都得到了外部拨款的支持，而且关闭这些项目每年只能节省 6000 美元。北卡罗来纳州州长委员会前主席汉娜·盖奇坚信，关闭这些项目就是出于政治原因，而非经济原因。"除了政治因素，很难从其他任何角度来审视董事会今年 2 月的行为，"她坚称。尽管州长声称致力于促进该州的经济发展，但他恰恰削减了可以带来经济增长的教育项目。根据美国劳工统计局统计，非营利组织、法律宣传和生物多样性等领域对人才的需求都在不断增加。

根据预算和公共优先事务中心的数据，2008 年以来，北卡罗来纳州对每个学生的投入减少了 25%。同时，学费却上涨了近 35%。不止北卡罗来纳州是这样，美国各地都采取了类似的行动，包括减税、提高学费及削减学生感兴趣并有望提供职业生涯的项目。爱荷华州、堪萨斯州、威斯康星州、伊利诺伊州和佛罗里达州都是典型。

事实上，几乎每个州都曾通过削减社会开支来应对 2008 年的金融危机。尽管其他大部分削减已经恢复，但各州对高等教育的资助却没有。在一些州，包括少数由民主党立法机构领导的州，高等教育得到的支持依然少于其他社会项目。目前，50 个州中有 45 个州在 2016 年对每名学生的支出低于 2008 年金融危机前的支出。

削减教育开支影响巨大。一些大学已经关闭。存活下来的学校，尽管通过上调学费来弥补国家资金的减少，但很多教职员依然被解雇了。2008 年之后，受通货膨胀影响，各州对每个学生的平均支出比经济衰退前减少了大约 17%。这一数字在 8 个州超过了 30%：阿拉巴马、亚利桑那、爱达荷、肯塔基、路易斯安那、新罕布什尔、宾夕法尼亚和南卡罗来纳。尽管纽约市和纽约州在 2015 年有 50 亿美元的预算盈余，但纽约市立大学的资金依然严重不足，以至于各院系缺少行政助理和顾问，一些课程也正在减少。整个教育系统的教职员工在过去 7 年中（2009—2016 年）的生活费没有丝毫增长。2016 年《纽约时报》对纽约市立大学的一篇报道称，在全美规模最大、成本最高的房地产热潮中，纽约市立大学却面临着困境——课桌椅破损、缺少实验设备、不得不用塑料布来解决屋顶漏水的困境。这篇报道的标题是："梦想随着纽约市立大学——纽约市的前进引擎——的熄火而停滞。"我们再一次看到，公共高等教育的黄金时代已经远去。

其他地方如科罗拉多大学，只有大约 3% 的运营预算是由政府支持的。剩下的开支由联邦政府外部组织和非营利性基金会的拨款、企业交易、慈善事业和学费（最主要来源）承担。如果你去得克萨斯大学网站的筹款页面，你会看到一份对校友和支持者的恳求，标题是"为什么我们需要你的支持"。在 20 世纪 80 年代，得克萨斯州承担了该校运营近一半费用，现在这一数字仅为 12%。剩下的部分只能通过上调学费、外部资助和校友捐赠来弥补。

人们痴迷于 STEM 的同时，也认为：科学学科为大学赢得的大量资金足以弥补政府缩减的资金扶持。自然科学能通过拨款、公司合同和其他形式的所谓"赞助研究""引进"投资，但人文、艺术和社会科学则不能，所以削减它们是合理的。然而，高等教育分析师克里斯托弗·纽菲尔德计算出，大学为了维持正在进行的科学研究而必须进行投资——新建筑、设备、前沿技术、实验室、专家教员和非教职研究人员等。其中，每获得赞助 1 美元，就会失去大约 24 美分。目前的成本中包含了大学向资助者提供的研发折扣，其中许多资助者不再支持自己的研究。即使获得了最负盛名的科学研究奖项，大学依然背负着沉重的经济负担。这是另一个恶性循环：大肆宣传巨额奖金，一方面提高了大学的声誉和排名，但另一方面也增加了大学的运营成本，导致学生学费上涨。无论是在公立大学，还是在麻省理工学院和斯坦福大学等主要私立学校，情况都是如此。一些优秀的本科生可能有机会留在创新实验室工作，这里的实验需要赞助，他们需要申请外部资助，然后为资助而努力，这通常会迫使全职教员离开教学岗位。经营实验室就像经营自己的小公司，往往意味着要雇用一个行政人员来处理人力资源、资金管理、合规、交付和实验室管理。骨干队伍由研究生或博士后组成，但队伍也在不断变化，因为他们可能会在低收入的实验室工作 6~8 年，然后跳槽去其他行业。

专家们经常声称"行政膨胀"是大学难以控制成本的原因。40年前，大学的教员数量是行政人员和工作人员的2倍；如今，行政人员和工作人员的数量已经远远超过教师（包括全职和兼职）了。一种常见的说法是，如果像运营企业一样运营大学，管理人员的数量就会大大减少。然而，有证据表明，那样运营大学并没有减少成本，甚至可能适得其反。美国教育委员会2012年的一项调查显示，目前约20%的大学校长并非出自学术界，这个数字几乎是10年前的2倍。通常情况下，从私营部门调任的校长和其他行政人员的薪酬要比从学术界调任领导的人高得多。从外部引入管理人员似乎也是行政人员数量增加（而不是减少）的原因。当大学校长由来自企业、政府、基金会和军队的人担任时，他们的薪水往往和之前一样高，同时，他们会带来大量薪水不薄的员工。等他们一到学校，就会意识到自己对学术管理知之甚少，因此会迅速将学术界人士提拔到新的行政职位，这样做会导致核心行政人员的规模和成本都翻番。

专家们没有把大学学费上涨归咎于管理人员的冗余，他们往往会归咎于教员的高薪，但这显然是错误的。自1990年以来，经历通货膨胀后，教师工资下降了3%。目前，大学教授的年平均工资略高于10万美元，副教授的年平均工资为7.9万美元，助理教授的年平均工资为6.9万美元。这些职位要求至少拥有博士学位，通常是7年的高级学位。教师的人数与学生的人数成比例缩小，终身教职员工也大幅减少。我们学院和大学现有的教授中，只有大约三分之一是终身教授，新教授中甚至只有不到20%的人获得了终身教职。

很容易理解为什么今天很多教师认为大学处于危机之中，甚至处于毁灭之中——因为令人满意的岗位太少，更难想象能从这些岗位畅想新教育的未来。最近，州长斯科特·沃克把威斯康星大学终身教授的言论自由保障降到了最低，并给教育系统减少了2.5亿美元的预算，转而将这些钱给了一群亿万富翁，让这些对冲基金经理为密尔沃基雄鹿队建造一个新的篮球场，这可不是支持威斯康星州青年的方式。但他认为，减少对威斯康星大学的投资会创造一个自由市场大学，可以节省资金，并带来更多创新。然而，威斯康星大学的教师成了各界竞相招揽的对象，许多校外职位向教师们抛出了橄榄枝。一些人去了氛围更好的地方。为了留住精英教员，威斯康星大学最终花费了2360万美元为他们加薪。

另一个常被指责为导致学费上涨的因素是财政资助的减少，尤其是在精英私立学校。事实上，财政资助的减少确实会导致学费增长，但是，正如艾略特所说的那样，他将财政资助作为哈佛实现现代化的一种方式，这样就会拥有（在各方面）最多样化的学生，提高大学里每个人的学习体验质量，并刺激创新。这就是为什么美国大多数拥有大量捐赠基金的精英大学支持"与资金需求无关"的招生政策。也就是说，优秀的学生无论是否付得起学费，都能被择优录取，因为财政资助可以弥补学费的缺口。顶尖大学往往选择这个方式录取最优秀的人才，而非减免所有人的学费。为了确保录取到高智商的学生，而不仅仅录取到家境富裕和人脉广泛的学生，美国10所顶尖私立院校对家庭年收入低于6万美元（有的甚至是低于12.5万美元）的优秀学生免除学费。这样做的负面结果是，越来越多的顶尖私立大学主要由非常富有的、支付全额学费的学生组成，只有一小部分学生来自中产阶级甚至工薪阶层，他们学业优秀、有竞争力并且获得了奖学金。

通过对3000多万名大学生进行详尽的研究，2017年"机会均等研究"结果表明，如今的大学生不能再指望比父母挣得多，因为收入只会逐年下降，其中一个最重要的原因是大学学费飙升。税收开支削减、公立高等教育得不到支持、公立高等教育的费用不断上涨，总体而言，大学不再是我们社会前进的引擎。相反，它们正日益成为富人的训练场，让他们变得更加富有。《纽约时报》头条新闻的标题让人大跌眼镜："在一些大学，来自前1%富有家庭的学生人数超过来自底层60%家庭的学生人数。"

今天的学生花更多的钱但得到的却更少——服务更少，创新更少，机会更少。过去的几十年里，大学一直在朝私有化迈进，但这并没能降低成本、精简管理、消灭官僚主义、实现项目现代化或提高师资质量。反之，这带来的是学费飙升，班级人数激增，教学行业萎缩。这让饱受打击的教师和管理人员对"创新"这个词感到紧张。总而言之，在面临如此紧迫的任务之际，重建艾略特大学的难度变得更大了。

最近，一些学费最贵的精英大学被指责为最富有的1%的人的昂贵"奢侈品"。批评人士认为，私立大学学费如此之高，是因为其高昂的价格本身就代表了一种身份。媒体喜欢将昂贵的娱乐设施，如攀岩墙，作为大学无度和无理花费的标志——克里斯·克里斯蒂和沃伦都抨击了"漂流河和攀岩墙"以及其他奢侈设施，认为它们是私立大学学费上涨的原因。每年5万或6万美元的学费，就像珠宝、跑车、时装和房地产一样，高昂的价格似乎就意味着高质量——这无疑是每年最昂贵大学的申请人数激增的一大原因。

一些人将精英私立教育比作"凡勃伦商品"，以19世纪末的经济学家、《有闲阶级论》的作者索尔斯坦·邦德·凡勃伦的名字命名。微观经济学中的凡勃伦效应基于"炫耀性消费"的概念，以及人们渴望得到某些定价过高的商品的现实。这些商品的价格不符合供求的标准模式，相反，价格上涨会导致需求上涨而非下降。把哈佛大学的教育比作人人觊觎的爱马仕铂金包，似乎有些愤世嫉俗。爱马仕铂金包是所有有抱负的社会名流的非官方文凭（起价为1.1万美元），不过这些精英大学并没有打算减少他们的宣传费。每年，他们拒绝的人数比录取的人数多20倍。他们越排外、越挑剔，就会有越多的申请者嚷嚷着要这种最稀有的奢侈品。与此同时，对于那些少数能负担得起学费的幸运儿来说，它的价值是毋庸置疑的。这些学校的毕业率远远超过 90%，这里有丰富的课程、专业的顾问、课外活动、留学机会、遍布世界各地的分校，以及在非营利组织和企业实习的机会和无与伦比的社交机遇。这些学生是招生人员和院长精心挑选出来的，他们会挑选出你能想到的最令人印象深刻的学生。随着学费的上涨，学生们的期望值也在增加，毕竟他们中的许多人，即使不是大多数，都在私立或一流的公立高中接受过教育。像菲利普斯埃克塞特学院这样的预科学校的费用（2016 年寄宿制学生的学费为 4.69 万美元）不仅和常春藤盟校中的大多数一样昂贵，而且提高了人们对"学校"提供的服务的预期。根据凡勃伦的理论，如果一种奢侈品的价格不断上涨，并且得到了富人的支持，那么这个社会阶层其他奢侈品的价格也会飙升，即使这些奢侈品之间没有关联。这 1% 的人群购买的商品和服务的价格都在不断攀升——专属幼儿园和退休社区、择期手术和长期医疗保险、米其林星级餐厅和曼哈顿公寓。

考虑这些学校的学费、受到的关注程度以及备受瞩目的师资力量，人们可能会认为，就像艾略特时代一样，这些学校在课堂创新和为其他大学树立榜样方面处于领先地位。然而，情况并非完全如此。事实上，哈佛大学、斯坦福大学等名校的显赫地位，恰恰会使他们保持更为传统的思维模式。如果学校在《美国新闻与世界报道》中排名靠前且录取率在 5% 左右，那它便不会考虑减少学费或进行变革。因为现在学校所做的一切都得到了丰厚的回报——年复一年地录取最好的学生、收取最高的学费、录用最杰出的教员和获得最高的校友捐赠，只有非常勇敢和无畏的领导者，才将彻底变革这所大学。斯坦福大学的使命是向硅谷输送人才。斯坦福大学近 40% 的学生主修计算机科学，为了改变这种不平衡的现象，它尝试推出一些有趣的跨学科"CS+"专业（计算机科学 + 英语、计算机科学 + 音乐等专业），但这些仍是小型项目，并不会削弱硅谷效应。在世界上最富有的大学，哈佛大学，校长们在年复一年地努力，确保毕业生从事的职业没在为富人创造更多财富。

然而，正如哈佛大学著名的认知神经学家史蒂文·平克所指出的，尽管他是明星讲师，但他的演讲厅通常只有一半的听众；哈佛大学学生去听演讲的一大原因是与其他学生见面。他们中的很大一部分人将在其他哈佛大学校友经营或拥有的公司担任财富经理（金融顾问和基金经理）。平克指出，许多哈佛大学毕业生刚刚毕业，就"被大型咨询和投资公司抢走了。这也是为什么，他们的预期收入增加了 20%"。除了显而易见的原因外，这也是哈佛大学变革很重要的一个原因。如果哈佛大学现在能进行有远见的系统性改革，美国其他院校也会纷纷效仿。尽管哈佛大学可能不再是艾略特时代新教育的革命性领袖，但它仍然是大多数高校的榜样。

除了思考（或不思考）如何为学校之外的世界做好准备外，哈佛大学和其他顶尖私立学校的财富也确实推动了其他大学的变革，包括优秀的公立大学——但这种变革并不能帮助学生自己。公共高等教育发生了什么？对此，也许没有比加州大学洛杉矶分校安德森管理学院更清楚的学校了。像所有专业学院一样，它依靠学费、捐款、赠款、外部资金和辅助活动的商业合同（如企业高管培训）来制订预算。声誉就是一切，安德森商学院必须与私立学院竞争前 5 名。因此，它得与哈佛大学、斯坦福大学和宾夕法尼亚大学这些拥有巨额捐赠的精英私立大学竞争。为了拥有一流的师资队伍，保持竞争力，吸引最优秀的学生和最优秀的教师，安德森商学院于 2012 年决定私有化，因而拒绝了政府每年约 800 万美元的公共资助。因为公共资助对这所商学院的教工工资、学费、如何以及从哪里筹集资金、建立合作关系、削减录取协议等都有限制，州政府每年 800 万美元的扶持无法让学校维持如今的地位。

商学院私有化的行动受到了商业媒体的称赞，似乎安德森商学院应该成为其他公立大学的榜样。然而，这一想法也存在一些问题：私有化是维持商学院高水准的唯一方法吗？安德森商学院保留了声誉、历史、文化、智力和社会人口等方面的优势，这些是公立学校的部分关键要素，而且该校的教员仍在与学校其他领域的教员进行合作研究，从心理学到统计学都有跨领域合作。然而，如果企业对这所公立大学的投资不受限制，独立研究将会受到什么影响？例如，如果英国石油公司资助了一项研究，你能否提供气候变化对全球经济影响的客观研究结果？如果有必要，你能批评你的投资方吗？我们是不是已经进入了一个由企业资助、研究成果支持企业利益的无休止循环？一所公立大学如果只有通过私有化才能维持其声誉，那这所大学也很可能兑现不了对学生教育的承诺。

如果学校将自身的利益放在第一位，学生就会遭殃。在安德森商学院，每 3 名教员中，就有 1 名非教职行政人员负责拨款或私人筹款。事实证明，行政机构膨胀是这所一流公立商学院的工作模式。私有化也带来了高昂的代价。

最近，在机场排队安检时，我碰巧听到一个穿着讲究的男人，或许是一个商人，对他的朋友说，他被斯坦福大学录取了，这可得花一大笔钱，但他未来也就有指望了。我能听出他声音里的骄傲，他显然在谈论他的儿子。

那句老话：未来有指望了。我曾想，这位父亲认为他儿子能从斯坦福大学学到什么确保一生无忧的本事呢。斯坦福大学不太可能给他提供终身聘用的机会，甚至是专门的职业培训。这位父亲知道的只是他的儿子会在斯坦福大学得到很好的培养，并享受良好的通识教育。如果他能利用好 1∶4 的师生比，他便可以和教师们紧密合作。在斯坦福大学每一位教员的身后，都有博士生、博士后、学术顾问、参谋、图书馆和 IT 专业人士等的支持。给予年轻人学习支持，他们给予学生独立的研究机会，以及课程、课外活动和校友网络——所有这些都是为了激发学生的激情，明确自己的人生道路。考虑所有这些因素，斯坦福大学每年的学费仅为 45729 美元，着实令人惊讶。

在 50 英里外的伯克利，官方公布的师生比例是 1：17。有人说这个比例无关紧要，但我的一位在加州州立大学任教的朋友说，她从未见过任何一所精英大学不关注小班教学规模。在公立大学，致力于确保学生成功的辅助顾问较少。由于高等教育经费的削减，因此，即使被美国顶尖的公立大学录取也不能确保"未来有指望了"。进入伯克利和进入常春藤盟校的困难程度差不多，但从伯克利毕业却更难。

创新者如今面临着双重任务：降低学费，实现新教育。关于前者，有许多提议。但是大多数只是在边缘削减开支，而且在控制开支的过程中丧失了许多必需的特色。我们已经看到，大规模在线学习的成本往往与面对面学习一样高，甚至更高，但效果却不太好。尽管如此，依然有学校依赖慕课等技术作为解决方案。大学负担能力和生产力中心提供了 20 多和削减成本的方法，每种方法都有优点和缺点，许多学校已经尝试或正在使用其中的一些方法。但没有任何一种方法能使 20 世纪 80 年代出生的学生学费恢复到他们出生时的学费水平。

一些大学试图将学制缩短到 3 年，以减少四分之一的开课成本。对于某些项目的部分学生来说，三年学制可能不错，但对于其他的学生来说，可能需要 5 年的时间才能完成学业。显然，任意减少 1 年的学习时间是不明智的。有一个有趣的问题，即在一个特定的领域或对于一个特定的学生来说，学制的长短用一刀切的解决方案显然是错误的。放宽学分限制，那些辅修额外课程的学生，包括社区大学的转学生，可以缩短毕业时间、将学费降到最低。这对于能够额外学习的精力充沛的学生来说，似乎是一个有用的解决方案，尽管它也不可避免地限制了这些学生辅修的机会。同样，双录取项目（允许学生在高中最后一年攻读大学一年级，或允许本科生同时攻读硕士学位）在恰当的情况下也很好，但在另一些情况下却会适得其反。一些改革者主张放弃通识教育，直接进入专业教育。另一些人则认为，以精通程度或能力测试为基础的技能认证可以取代一年甚至两年的课程。再次强调，如果管理得当且策略正确，这些方案可以有效降低学费，但也可能会严重影响学生未来的职业发展。我们清楚，创新的通识教育项目可以为复杂的工作环境提供最需要的分析、跨学科思维及沟通技能。

在某些情况下，技术可以降低学费。一向足智多谋的亚利桑那州立大学校长克劳面对不断削减的政府预算，多次尝试新的省钱方法。一些技术已经奏效，另一些还在尝试当中。现在，电子顾问引起了他的兴趣，这是一个在线咨询系统，比面对面咨询更便宜，而且更能吸引这一代学生，因为学生更愿意从在线软件上获得建议，而不是进行面对面咨询。克劳校长甚至认为电子顾问可以提高高校毕业率，因为它能为学生提供课程和专业的建议，并提供明确的职业道路，这些都是基于学生兴趣、技能和个性因素来进行分析的。"我以我女儿的口吻向它咨询，"克劳开玩笑说。"它说我具备组织能力，也许应该成为电影制片人。"

社区大学依然是最经济的上大学的选择，越来越多的美国中产阶级采取了这个负担得起的方案。社区大学不提供住宿，学费不会用来购买那些数百万美元的大学甲级运动项目，也不用于购买大量的研究设施。社区大学关注教学重于研究，倾向于雇用专职教师，因为他们可以教授许多课程，而工资却低于研究型大学的教师。确实有人认为，四年制大学的教师工资可以通过增加教学内容和减少研究责任进行控制，但是这种解决方案只有教师奖励结构和大学排名标准发生变化的情况下才奏效——同样，也只有在行业和政府肩负起基础研究的使命后才会奏效。但是，现在基础研究主要由高等院校负责。对于社区大学的学生来说，只有四年制大学同意接受学分转换，他们才能达到节省学费的目的。

其他降低开支和削减成本的方法包括取消规章制度和繁文缛节（估计可节省目前大学运营成本的 3%～11%），并合并各种项目，尽量减少教师和管理人员在工作上的重合。同样，进行这样的削减的方法有的明智，有的愚蠢，有的甚至可以带来创新。例如，几年前，纽约大学尝试将多个关于不同古代文明的语言、历史和文化的小型项目合并到一个研究古代世界的项目中，从而将管理成本降到最低。这种自上而下的管理手段自然会令一些教师感到愤怒。然而，第二年的时候，项目申请数量却增加了，甚至吸引了更多的人才，包括国际学生的申请。他们带来了全新的专业知识，而不局限在通常的西方如希腊和罗马知识范围内，而且教师们的看法也开始有所改观。但这个项目太创新了，很难说这个新的全球古代世界项目的毕业生能否成功地获得教授、策展人、翻译等工作，但在每个领域都有大胆的新想法带来经济效益的例子。

所有这些努力在小范围内都是有效的。然而，要从根本上解决我们公立大学的学费过高问题，就需要向 1945—1975 年美国的公立高等教育看齐。我们需要关注自身的价值观，重新审视阻碍公立教育发展的目光短浅的政策，并反思在过去的几十年中公共资金是如何被使用的——如大型公司的退税或补贴可以作为学费的一小部分来支持公立高等教育。作为社会的一部分，我们在公立教育发展的黄金时代做出了不同的决定。

我们都知道大学从来没有像现在这样重要，学费也从未如此之高。可悲的是，我们今天的公立大学学费像一两代人之前的精英私立大学一样高。尽管学校管理人员和教职员工疯狂地筹集资金，但各州减少对每名学生资助额的后果已经转移到增加学生个人支付的学费上了。这种情况每年都在恶化，而且还将继续恶化，直到公众明白学费上涨伤害的是我们所有人，而不仅仅是被强加了巨额债务的下一代。

美国已经结束了对年轻人进行战略投资的时代。我们已经放弃了 150 年来对我们最有利的一项全国性事业：高等教育。这么说并不过分。尽管高等教育取得过空前的成功，但我们不再投入人力资本了。这与瑞典、巴西、德国、芬兰、法国、挪威、卢森堡、斯洛文尼亚和冰岛形成了鲜明的对比，在这些国家，高等教育得到了大幅补贴，甚至免费。

除了免学费，我们可以致力于改善债务支出条件。最有趣的一个基于收入的助学贷款还款想法产生于澳大利亚。该法案颁布于 1989 年，部分原因是应对公众对公立大学收取学费过高的强烈抗议。在这个计划中，学生支付不等的学费：进入高薪领域的学生比进入艺术、护理、基础教育、哲学或理论数学领域（仅举几个例子）的学生支付更高的学费。然后，学生们可以选择以 10% 的折扣预付学费，或者按照澳大利亚政府的高等教育贷款计划（简称 HELP）以收入为基础全额还款。那些年收入超过 4 万美元的毕业生，澳大利亚税务局会自动扣除 4%~8% 的收入（取决于他们的税后收入），以偿还贷款。如果毕业生失业或生病，他们可以暂停还款，直到重新获得收入再继续还。同时，如果一个学生发了横财，他或她可以选择提前偿还所有债务。美国政府也提出一种基于家庭收入的学生贷款方式，但利息和分期还款额较高，而且还有许多要求，使得这种贷款方式的吸引力大大降低。

至少，公共教育的反对者和私有化的支持者需要明白，公共教育是一项很好的投资。每一项有关高等教育的经济研究都表明，这是一个国家能够做出的最佳投资，既有利于提高本国的集体生产率，又有利于提高毕业生的个人生产率，因此通过削减高等教育来减少税收投资会因小失大。大学学位给美国男性带来的平均终身收益为 36.5 万美元（减去一生中所有的直接和间接成本），给女性带来的平均终身收益为 18.5 万美元。联邦政府、州政府和市政府从每位大学毕业生身上获利 23.1 万美元，其中大部分是通过提高所得税和降低终身失业救济金来实现的。

有迹象表明，公众已经普遍认识到高等教育的学费是一个社会问题，而不仅仅是学生个人的问题。我们甚至可能正处于一个转折点，我们将看到 40 年来削减高等教育资金正在夺走美国社会最大的财富：做好准备应对动荡的未来的受过教育的年轻一代。在 2016 年的总统竞选中，参议员伯尼·桑德斯积极倡导免除学费，引起了全国的关注，尤其是年轻人的关注。美国国务卿希拉里·克林顿在竞选总统时也提出了这一提议。随后，肯塔基州、明尼苏达州、俄勒冈州和田纳西州宣布了为社区大学免除学费或补贴学费的计划。在旧金山，市长埃德·李宣布与社区大学旧金山城市学院合作，为所有城市居民免除学费。

2017 年 1 月，纽约州州长安德鲁·科莫与参议员桑德斯在新闻发布会上宣布了一项雄心勃勃的提案——"精准奖学金"。该提案将免除纽约市立大学和纽约州立大学所有两年制和四年制学院中家庭年收入低于 12.5 万美元的纽约居民的学费。科莫州长认为，该州 70% 以上的新增就业岗位都要求大学学历，如果为了上大学，学生们不得不背负着学费债务毕业，这将阻碍他们的发展。科莫说："这就像起跑时腿上绑了一个锚，负重前行。

当然，为了让学生为他们的未来做好准备，我们不仅需要免除学费而且要让大学变得更好。削减州拨款拖累这个体系数十年，为学生免除学费毫无意义。为了使科莫州长的计划超越政治范畴，充分发挥潜力，真正改善我们学生的未来，我们就需要提出具体的解决措施，以增加对纽约州贫困院校系统的支持。纽约的公立大学是美国学费最低的大学类型之一。大学"社会流动性指数"描述低收入家庭学生入学时的家庭收入与这些学生毕业时的高收入之间的巨大差异。2016 年，纽约市立大学有 6 所学校的"社会流动性指数"进入前十。在该市的一些社区大学，超过一半的学生来自年收入低于 2.5 万美元（不是 12.5 万美元）的家庭，联邦、州和市政府的资助才使他们可以免费上大学。"精准奖学金"提案将为该州的中产阶级家庭提供同样的免学费福利。

这是一个激动人心的提案——但前提是增加纽约市立大学和纽约州立大学的公共教育投资。如果教育系统极度缺乏资金，设施陈旧，还在使用 20 世纪的技术，甚至无法提供毕业所需修学的最基本课程，那么免费或降低学费就毫无意义。在过去的几十年里，市立大学全职教师减少了 33%，同时，学生人数却增加了 15%。也就是说，州长建议加大对公共教育的再投资力度，可能标志着新教育的开始，这也给其他州树立了榜样。"这是我的预测，"参议员桑德斯说。"请记住我的话，如果纽约州今年这么做，其他州也会一个接着一个这么做的。"

几年前，这样的声明还只是一个白日梦，但如今已经有迹象表明，人们对再投资高等教育的态度正在发生改变。在 2016 年 11 月的选举中，加州选民推翻了始于 1978 年第 13 号提案通过的"抗税行为"，该提案是加州宪法的一项修正案，降低了个人财产税，并在两院超过三分之二议员通过的情况下才能提高未来收入所得税或州销售税。相反，选民们在投票中支持了与教育有关的 3 项提议，其中一项是提高高收入人群的税收，以资助从学前教育到高等教育中一系列支持公共教育的项目。

如果由所有人分担确保公共高等教育保持卓越的成本，那费用是在可承受范围内的。"信守加州承诺"是由两位加州大学教授运营的一个数据和宣传项目。根据该项目的数据统计，只要恢复到 2000—2001 年学生人均的州扶持金额，加州大学和加州州立大学（超过 70 万名学生）每个人可以减少一半的学费。这会让加州纳税人每年缴纳多少钱？每人只要 31 美元。每个人多出 31 美元，就会产生巨大的影响：公众将高等教育作为一种公共产品来贡献自己的一份力量，那这项事业就会发展得更好，学生们也不用负债累累地开启未来生活——未来也有指望了。

在做手术之前，我意识到了债务决定一切。那些在医学教育上欠了 40 万美元的实习生们面临着一个选择，是选择他们想要从事的医学，还是选择更有利可图且可以偿还巨额贷款的专业。生活必需品和对青年不负责任的社会都会影响他们的决定。

读这本书的许多人都在成长，他们都知道，如果努力学习，上大学的可能性很大。如果他们为之努力，大学就在他们的掌握之中，因为老一辈集体为他们的教育和未来做出了贡献。中产阶级的父母也为孩子读大学攒够了钱，而且他们知道，自己缴纳的税款将用于本州的大学建设，这也会减轻他们的经济负担。

让所有人（至少是大多数人）都能负担得起高等教育的费用曾经是美国人的梦想，是中产阶级的梦想，是民主的梦想。这样的梦想推动了政府为大学赠地，并激起了艾略特将大学转型为创新大学的愿望，不仅是在哈佛大学，而是在整个高等教育领域。这样的梦想在《退伍军人权利法案》和"伟大社会"时代，继续激励着美国前行。考虑很多州的经济都处于下行趋势，再次迎来这样的复苏似乎有些理想化。但在其他地方，我们也看到了一种不同的趋势，这种趋势可以帮助学生和高等教育应对日益严重的债务危机。

传统教育的问题与学费问题相互交织。我们需要对高等教育给予新的支持，怀抱一种新的愿望，一种重塑 1865 年和 1965 年大学的愿望。世界比以往任何时候都更加复杂和糟糕。我们必须对教育进行再投资，这是我们抵御混乱和破坏力量的主要堡垒。这是一个国家所能做的最好的投资，不仅是为了年轻一代的学生，也是为了正在走向动荡不安的未来的所有人。

7　对学生的评价标准

"奖励表现好的狗一顿大餐，它会很开心，但它不会知道这样的款待有价格标签，是因为它的表现达到了预期。一切都相互混杂——温暖模糊的感觉、美味的食物、喜爱、认可、拍拍脑袋、'好孩子！'联系、纽带。它是一只快乐的狗。"

亚历山大·科沃德教授又一次用手指拨弄着他的沙色头发：头发蓬乱，姿态焦虑。

他笑起来像男孩一样，右脸颊上留下了甜甜的酒窝，仿佛是想起了某个心爱的、远在家中的宠物。一瞬间，他的悲伤消散了。他的魅力和同理心吸引着大批的学生，伯克利400个座位的演讲大厅挤满了人，学生们争先恐后地抢占他数学1A课教室的"一席之地"。

学生们很少会去抢数学1A课。这是一门入门课程，也是几个有竞争力的专业的必修课，还是众所周知的"挂科"课程。科沃德陷入了沉思，他在那儿很舒服安静地坐着。当他再次张口时，悲伤又回来了。"人类和狗不一样。如果既有鼓励又有奖励，就成了一种抑制。你可能不这么认为，但事实确实如此。如果我们认为学习不是为了自己，而是为了某种外在的奖励，我们就会变得愤怒和愤世嫉俗，而不会拥有一种温暖而模糊的感觉。我们开始认为自己应该得到奖励，如果没有得到，就会感到受欺骗或沮丧。也许是因为我们从小就必须参加考试。和其他人相比，我们总是被打分，被过度测试，以至于我们越来越讨厌考试。很快，分数而非学习，就成了我们努力的目标。它变得很重要，甚至最重要。我们并没有在提升自己。对于狗来说，也不能两者兼得。如果你想两者兼得，得到的只会更少。"

科沃德是伯克利的数学教授，或者说他曾经是。2016年，他没有续签合同。在此之前，当他还在教授1A数学时，他努力运用积极、投入、主动的最佳教学原则来帮助学生掌握数学。他的1A课堂不是通常那种枯燥无味的课堂，而是一门激发学生好奇心、鼓励学生坚持学习的知识性课堂。他的课堂总是坐满了学生。有些1A数学课堂只有100名学生，而他的课却因有 400 名学生而"人满为患"。他不会通过测验的方式来确保学生们完成家庭作业，也不布置传统意义上的家庭作业。相反，他用越来越难的问题激励他的学生，激起了他们对数学的热爱。最后，学生在测试中都做得很好，远远超过了系里设定的课程要求。

科沃德本应该是一个英雄。但是，他审视自己的课程时发现了一个问题。他的学生有点太爱数学了。他们开始为了学习数学而学习数学，而不再把数学当成以技术为重点的、高选择性专业的理学学士专业的先决条件，包括电气工程、计算机科学、物理、生物、经济学、哈斯商学院等。即使不能获得学分，那些没抢上他的课的学生也要来旁听他的课。即使系里的一位导师警告科沃德说他的考试太难，科沃德依然相信他的学生们会做得很好——事实也是如此，而且他们也没有花费任何课堂时间思考如何在考试中作弊以获得最高的分数。科沃德坚决反对"应试教育"。他因热爱数学而教书，并想借此激发学生们对数学的热爱。

科沃德的教学观点与当代人教育实践背道而驰。在当代教育实践中，考试成绩就是衡量学生学习的内容或知识的代名词。从幼儿园到高中，如果学生在意义重大的标准化考试中没有取得足够高的分数，教师们就没有机会加薪。和高校一样，高中也以学生的 SAT 平均成绩高为荣。大学排名的部分依据是学生入学的 SAT 平均成绩和学生的毕业考试成绩。客观地说，我们在各个层面都痴迷于考试。学生需要优异的成绩和较高的考试分数才能进入伯克利这样的顶尖学府，同样，只有成绩优秀才能被竞争力最强的专业录取。当前的许多教育都以提高考试成绩为目的，相比之下，科沃德的教学方法以研究人员的研究成果为基准。研究人员发现，考试和分数实际上不利于学生学习，甚至会影响学习成果。因此，科沃德关注的是如何促进学生达到最佳学习状态，尤其是理解力和其他能力，以及如何将数学原理应用到教育和生活等其他领域。

英国心理学家露丝·巴特勒在 20 世纪 80 年代末发表了经典的研究成果，科沃德深受其影响。巴特勒对 4 所学校 12 个班级的 130 多名七年级学生进行了研究，收集了他们对复杂思维任务的测试反应。每天，学生的作业会被收集起来，评分员会给出 3 种不同的反馈。一些学生收到的是形成性反馈（例如，"你有很多有趣的想法。可以借鉴你的个人经验试着增加一些例子。"），这种反馈旨在帮助学生下次做得更好。另一些人得到的是 40~99 的数字分数（称为"总结性"反馈）；他们没有收到任何关于下次作业的评论、解释或指导。第三种则得到了形成性和总结性两种反馈，即一个有用的建议和一个分数。

每个人都认为更彻底的反馈——形成性的反馈加上总结性的分数——是鼓励学生下次作业完成得更好的最佳方法，但之前没有人真正检验过这个观点。这个实验也带来一些出人意料的结果。

只收到形成性反馈的学生进步最大，在第二次测试中，他们的分数提高了 30%。这本身并不令人惊讶，因为形成性反馈长期以来都被认为是改善学生学习的最佳方式。这就像我们在校外的鼓励一样，如果我教我的儿子如何投快球，我可能会给他一些鼓励，同时给他一些建议，关于准备投球的挥臂动作或手指在球缝的位置。我不会给他总结性的等级，如 B−，因为他只是在学习投球。

得了总结性分数反馈的学生只有在第一次考得好时，第二次才会考得更好。研究成果证实了总结性反馈的局限性。如果只给出一个分数，学生们倾向于认为他们在测试的技能或科目上"很差"，因此分数低往往不利于学生的学习。成绩差的学生并不只是觉得自己这次失败了，他们会觉得自己是失败者。他们会认为自己能力低下，这往往不能激励一个人进一步学习。

在收到总结性反馈的高分学生身上，我们还有另一个重要发现。虽然他们在第二次练习中比第一次做得更好，但他们很快会忘记了他们从考试中学到的东西。与得到形成性反馈的学生不同，这些取得高分的学生只有短期收益。换句话说，即使是表现最好的学生也只是"学会了应付考试"。

最令学习专家惊讶的是第三组，既收到书面意见（形成性反馈）又收到考试成绩（总结性反馈）的学生没有从形成性反馈中获益，因为分数抵消了形成性反馈的优势。

科沃德教授又举起双手，摸了摸脸。"我们不是狗。如果我们想学习，我们就需要反馈。而分数会干扰反馈，科沃德整个学期都在利用各种难题"挑战"他的学生。他不指定教科书，也从来不告诉他们期末考试的内容。他给予学生学习的权力，让他们掌握这门学科，像数学家一样思考。他用棘手的问题和看似矛盾的问题来吸引他们，当他们思考并解出最具挑战性的数学难题后，科沃德会对他们进行奖励。他尊重学生，认为学生学习是为了自己，为了自己的未来。他不会为了监督他们完成家庭作业而进行突击测验。相反，他把他们当成成年人、自主学习者，认为他们上这门课不是为了获得分数，而是为了理解数学的基本原理，以及如何将这些原理应用于其他学习中。他遵从传统的、以学生为中心的学习原则，这些原则至少可以追溯到约翰·杜威时期：让学生掌控自己的学习过程；让他们分组工作；鼓励他们评估自己所学知识的有效性；让他们反思所学到的东西，以及为什么这些知识在其他情况下会很重要；让他们互相教导；当他们陷入困境时，给予战略性的帮助；当他们进步时，让开道路；认可他们的成就。

他曾因教学方法非常规而受到训斥。从没有人见过这么多学生涌向数学 1A 课堂。人们开始怀疑他教学的严谨性和内容，似乎学生们不可能对一门高要求的课程那么感兴趣，因为那是数学。他的学生在期末考试中取得与其他教师的 1A 课程学生一样高或更高的分数，不能因为课程对于他的学生来说"简单"而忽视他广受欢迎这一事实。但系里没有对他的方法感到好奇甚至赞赏，反而警告他不要太偏离"规范"。面对批评，他更加努力地工作以确保他的学生有所收获。他把自己的手机号码给了学生，欢迎学生遇到问题时打电话给他。他仔细地解释基本原则，而且鼓励他们自学这些原则，包括互相教导，用更难的问题挑战自己。当他又一次开设数学入门课程时，更多的学生报名参加了他的课程。许多没能抢上课的学生也会为了学习来旁听。

"如果一位教师的学生评分是系里最高的，而且学生在后续的课程中表现得更好，教师的观察报告都说'在讲课、演示和吸引学生方面具有非凡的技能'，那么遵守系里的规范又有什么意义呢？"科沃德总结了数学系对他教学方法的质疑："简而言之：不要让我们难堪。如果你让我们难堪，我们就炒了你。"

科沃德的书房中摆放着宜家的实用家具，只有两幅画挂在朴素的墙壁上。其中一幅是穆罕默德·阿里的照片。在比赛前，他穿着拳击短裤，在镜子前练习拳击。镜子上方是阿里以前战斗的海报。"冠军是由他们内心深处的渴望、梦想和愿景组成的，"旁边写道。"他们必须有技能和意志。且意志必须强于技能。"

另一面墙上是史蒂夫·乔布斯的海报。上面写着他去世前不久在斯坦福大学毕业典礼上那句经典的话："生命有限"。最后一句忠告是："求贤若渴，虚心若愚。"

"几个月前，我开始疯狂购物，给我的学生买一些鼓舞人心的海报，但事实证明，我自己也需要它们，"科沃德教授低声说。

2016 年是艰难的一年。在数学 1A 课程结束后的一个月，学生们收到了这门课的最终成绩，科沃德也收到了解雇通知书。他在伯克利当数学教师的日子结束了。在他的 Facebook 上，学生们与他道别，那道别温暖而催人泪下，带着一丝他再也回不到伯克利的忧伤。

我们经常听到有人感叹，美国正面临一场严峻的 STEM 危机。在全国范围内，只有不到四分之一的高中毕业生表示他们想在大学学习 STEM 专业。而大多数这样的学生在大二起转入了非 STEM 专业。无论是想成为一名医生、护士还是工程师，数学入门课的低分都很有可能是他们追梦路上的一道坎。我国很多大学都限制打算毕业后从事 STEM 职业的学生人数，对这部分学生的数学入门课程及有机化学课程成绩都有很高的要求。在这样的结构下，甚至不知道如何对待像亚历山大·科沃德这样的"超级明星"教师，他教授的入门课——通常被称为"挂科"课——让数百名学生充满兴奋和期待。

让我们再次回归建立研究型大学的初衷以及经过精心设计的基础设施，旨在为一系列新兴或不断发展的领域提供专业化和资格认证的途径。我们在当今大多数院校的金字塔结构中都看到了这一点，一个逐渐向专业化、学科化和职前知识过渡的广阔基础。要想在某些专业领域（如电子工程或分子生物学）获得一席之地，就必须在入门课程中取得高分。这些入门课与未来的职业相关，只要没有获得 A，哪怕只是 B+，都意味着不及格。在规模较大的大学，入门课往往由只签了一年合同的新教授、低收入教师或兼职教师教学。有时候是著名教授每周授课，但研究生负责讨论课（包括论文评分和考试）。这些课程通常会选拔出最优秀的学生，并决定哪个学生能进入高级的、专业的、学科和职前学习中。通常，高级的课程规模会小得多，有时会对系里的高级成员进行个别辅导。毕业于该领域的顶尖学生可能会决定是在研究生院或专业学校从事更专业的工作，还是在导师的专业领域里继续深造。

通常，大型的入门课程系里都会进行统一的期末考试，通过的比例或获得 A 的比例由系里统一规定。如果在数学上取得优异成绩的人太多，学校将调整其他 STEM 专业的入学人数。这意味着，如果太多的学生在标准化考试中取得了好成绩，那么系里要么会增加考试难度，要么会改变评分曲线。如果目标是提高专业化和职业化程度，那么这个系统还是有效的；如果目标是扩大领域范围或解决 STEM 教育的不足，这个系统的效果将适得其反。

如果教授想让每个学生比刚开始学习时更好地理解一门课程，那这样的系统是行不通的，这也是科沃德的困境。他不太关心像数学 1A 这样的大型入门课背后的制度或历史原因。他热爱数学，深知任何人想在学校或社会生存下去，数学学习都很重要。在教 1A 数学的时间里，他努力工作，把大量的时间花在与学生相处上。他不在乎他们的成绩（尽管他的学生期末考试都考得很好）。他致力于确保每一个想学基础数学的学生都能真正学会。他想让学生学会像数学家一样思考问题。如果他的学生也能在考试中拿到 A，他会高兴，但对于他来说，好成绩是次要的，实现教数学的目的是第一位的，他想教学生——教很多学生。

等级的评价、判断、评估和断定不及格的手段——包括钟形曲线、分数和标准化考试——在 19 世纪得到了充分的发展，正在读这本书的你并不会对此感到惊讶。艾略特和他的同事们很快就将所有这些具有创新性、被认为是科学的评估方法吸收到新教育中了。这是工业时代的另一种创造，旨在重塑形成性反馈的悠久传统（诚然，有时需要通过转变才能实现）。目前仍在使用的评估成绩的方法就是工厂和全新的装配线用来量化生产力的方法。

19 世纪的科学家弗朗西斯·高尔顿爵士创造了现代统计学，发展了现在人们熟悉的标准偏差和偏离常模的概念。当应用于评分时，教师将所有学生放在一个曲线上，这样优等生、中等生和差等生就有一个特定的百分比。这是一种新的评分方法，在当时被认为是非常科学的。钟形曲线是以学校为中心开展学习的一个重要例子，因为它不以单个学生实际学习量为基础进行评估。相反，它会根据学校的目标，设置获得最高分的学生数量。例如，有一年系里可能想给前 10% 的学生授予最高荣誉（如 A）。如果第二年的资助减少或者申请者太多，这个系可能会设置钟形曲线，这样就只有前 2% 的学生能获得荣誉。这并不是说上一年的学生比这一年的学生学得多，而是优秀、及格或不及格的"标准"取决于预先设定的量，这些标准根据学校的需求而定。在这种情况下，评分的目的不是帮助学生，而是控制通过系统的学生数量。例如，某一年，可能有一些教员休假，系里就不希望太多的优等生去上高级专业课程。另一年，情况可能正好相反。在这些"科学"的措施发挥作用之前，教师根据口头考试、背诵或表现写下评论或做出判断。当然，教和学都是死记硬背的，学生仍然可能不及格，但不及格不应该是预先设定好的（所谓的"常模参照"），也不应该根据预先确定的百分比来决定。

为了证明钟形曲线的有效性，高尔顿在 19 世纪 90 年代发明了"豆机"，在"豆机"里，小球会落入交错排列的网格中。球从滑道上掉下来，落入不同的隔间里——呈钟形曲线（或高斯曲线）分布，落在顶点的最少，在最低点的也很少，在侧面的较多。在高尔顿的"豆机"中，以不同方式移动杠杆即可调整曲线，从而确定有多少球能进入顶部。学生最终会得到一个看似客观的"分数"或"等级"，但曲线的开放程度或封闭程度是由设定标准的个人或机构决定的。

高尔顿的豆子计数（字面意思）看起来可能是中立而科学的——直到人们得知，除此之外他还是一个狂热的优生学家。他认为英国贵族在基因上更优越，所以英国政府应该资助上层阶级生育，禁止穷人和工人阶级生育。他想用钟形曲线和豆机对智力进行科学评级，以支持他关于谁会或不会改善人类曲线的理论。

钟形曲线也有建设性的作用，它可以考查学生和教授的表现。如果使用得当，钟形曲线可以帮助学校一眼看出谁做得好，谁做得差。如果每一位教师都给同一群学生做同样的测试，而且以同样的标准进行打分，那么学校就能清楚地看到，是否有哪位教授的学生没有按照比例地拿到了高分。这样学生的分数改变了曲线分布；它们在视觉上破坏了曲线。钟形曲线本身也可以成为一个目标，那样的话获得高分就成了目标，而不会考虑分数所代表的卓越。钟形曲线很容易变成一个发泄偏见的工具。我们知道成绩与培训相关，美国公共教育由本地政府部门资助。由于经济状况不同，各地的资助额相差较大。因此，人们很容易认为得高分就是好学生，而不会想到这些得高分的学生在最富裕的地区上学。钟形曲线本身并不糟糕，但重要的是要认识到，即使是看似客观的评估系统也带有个人主观的看法，包括关于价值观、财富和人性的假设，以及对智力的定义，如先天特征和人们通过教育提高、改善学习的能力。

与评分不同，等级评价的兴起包含着未必真实的故事，这些故事有一些我们不大熟知的内容。我们并不清楚最早的字母和数字评分是何人、何事、何时、何地、为什么以及如何产生的，这段历史有很多民间传说。等级评价这个词似乎由这样一种想法而来，即在组装过程中"不达标"的产品会从倾斜的传送带上掉下来，而学生不会。

有人指出，第一个使用等级评价的人，是剑桥大学的一位英国教授威廉姆·法里什，他在1792年决定给学生的演讲评论打等级评分或者打数字评分。还有人认为耶鲁大学校长埃兹拉·斯蒂尔斯是第一个使用等级评价的人，这位学识渊博的学者在面向全体学生的就职演说中用了希伯来语、阿拉伯语和阿拉姆语3种语言。1785年，斯蒂尔斯亲自给耶鲁大学58名高年级学生打分："20个一等，16个二等，12个三等，10个末等。"

等级评价这个词在早期的教育中还有一个用法。"分级制""年龄分级制"或"分级"学校兴起于19世纪30年代，并成为人们追求的教育目标。越来越多的学校根据孩子的实际年龄进行分级，义务教育公立学校法律开始规定孩子的入学年龄。那时，把相似的东西放在一起几乎成了一种时尚。例如，鸡蛋开始按照统一的尺寸（"A级"鸡蛋）进行排列、分级和销售。不过，孩子不是鸡蛋，所以他们是按年龄分类的，而不是身高或体重。根据出生日期进行分类简化了之前的大量因素，使之成为孩子是否做好上学准备的衡量指标，而非按能力、兴趣或情感成熟度来对孩子进行分类。这样，一个孩子可能与其他符合任一标准的学生一起上学。

19世纪末，教育工作者开始尝试用字母评分来表示学生的学习成果。1897年，第一个建立并实施字母评分制的高等教育学校是曼荷莲学院。这是美国第一所女子学院，它为了将现代女性教育推向现代化的前沿而采取了这种评分制。19世纪末，耶鲁大学、哈佛大学、威廉与玛丽学院等大学也尝试适用不同的方法使书面评分和评价"标准化"，它们想通过一个单一的标准来衡量学生在一个学期所学的内容。哈佛大学尝试了20分制，后来又尝试了100分制。威廉与玛丽学院将评价标准从优秀到不及格分了4个等级。

曼荷莲学院的做法引起了争议。有趣的是，这个争议并不是讨论将手写的话语式的反馈简化为简单的总结性字母等级是否明智，争论的焦点是代表不及格的E。虽然A、B、C、D没有参考价值，但人们担心的是，不及格的学生会不会把E解释为"Excellent"（优秀）

或"Effort"（努力）来哄骗家长。不及格等级一定要意思明确，不能有模棱两可的余地。因此，曼荷莲学院采用了F，这来自盎格鲁－诺曼语中"faile"一词，意思是无效、没发生或失败。其他学校也纷纷效仿。

在曼荷莲学院采用等级评价不久后，伊利诺伊大学农业教授赫伯特·芒福德就将等级概念引入美国肉类加工业协会。然而，肉类包装商担心，很难将牛里脊肉或肩胛肉的好坏简单地用A，B，C，D或F来衡量。因此，从一开始，他们就坚持把肉类检查员的书面意见与每一块肉的等级写在一起。这就是我们现在所说的"元数据"会伴随每一块不同等级的肉。

奇怪的是，教育者毫不犹豫地就将等级应用于学生的学习了。他们很快采取了各种标准的评估方法，将复杂的智力、才能和成就的标准降低为一个字母或一个数字。

不同形式的测试有着与钟形曲线和等级评价一样复杂的历史，也有令人讨厌的因素。在某些方面，智商测试的发展十分典型，尽管也是最麻烦的。1904年，受法国公共教育部委托，心理学家阿尔弗雷德·比奈和西奥多·西蒙设计了一些测试，用于识别和判断在学习法语课程方面有困难的儿童。他们测试的内容为"智力"，并谨慎地根据以往这个词语的意义来定义它，即认知能力、远见或资质。比奈－西蒙测试并不是为了测定某种固定的生物属性，而是为了帮助教师提高学生的学习成绩。

比奈的观点并没有得到重视。在1911年，他去世后不到一年，其他心理学家设计了一些等式，可以计算出比奈－西蒙测验中分数与年龄的关系，从而得出"智商"的值。第一次世界大战期间，美国心理学协会主席罗伯特·耶克斯和著名行为心理学家爱德华·李·桑代克运用新的智商测试方式对100多万名新兵进行了智商测试，以选拔智商高的人来担任军官。这些优生学家认为不同种族都具有各自与生俱来的智力。他们认为智商测试支持这样一种观念，即犹太人、意大利人、爱尔兰人、东欧人和非裔美国人在智力上不如讲英语的盎格鲁－撒克逊土著。这些测试方式也被美国移民局采用，并促成了1924年排他性的《移民限制法案》的通过。奇怪的是，同样被认为是客观、科学的种族和民族分类测试，却不得不根据性别重新校准和加权。人们总认为女性不如男性聪明，但出乎意料的是，她们在智商测试中表现得和男性一样好。

1913年，教育家芬克尔斯坦开始意识到，之前对所有人的评价是深思熟虑且具有说明性的，而现在评价正被简化为考试分数、字母等级、数字和统计平均值等形式。他毫不留情地批评了这些新做法。他批评分数评价的缺失性，这次批评也预示着分数评价即将受到现代社会的大范围谴责，包括巴特勒和科沃德的批评。芬克尔斯坦认为，标准化评分让我们误以为它代表了真实、重要、客观、全面、科学和正确。正如他所说，"无论是数字还是字母……人们对评分系统可靠性的盲目信任令人惊讶。"芬克尔斯坦想知道，人类的思维——混乱、公正、微妙、前后矛盾、不断变化，最重要的是复杂——如何能被简化为一个数字或一个字母，就像在传送带上移动的鸡蛋、牛里脊肉或汽车零部件一样。他抗议说，所有这些形式的总结性评估都把知识作为一个分数，而非一个终身学习的过程。芬克尔斯坦想知道，如何使分数既有意义又实现公平——或者如何启发人们的深层理解？

艾略特也被所谓的"科学"字母评分系统诱惑。作为一名年轻的化学教师，他已经从背诵和演讲转为开创实验室的教学模式，并采用了演绎和归纳的科学方法。他是第一批放弃传统的口试而选择笔试的哈佛大学教师之一。担任哈佛大学校长期间，他推动了专业化、职业化和资格认证变革，这与那个时代的各种评分和标准化考试的动机是一脉相承的。19世纪70年代，在他的任期内，哈佛大学尝试了用百分制评分系统对学生进行评估，在19世纪80年代，似乎出现了一个简单但未完善的字母评分实验系统。在19世纪90年代，百分制排名采用了一种"区别绩效"的特殊分类法。艾略特是一个典型的现代化者，他想把泰勒主义的科学劳动管理理论（专为大批量生产和流水线设计）转变为全新现代大学的科学学习理论，这样的雄心促使他推动了这些变革。

与智商测试的历史相比，标准化大学入学考试争议较少，但它们的影响依旧深远，尤其是在被称为"基于责任的"标准的运动，有时也被称为"以结果为导向的"教育中。高中教师在暗暗地为学生考大学做准备，小学教师在为学生的中学考试做准备，这项在1925年成为学习能力倾向测验的考试对美国乃至世界范围内的现代教育都产生了深远的影响。

我们知道，1914年弗雷德里克·J.凯利在堪萨斯州立师范学院发表了论文《教师评分体系的可变性和标准化》，提倡以单选题的方式进行考试。他提倡这个方法有以下几个原因。首先，师资短缺，这种方法使未经训练的人也能有效地进行评分，他们只需要把评分表放在试卷上，标出正确的答案，就为教师节省了时间。其次，他认为标准化测试可以对基本技能做出判断。这将结束"可变性"（主观判断），因为每个测试问题只有一个正确答案，这种方法也可以衡量学校和教师如何提高所谓"低阶的人"的"低阶思维"。

随着美国中等教育的普及和大批移民的涌入，在教师短缺的情况下，为了加快评分速度，学校引入了堪萨斯州凯利无声阅读测试。不到10年，美国大学入学考试委员会也以凯利高效且简化的考试形式作为SAT基础。就像那个时代生产T型车一样，知识是标准化的，评分是自动化的，评估是总结性的。纵观当代教育，从幼儿园到研究生院和专业学院，情况依然如此。我们可以称它为高标准，更确切地讲，可以称之为标准化。这是那个时代遗留下来的，标准化在当时是科学的、全新的和令人兴奋的。

像科沃德这种对钟形曲线、分数、标准化测试方法或应试教育几乎毫无贡献的教育者十分少见。他只关心学生和数学。他是一个有说服力的人，喜欢强调将数学背后的逻辑能应用于生活的各个领域。微积分是对变化的研究，几何是对形状的研究，代数（所有数学的基础）是对符号及其操作的研究。明确这些基本原则对现在的所有职业——无论是报告机器生产率的工人、分析销售报告的中层经理，阅读 CT 扫描的 x 射线技术人员，或者一个试图理解当局就话题引用的可视化数据、统计和调查的普通公民都是必要的。科沃德认为，在这所或许称得上是世界最好的公立大学里，他的想法就是异端邪说，他认为顶尖数学系教授的基本工作是帮助优秀的学生学习。他相信在许多专业都要求的入门数学课上尽可能地维持高标准，并使用形成性反馈，让学生真正学会这门学科，这是一种公益事业。除此之外，他还创造条件，使学生们学会像数学家一样思考甚至成为数学家。

伯克利是一所知名公立大学，或许可以说是最好的公立大学。因此，进入伯克利学习也极其困难。这是一所出了名的高要求大学，它的学生深造率和毕业率超过了 90%，与常春藤盟校相当。伯克利对卓越的追求堪称传奇，但在这种背景下，依然很难见到像科沃德数学 1A 课堂上那种鼓舞人心的教学。

科沃德宣称，2014 年，部门领导曾要求他调整教学方法，建议他更多地遵循其他教授的教学方式。用学生的话说，他们上这门课并不仅仅是因为它有趣或简单，是一门"核心"课程，还因为可以在考试中取得好成绩，而且把在课上学到的东西都记了下来并加以应用。数学系观察了科沃德数学 1A 课程的学生，并在接下来的一个学期记录了他们在数学 1B 课程中的表现，同时将他们与另一位讲授数学 1A 课程的教授的学生进行比较。事实证明，科沃德的学生在 1B 课程上取得的成绩比其他教授的学生要好，虽然差距不大，但从统计学上还是可以看出来。根据鲁斯·巴特勒的学习理论，形成性反馈可以长期发挥效果。科沃德相信，他给予学生认真的、鼓励性反馈，会对他们课程之外的数学记忆能力产生影响。

如果一门入门课程在大多数大学里都令人畏惧，尤其是像基础数学这样重要的课程，但某所大学的学生们却感兴趣，难道我们不想知道其中的秘密吗？科沃德做了什么别人没有做的事？别人能从他的教学方法中学到什么？他的教学方法是独一无二的，还是可供其他人借鉴的？鉴于科沃德的成功，人们可能会认为，在他的系里甚至学校内，人们会对他的方法抱有极大的好奇心。但事实似乎并非如此。科沃德说，系主任问过他，"如果你在麦当劳有一份工作，并提出了新想法，你认为你还能在那里工作多久？"科沃德认为这不是一个有意义的问题，并且将一流的教学方法与在麦当劳工作相比，是对他的侮辱，也令他失落（数学系坚持认为，出于对隐私的保护，他们无法给出解雇科沃德的原因）。

科沃德考虑重返伯克利的同时，也在考虑其他潜在的职业选择。他在这一领域的几个朋友已经离开学术界，去了硅谷，那里有更多的赚钱机会。他的这些朋友已经对高等教育失望，感到高等教育无力挽救。但这种想法是陈腐且过时的，更无法满足如今拥有卓越计算思维的数学天才学生的需要。

数学在与数据相关的每个领域都很重要，但直到现在，人们似乎依然认为数学教学的唯一功能是培养未来的数学教授。除通过研究并发表研究成果培养数学教授外，教学内容也有严格的专业和子专业区分，且理论与应用之间分野不清。在学院之外，即使是数学、统计学、计算机科学和工程学之间的学科差别也是过时的，在现实生活中它们之间的差别也是模糊不清的。然而，在现代研究型大学中，这些专业不仅是独立的领域，甚至有时是对立的，最具声誉的是理论化和抽象化的数学，应用数学通常只能屈居次要地位。在高度专业化领域发表的同行评议科研成果对学者、院系，甚至整个大学的声誉都十分重要。

在这一点上，科沃德不确定是否值得为这所大学奋斗了。也许真正的教与学有太多的障碍。他不清楚那些在 20 多岁或 30 岁出头就已小有名气的教授，作为学者或教师，是如何发挥自己的作用的。他也不清楚拥有了更大的学科声誉体系的杰出院系是如何给学生带来成功的。

那些全职终身教授有问题吗？这类越来越罕见的人最关心的是自己的研究议程，他们只想教少数最优秀、最有毅力、最独立的学生，这样他们就可以专注于最高水平的数学研究、出版更多的研究成果，在可行的情况下，获得更多的资助，这样做有错吗？这是学校的错吗？问题的答案既是肯定的，也是否定的。当然，在传统的教学体系中，到处都存在问题，包括那些不愿改变自己方式的古板教授。但是物质因素也是这些问题出现的原因。说具体点，保持高排名无形的给所有学校都施加了巨大的压力。如果一个学校尝试了一些在该领域尚未被认可的新事物，或者如果它尝试的实验失败了（但愿不会！），那学校的排名可能会直线下降。

学校和院系的排名既珍贵又昂贵。《高等教育研究》的一项研究显示，如果一所大学想要大幅提升在《美国新闻与世界报道》发布的"最佳大学"排名中的名次，它可能需要花费数百万甚至上千万美元与排名前 20 的大学竞争。伯克利的数学系位于世界前 5 名，这令人羡慕，所以它不敢失去这个排名；这所学校的人均开支已经经历了长达 40 年的削减，想要重新爬回顶尖大学的行列给学校带来了巨大的财政压力，所以这几乎是不可能的。大学生入门课程的通过率并不影响学校的声誉，有限的资金使得开设像数学 1A 这样的"挂科"

课程更加必要，因为只有少数学生能进入由全职教授讲授的小规模、录取严格的高等数学课程。这样一来，这些全职教授就有空闲时间发表文章、履行职责、获得资助进行高度专业化的研究，进而保持学校的排名。伯克利的全部运营费用中，只有12%由州政府资助，剩下的运营费只能来自学费和外部资助——通常是学术研究的赞助费或拨款。但在竞争激烈的科学领域，获得资助的概率往往不会超过5%或6%。为了获得这些资助，教授们可能会为自己争取，称是自己夜以继日的同行评议研究使伯克利的数学系的世界排名进入了前5名。

他们并没有夸大其词。人们总把教授与懒惰联系在一起，他们认为教授每周只教4~6小时的课，每年暑假都休息。但实际上并不是，每一项对教授劳动时间的研究都表明，他们是所有行业中最勤奋的一批人。教授每进行一次新的研究，报告的工作量都会增加。目前，教师平均每周工作量为61小时。不论是工作日还是周末，他们每天都工作10小时，包括暑假在内。教授的工作时间比副教授和助理教授都长。他们大约40%的时间花在教学上，这意味着除去研究和大学服务等必要组成部分，教学本身就基本算是一份全职工作了。而且这是一个孤独的职业：无论是在学校还是在家里，大多数教师都是独自一人工作。一位人类学家对教师的工作进行了一项研究，他将自己的研究成果命名为"学者漫长而孤独的工作。"

由于高等教育的整体生态系统不允许，因此，即使教授们教学任务重，并投入了很多时间，好的教学成果也不会获得像（要求的）可衡量的"产出"那样的奖励，这些"产出"是指同行评议的文章、书籍、专业论文、助学金以及对同行文章的"引用"。大学会对这些"产出"进行衡量和记录，这是将智力价值降低到标准化指标的另一个例子。来谈谈创新的阻碍！从艾略特时代现代美国研究型大学诞生开始，教和学就不是大学的中心任务了。从结构上讲，让更多的学生理解甚至热爱数学，并不是世界知名数学系的目标。标准的制订、衡量、评估和排名才是学校关注的，因为这些可以留住优秀学生和优秀教师。可衡量的标准与声誉、排名和认证有关。这种方法还涉及专业知识的复制。伯克利等精英大学的全职教授认为，他们的最高使命是让学生为成为伯克利等精英大学的全职教授做好准备。排名并不是为了看哪些学生数学1A不及格，而是去了解有多少数学专业的学生进入了研究生院，以及他们在哪里就读。

我在写这篇文章时，科沃德在伯克利校园中心的言论自由运动咖啡馆开设了非正式数学课，继续免费教授数学。他已经开始与学生导师签约，帮助他们的学生学习数学。到目前为止，已有近50名学生对此表现出兴趣。他还在优达学城在线学习编程课程，现在每天都在为自己创建的公司编程，创建公司的认证系统，这个系统可以帮助学生确认他们在传统教育之外学到的东西。他创办的新公司和他在言论自由运动咖啡馆所做的辅导一样，都是为了引导人们了解自己所知道的东西，为他们提供世界上尽可能有价值的建议，并提供一个平台，让人们可以根据平台判断自己的所知是否有效。"这里不打分，"他说。

高等教育中的一切都是打分的：学生、教授、院系、学校。如果说扼杀美国企业中潜在的创新者和冒险家的元凶是要求展示向上趋势的平衡和短期收益的季度股东大会，那么在高等教育领域这样的元凶就是包括排名在内的认证。卡耐基高校分类法一方面确保了质量，但另一方面也阻碍了实验的进行。在卡耐基高校分类法框架下，美国将每一所高校都按照教育和研究的目的，划入可比较的类别。所有与评审、认证和排名相关的数据都可以在国家教育统计中心综合高等教育数据系统中找到，这个系统有一个令人畏惧的名字——"美国综合高等教育数据系统"。它会记录高校所有的退步，并公示在公共网站上。

在学校内，学生的排名由成绩决定。在校外或是跨学校的情况下，学生的排名由考试分数决定，表面上这是为了在全国范围内对学生的优秀程度做出一个明确的衡量。根据不同的标准，院校之间也会进行排名，包括教员的研究效率（主要是同行评议的出版物）、教员和博士后研究生获得的资助、专业奖项，以及研究生终身职位的安排。排名过程的每一部分都受到认证机构的监督，其中大部分是在艾略特时代建立的，艾略特把这些作为高等教育专业化的一部分。

所有标准的重中之重是：选拔性。对于大多数院校来说，选拔性以学生个人的成绩和考试分数为依据。为了进入最好的学校，学生必须在考试中取得最好的成绩。为了成为最好的学校，大学必须选拔出成绩最好的学生。

现行评估制度的循环性促进了评估的专门化。学术专家决定应该在哪些领域和子领域进行考试，考试专家设计考试，从幼儿园到高中的教师设计意义重大的标准化期末测试。这些测试与国家测试，如 SAT 的标准一脉相承。招生负责人会挑选在这些测试中表现最好的学生。从字面和隐喻的意义上来说，这种选拔把创新挤到了课堂之外：如果不在大型标准化考试范围内，教学内容不大可能进入核心课程要求。

如果学校声誉直接或间接地建立在学生总结性考试成绩的基础上，那么，为了让学生取得尽可能高的分数，改革教学内容和方式就要以符合考试要求的标准进行。但是，我们知道这会使学习变得无效和形式化。如果你想让学生以一种恰当的、有用的形式来记住知识，而不是通过考试，那么应试教育是最糟糕的方式，因为应试教育把教育过程打磨成了简化的完美。

所幸学校还有其他选择。以汉普郡学院为例。2014年，汉普郡学院做了一件看起来不可思议的事：彻底废除了分数和标准化考试。教师和管理人员决定，根据各种各样的整体因素来选拔学生，创造一种大家一起学习、创新和共同成长的环境。

这一决定具有历史意义。汉普郡学院是第一所拒绝接受SAT或ACT成绩的高校。它不仅使这些考试成为备选，甚至完全不考虑这些考试，不会看它们一眼，更不会记录下来，招生过程的每一环节都无关考试成绩。

汉普郡学院位于马萨诸塞州的阿姆赫斯特，处于教育资源丰富的新英格兰地区，靠近阿姆赫斯特学院、史密斯学院、曼荷莲学院和马萨诸塞州立大学阿姆赫斯特分校。汉普郡学院成立于1970年，是"五大"之一，从一开始，它就是一个实验创新型学校。汉普郡学院的教师不会给学生的课程打分，而是给予他们大篇幅的叙述性评价。那里的学生毕业时没有平均绩点，但依然受到雇主、研究生院和专业学院的热烈欢迎。

汉普郡学院经常引领潮流。但是，选择拒绝接受SAT或ACT成绩也带来了一定的影响。汉普郡学院校长乔纳森·拉什在提出拒绝SAT或ACT成绩一个月后公开发表声明，"在本月《美国新闻与世界报道》公布的"最佳大学"排名中，你找不到我们学校了……我们达不到《美国新闻与世界报道》所依据的排名标准，被踢出了名单。但我们不在乎。"

汉普郡学院被排名机构排除在外后发生了什么？"收益"（接受汉普郡录取通知的学生比例）从18%提高到了26%，这是第一个令人惊讶的结果，令所有人都感到意外。拉什校长认为，汉普郡学院提高了申请难度，对论文提出了更多的要求，而不再通过一个可重复的标准化考试分数来代替学生的实际质量，这样可以更有效地接触想要的学生。因此，申请程序减少了，学生质量提高了，"收益"也提高了——管理申请程序的成本降低了。

不仅如此，学生的多样性（参照标准教育报告）也增加了21%，第一代学生和低收入家庭学生的比例也增加了。汉普郡学院的教育家从理论角度分析，SAT分数与考前准备的巨大开销（在昂贵的学区或卡普兰等课外机构上学）紧密相关，学生在没有SAT成绩帮助的情况下展现自己，可能会展现出其他惊人的天赋、技能和成就，这些无关财富，而是创意和"勇气"。汉普郡学院的招生负责人也相信，新系统更能帮助学院找到那种独立、奋进的学生。汉普郡学院在取消标准化入学考试之前，对过去和现在的学生进行了调查，发现他们中没有一个人在申请汉普郡学院之前参考过《美国新闻与世界报道》公布的"最佳大学"的排名。

做出这一决定的几年后，拉什校长和汉普郡学院的师生们仍然对这一结果感到满意。最近一项对申请者的调查显示，他们认为汉普郡学院拥有全国最人性化、最有趣的申请系统（显然，其中也会有毛遂自荐的成分）。设计这个系统是为了让学生在申请大学的过程中反思上大学的目的，这也是一种学习经历。拉什校长坚称，汉普郡学院仍然"坚定地致力于"实现自己的战略，而且学生和家长常常夸赞学校对 SAT 考试的立场。他确信申请者更优秀，"汉普郡学院的独特之处使申请者更倾心于汉普郡学院。"

汉普郡学院一心致力于学生的发展。虽然只有 1400 名本科生，但继续攻读博士的学生数量却排在前世界 1%。超过 50% 的毕业生选择攻读研究生学位。

我们都希望汉普郡学院大胆的尝试不是一次性的，而是能成为一种趋势，开启一种更好的新方式。至少，这所学校践行了它的座右铭："求学不可不求甚解。"

大胆的创新促使这个规模小、历史短、非传统的私立学校引领高等教育改革。对于像汉普郡学院这样的学校来说，实施大规模改革更容易，因为它可以从小规模开始，逐步推广。但是，如果最大规模的公立学校也能抵制分数和标准化的统治，那会怎么样呢？堪萨斯州曼哈顿的米多拉克退休社区有人提出了这个问题。

今天刚好是"塔可日"。"一下课你的派对就得开始，"接待员告诉我。她指着餐厅另一端、自助餐线的后面那张铺着洁白亚麻桌布的大圆桌。"学生们通常和其他居民坐在一起，但今天他们为你的来访预订了一张桌子。"

在米多拉克餐厅，很多人都穿着紫色的衣服。在曼哈顿，很多人都这样做。这是堪萨斯州立大学野猫队的应援色。这所大学在这座城市拥有重要地位，居民们都愿意支持它。几乎所有居民或曾就读于堪萨斯州立大学，或与某位上过这所大学的人存在某种联系，甚至去了与这所大学相互竞争的对手学校的居民也对此十分敬畏。社会、知识和文化生活——包括这个城市的交通模式在内的一切——都有这所大学的影子。

我来这里是为了采访一个学生，他曾上过一门叫作"老龄化人类学：数字人类学"的课程。我在寻找替代大型讲座的方式，因为这些讲座就像失败的工厂、对分数着迷的院系、决心削减成本的学校，早已忘了只有将下一代培养成负责、善于独立思考、专注和智慧的人，才可以应对复杂又令人困惑的未来。

这是个大工程。虽然汉普郡学院 50 年前建校时就追求以学生为中心的教学原则，但像汉普郡学院这样小规模的学校也承担不起整个未来。

这也是我访问堪萨斯州立大学的原因。这是一所与汉普郡学院截然不同的大学，也和像伯克利这样的知名且选拔严格的大型公立大学截然不同。堪萨斯州立大学实际上是开放招生的，会录取 97% 的申请者。这里有 21000 多名本科生，大部分来自本州，他们每年的学费不到 1 万美元，比很多州立大学都低，但却是本校历年来收取学费的最高值。堪萨斯州的曼哈顿给人一种乡村的感觉———一种生气勃勃、积极进取的亲切感。堪萨斯州立大学的毕业率与大部分纽约市立大学的毕业率接近，四年制学生的毕业率在 25% 左右。如果你知道这里的普通学生和许多大型公立大学的学生一样，在就读期间至少从事一份全职或几份兼职工作，你可能就不觉得毕业率低了。

迈克·卫希是"老龄化人类学：数字人类学"课程的教师，也是堪萨斯州乃至全美国最著名的教授。他曾获得了卡内基基金会授予的"2008 年年度教授"的称号，这是为促进教学而颁发的奖项，也是学术界的普利策奖，用来激励本科生教师。卫希因为他的课程和 YouTube 上关于高等教育的视频而出名，这些视频的浏览量已经超过 1000 万次。

我最喜欢的视频"今日学生愿景"已经有超过 500 万的浏览量。视频的开头呈现的是空荡荡的演讲厅入口，画面充满颗粒感，黑白色调，略显阴森。这里引用了马歇尔·麦克卢汉的一句话："今天的孩子如果回到 19 世纪会感到困惑，那时的教育环境和如今一样，稀缺的信息按照碎片化的分类模式、科目和时间表来组织和排列。"

这就是我们从艾略特时代继承的大学。1967 年，麦克卢汉知道这样的大学与他的世界格格不入。从那以后，情况发生了很大变化。除了在正规教育中，标准化课程也将青年变得消极和恐惧，虽然这些标准化课程提供标准化的答案，帮助学生在标准化测试中取得好成绩，但这些测试对他们毕业后的生活并没有什么用。

在这个连烤面包机都在收集数据的时代，在所有地方的正规教育中，我们仍在以 1914 年的方式收集学生学习和成就的数据。今天的学生很幸运，不再需要卡钳测量头骨，也能计数和诊断他们头上的肿块。总有一天，我们现在评估学习的标准化方法会像颅相学一样被扔进伪科学的历史垃圾堆。

卫希教授课上的 200 名学生不仅观看了"今日学生愿景"，他们还是制作人。他们没有参加测试，也没有写学期论文，而是一起完成了这个长达一个学期的课堂合作项目。在这段视频中，镜头转向一个传统的、死气沉沉的演讲厅。学生们坐在座位上，面朝前方的黑板，黑板上写着一个问题："如果这些墙能说话，它们会说什么？"学生们并没有回答，而是在纸上潦草地写出答案。他们的表情很严肃。"18% 的教师知道我的名字，"一张纸上写道。"我完成了 49% 的指定阅读任务，"另一个学生说。"我买了几百块的课本，但从没读过。""我的邻居付了学费却不来上课。"这些黯淡的陈述加在一起，大致反映了当今美国高等教育的状况。更鼓舞人心的是这个视频的幕后故事。卫希教授要求学生们齐心协力，把这个庞大的课堂变成一个视频制作公司。他们以不同的形式进行研究，从书籍、文章、档案中找答案，利用数据分析、社会科学调查方法和人种志访谈等，使用数字工具来记录和共享他们的数据集，并且学会了如何集体编写脚本、拍摄、剪辑、发布并向公众宣传。

这是一门什么课？人类学？商学？数据分析？研究方法？电影制作？数字素养课程？以上都有涉及。在这门课上，学生需要掌握以上所有技能并学习如何合作管理一个项目，从萌生想法到实现再到分享，制作出有说服力的故事，从拍摄、编辑、发布，再到在世界范围内传播。其中一名学生举着一张纸条告诉我们，他们对不断演变的剧本"今日学生愿景"进行了 367 次编辑。

这些学生毕业后将从事什么工作？他们不知道。但这段经历带给他们的收获和影响远远超过他们在传统课堂学到的东西。

卫希的一个学生，乔丹·托马斯，完成课程后休学了一年，从堪萨斯州骑行到哥伦比亚。他计划靠骑自行车和搭便车独自一人去南美旅行，人们知道他的计划后都认为他疯了。

"我没有疯。我只是有一些疑问，"他喜欢这样说。回到家后，他与人合作拍摄了一段视频，记录自己的这段经历，名为"活在这个世界上"，并在巴黎的一个国际电影节上播放。他去新墨西哥州的陶斯住了一段时间，在陶斯普韦布洛印第安人社区生活和研究传统的农业实践。然后他回到堪萨斯州完成学位，并申请了马歇尔奖学金，用于在牛津大学学习食物替代系统及其可持续性。2015 年，他获得了这项来之不易的国际知名奖学金。休学的这一年带给他的是一份令人垂涎的奖学金，以及一系列能让他走得更远的技能。

乔丹是卫希的学生，但卫希自豪地笑着说："乔丹是我的老师。"老师将自己看成学生，以学生为师，用保罗·弗莱雷的名言来说，这就是以学生为中心的学习。

在墨西哥餐吧，我盛了满满一盘吃的，在餐桌旁等着卫希"老龄化人类学"课程的学生。

2017 年，卫希的学生合作研发了一款电子游戏。但与大多数游戏不同的是，这款游戏有一个严肃的目的：教玩家做临终决定。这是一门高要求的课程，因为开发和设计电子游戏很困难，而且只有少数学生是计算机科学专业的。但这绝不是这些学生面临的最艰难的考验。为了注册这门课程，他们必须做一些极不寻常的事情——搬出宿舍，在米拉多克退休社区住上一个学期。

专业的人类学家把这称为参与式观察。学生们从舒适的宿舍搬了出来，和居民一起住在公寓里。他们不再谈论"紫色自豪"的足球和篮球。在这里，克里比奇纸牌和 NPR（美国国家公共电台）才是社交的热门话题。他们脱离学生生活转而研究衰老现象，日复一日地生活在老年人当中，面对痛苦、失去、悲剧、疾病、恐惧和死亡，这些老人依然带着尊严和独立与生活谈判。

我来的时候学期已经过半，学生们与米多拉克的居民建立了亲密的友谊，也完全投入研究中。他们正在对当地居民进行人种志方面的采访，以更多地了解老年人的生活。他们还在上其他的专业课程，并在多个领域进行独立研究，这些课程组成了他们在堪萨斯州的"通识教育"：老年学、病理学、心理学、神经科学、公共政策、法律、人口统计、神经药理学和现代美国医保。艾略特对专业化、学科化、职业化的高等教育最遥远的想象，也就是"老龄化人类学：数字人类学"了吧。

米多拉克退休社区是一个合适的学习场所。在这个世界上，它和卫希的高等教育课程一样激进。米多拉克的医疗服务主管安妮·皮斯告诉我，这里是老年人生活中"家庭"运动的一部分。该运动倡导以老年人为中心的生活方式，强调自主、独立，让每个居民都能在自己能力和愿望的范围内尽可能充实地生活。从广义上讲，这种方法与以学生为中心的学习方法并没有太大不同。安妮喜欢让学生住在这里，觉得自己与卫希以及学生们志趣相投。她告诉我："我们共同战斗，只不过是在生命周期的不同阶段而已。"

事实证明，与现代大学一样，典型的退休社区也起源于19世纪。退休社区起初是为老年人和贫困、精神衰弱或濒死的人提供的避难所——通常称为"闭所"。正如公共义务教育是从工厂的济贫院里发展出来的一样，养老院也是从旧的济贫院里发展出来的，这些济贫院里过去住着那些不再"有生产力"（大多数是妇女）的人，他们没有子女照料，就成了国家的监护对象。退休社区和大多数机构一样很难摆脱这些令人沮丧的起源。"我们的工作已经安排好了，正试图改变陈旧的制度设计。"皮斯说。

课程结束时，卫希会给每个学生发一份正式的成绩单，但对他们最有意义的评价其实是他写给全班学生的一封信。在这封信中，他写了每个学生对彼此、对教授、对学校、对米多拉克退休社区以及外面世界的贡献。任何分数或选择题都不能用来衡量这些学生这学期学习的所有内容。他知道，他们在这门课上花的时间可能比他们大学中任何一门课程都要多，他们对新的学科领域进行深度学习，研究专业以外的话题，并学习他们从未考虑过的技能（从统计学到编程）。

午餐时，一名叫查克的学生告诉我，皮斯有时会邀请他们就她所面对的问题发表看法。他讲了一个故事，州政府通过了一项新规定，要求在居民公寓和米多拉克的娱乐区之间安装一扇重型防火门，将居民公寓与剧院、游戏室、图书馆和一家类似于 Cheers 酒吧的酒馆隔开。有两个需要依靠轮椅的残疾人喜欢在游戏结束后到酒吧喝一杯，聊聊运动。防火门的出现使他们不得不打电话给夜班护士或看守人员，来帮助自己进入酒吧。他们觉得这是对残疾人的不尊重，因此他们希望撤掉防火门，但新的安全规定又不允许这样做。

皮斯邀请学生们参与设计解决方案。他们仔细研读规定，又反复研究从公寓到酒吧的路径。他们与这两位老人交谈、研究轮椅的构造，将心比心地感受新规定带给他们的屈辱感和对他们自尊心的伤害。然后与当地工程师合作，共同设计出一个系统。这个系统包括给轮椅安装遥控器，给重型防火门安装传感器。既赋予这两名男子自主权，又符合州政府的安全标准，米多拉克也维持了自己的标准。

查克笑着说。"我们把老板争斗放入了我们的电子游戏中——这是我们希望玩家去面对和解决的问题"。我对游戏设计稍有了解，也参与过专业游戏开发者的设计，所以他告诉了我他们正在设计的界面。即使对于专业人士来说，查克的计划也很复杂。他们的游戏包括多个可延展的角色扮演脚本，可能会涉及居民、家庭成员、未来的居民、医生、护士、管理员，或者政府监管人员。监管人员可能会中风，最终成为米多拉克的居民。老年居民可能会有一位年轻的家人因为癌症去世。作为一名玩家，你将学会同情他人，但也会感受本角色的脆弱。这个游戏和生活一样不可预测，所以很难编写脚本和程序。

午饭后，我们去了罗伯特的公寓，他也是"老龄化人类学"项目的学生。其他学生也都在那里。罗伯特和另外2位同学在熬夜为游戏起草最新的故事版本。学生们正在谈论他们的进展。通过这个项目，有些学生已经在编程代码和标记语言方面积累了丰富的经验，还有一些学生正在努力掌握HTML5的操作或利用一套软件工具提高数字动画技能。尽管他们的技能水平各不相同，但他们都在互相帮助。他们讨论老年学研究，转述居民刚刚讲述的故事，并将这些故事完美地融入游戏中，这也是他们共同成长的过程。

"是这样的，"罗伯特说，"不管你的境况如何，你都不得不面对生死抉择。即使你正在失去短期记忆，你也必须了解怎么吃药、如何填写保险单。昨晚，我们讨论了很多，如果角色的认知能力有限，而且不能做出明确的人生决定，那么他们是否应该在分数上得到关怀。我们起初认为应该这样做，然后又想这样做是否公平。如果一名律师在退休前丧失认知能力怎么办？你如何平衡这些事情呢？"

"我们计划把在米多拉克看到的所有困难都放入电子游戏中，"另一个通宵工作的同学卡尔说。"我们希望将玩家置于需要创造力和同情心的情境中。只有两者兼有才能赢得人生游戏。"

卫希班上至少有两名学生希望毕业后进入专业的电子游戏公司工作。他们都做了兼职程序员，计算机语言 HTML5，JavaScript，C++，BrowserQuest，Unreal Engine 4 就像他们的第二语言。其中一名计算机科学专业的学生想要保护玩家的数据安全和隐私，所以他关心的是如何设计软件来保证这一点。班上还有些人希望进入医疗行业，他们希望游戏中的所有内容都是由真实可靠的研究数据驱动的。两名学生告诉我，他们还不确定毕业后想做什么，但他们有信心，因为从这门课上收获很多，不论他们追求什么，这门课都为他们打下了坚实的基础。

坐在角落里的卫希教授嘴角挂着微笑。他的学生们围坐在咖啡桌旁，画出路径、十字路口、航线图，所有人都参与到讨论中，都在为游戏制作贡献自己的一份力量，他什么都不说，给学生们充分的发挥空间。正是他给予学生的自主空间，对学生自主性的欣赏，才让我们感受到他的教学力量。和科沃德等出色教授一样，他通过激发学生的信心进行教学。他创造了米多拉克退休社区实践这个无与伦比的教育体验，在这里，学生比在任何的研讨会或讲座中学到更多，毕竟在研讨会或讲座中，他是以传统的、权威的方式扮演着教授的角色。学生们从这门课程中学到的知识和经验会让他们终身受益。

讽刺的甚至悲剧的是卫希在堪萨斯州开设的令人印象深刻的课程，一个公共教育受到无情攻击的地方。现在每个大学生得到的国家资助比 2008 年减少了 21%。现在堪萨斯州立大学的学生比 2008 年从该校毕业的学生每年多支付 1500 美元的学费。教师也面临着新的财政负担和政治压力。2016 年，州长和立法者大幅削减了富人的公司税和个人所得税，造成了巨大的预算缺口。为了弥补差额，2017 年政府又削减了 1900 万美元的高等教育资金，这意味着学校服务水平的降低和师资力量的减弱。对于一所大学及其教职员工和学生来说，在这样的不利条件下进行创新，绝对称得上是一种英雄行为。

如今，变革高等教育并不容易。在科沃德、汉普郡学院和"老龄化人类学"的案例中，我们看到了变革传统大学结构的不同方式。这些变革的目标都是创造积极的、以学生为中心的学习。无论障碍是评估方法、评分系统、校外排名系统、学科划分、教室空间，还是州级的经费削减，科沃德、汉普郡学院和卫希都已脱离了为满足不复存在的社会需要而设计的标准化、僵化的专业主义。面对 150 年的传统，并不是每个人的改革都能取得成功。科沃德也顶着巨大的阻力。

我离开曼哈顿几周后，经学生们同意，卫希将他写给全班的信的复印件寄给了我。这封信有 12 页，每页都是单倍行距，这样能分辨出每个学生的评语，找出他们贡献的独特之处。卫希称赞了一名学生推进合作的独特能力；夸赞一名学生的幽默感，这推动了整个团队继续前进；还有一个学生发掘了自己以前不知道的天赋：她开始创作视觉日记，捕捉课堂上紧张的对话，每个人都在她的"思维导图"中有所收获。卫希还就每位学生可能从事的领域提出了他的建议。

"不知为何，就像所有出色的团队一样，我们团结在一起就比各部分的总和更强大，"

卫希在评价的末尾写道。"集体需要你们每个人。独自工作时，我们可能会完成一些单独的"作业"——视频、照片文章，或许还能完成一个简单的游戏——大多数东西可能已经被遗忘了。但是我们一起创造的东西一定不会忘。"

　　这些学生在米多拉克退休社区学到的东西与这所 19 世纪就建立的大学相去甚远。这门课不会帮助堪萨斯州立大学在《美国新闻与世界报道》公布的"最佳大学"排名中名列前茅，但真正重要的并不是排名或 GPA，甚至不是主修和辅修课程。卫希提供了一个学习平台。就像玩家说的那样，这是一场"老板争斗"。学生一起成长，共同探索，挑战彼此，虽然有时会失败，但令人难忘的是，他们最终会一起成功。

8 学习的未来

红屋，正如其名，是红色的屋子，但不要被它所欺骗，红屋内部正在酝酿一场革命。乔治敦大学校长约翰·迪吉欧坚信："红屋可能是高等教育中最有价值的一处房产。"

红屋是乔治敦大学乃至整个美国高等教育的革命中心，学生、教师和管理人员聚集在这里，共同规划美国高等教育的未来。没有什么想法是太宏大或太渺小的，在红屋里发生的任何事情都不会只停留在红屋里。红屋如果试验了想法的可行性，就会分享给外界，这样其他人就可以进行尝试并加以改进。乔治敦大学与亚利桑那州立大学合作，每年举办一次领导会议。在博客、文章和书籍中，新教育网络理念的支持者们交流目前的成果和失败经验，并规划下一步要解决的问题。

我在门外驻足，不确定是不是这里。除了外观是红色外，这和其他普通住宅没什么两样。它坐落在校园边缘，处于学校与城镇的交汇处，在希利大厅简朴的哥特式尖顶之外，希利大厅是国家历史纪念碑，是美国历史上最古老的天主教大学的主入口。"请进！"一个学生打开门，招了招手。他是今年住在红屋的两名学生之一，担任"学生领袖"。工资单上还有另外8名学生领袖，他们是同龄人导师，是学生、教师、社区成员与顾问之间的联络人。这是一个联络网，以红屋为中心节点，从这个核心向外扩散，联络各类事件，包括系列讲座、课题、项目、课程、工作室、实习、挑战、比赛和源于这个小屋的各种辅助课程，联络校园的每一角落、哥伦比亚特区甚至更大的世界。

我一进门就听到他们的谈话声。6名学生、工作人员和教师邀请我在大方桌旁坐下，这张方桌占据了一楼的大部分空间。屋里到处都是思维导图，白板上写满了箭头、圆圈和方框，还贴着五颜六色的便利贴，上面写着"迭代、重新组合、再处理"等词。壁炉架上挂着一个大牌子，上面写着：是的，大学可以重塑自我！旁边的墙上钉着一件T恤，上面写着：

创造未来。

负责教育的副教务长兰德尔（兰迪）·巴斯教授是红屋的负责人，有着体育教练的风范。他穿着时髦的褶皱白衬衫，解开了一颗扣子，留着修剪整齐的胡须，戴着银色耳环，给人一种友好自在的感觉。他的工作是问，"如果……会怎么样？""如果大学的教学和课程结构不受学时、学期和学术日程的限制，会怎么样？如果日程安排可以像科目一样灵活，会怎么样？如果学生可以通过能力而非考试成绩或课程作业获得部分或全部学习领域的认证，会怎么样？如果一些课程或专业与辅导、沉浸式学习体验、独立或合作项目（包括实习）结合在一起，会怎么样？如果大学4年里，学生可以通过在线学习、自主学习、传统课程和体验式学习多种方式同时攻读文学学士和文学硕士，会怎么样？

每一个"如果……会怎么样？"都是对当今大学现状的反思。对高等教育的每一个方面，巴斯都想让我们问问，它是有用、重要、支持学生未来选择的吗？还是仅用于应对过去社会紧急情况的。"如今，可行的高等教育是什么形式？"他反问道，然后又修正了他的问题："如今，唯一可行的高等教育是什么形式？"通过要求我们对"现在"进行思考，他将事物发展的抽象愿景变成了行动计划。

人们通常不会把一个有着225年历史的耶稣会机构与高等教育改革的激进领导联系在一起。迪吉欧校长不太可能成为新思想的勇士。企业科技巨头宣称大学时代已经结束，需要把我们钟爱的母校送给推翻大学的竞标者。迪吉欧校长与这些人刚好相反。推翻的目的是什么，为了什么，为了谁的利益？迪吉欧是最内行的人。在乔治敦大学获得哲学学士和博士学位后，他在乔治敦大学度过了他整个教学生涯，之后进入行政管理行业成为该校第48任校长。他是该校第一位非耶稣会校长，也是该校历史上任职时间最长的校长。

迪吉欧是当代的艾略特，他希望他所热爱的大学能领导全国范围内甚至更大规模的高校改革。除了倡议外，他还主持了高等教育未来论坛。"我们不仅仅是在努力跟上我们周围正在发生的变化，"迪吉欧说。"我们希望厘清这些变化，继续发挥领导作用，让新教育改革给每个学生带来最大的收益。"

"再捆绑"是红屋的一个重要概念。这个词与"非捆绑"运动有关。该运动始于多家智库，在州议员们为削减公共高等教育经费辩护时发挥了重要作用。例如，美国企业研究所发布了一份白皮书，声称学生不应去收费昂贵的大学，而应该从在线大学获得技能培训，并且这些在线大学不会被实体大学的"装饰"所"捆绑"。白皮书中称，教育技术可以把你的母校变成在线课程的供应商，这些在线课程由集中的营利性高科技公司创建，为学生提供认证和证书，学生不再需要支付昂贵的大学学费，也不再需要学习耗费精力的"意识形态"

课程。非捆绑的观点认为，为了实现现代化，从研究任务到体育运动，从哲学和人类学到博士课程，从指导教师到普通文科教育，都应该被我们抛弃。

红屋理念反对几乎所有的非捆绑，提倡"再捆绑"。其目标是保留现代研究型大学的优势，同时摒弃让学生难以为未来做好准备的传统特征和做法。研究经历是学习和教学的核心，因为一个定向、有指导性的研究项目——无论是学生独立完成还是团队合作完成，都可以很好地让学生学习如何厘清和探索一个主题，筛选可用的数据，确定什么是可信信息（从误导统计到"假新闻"）并分析，然后重塑目前存在的原创和已知信息，这有助于改进当前知识状态。在当今世界，研究是一项生存技能。

目前，美国大学对全国跨领域基础研究的贡献率在 50% 以上，从哲学到天体物理学都有研究。自艾略特时代起，科学研究就是大学的核心，知识行业一直秉持这一特征。红屋不但没有否认这一特征，反而更加强调研究，使其成为以学生为中心的学习的关键部分。作为一项技能，研究要求你在一条没有线路的地图上找到道路。这既是一个分析的过程，也是一个发现的过程，离不开严谨、坚韧、创新和自信。

还有 3 项原则是红屋追求创新的驱动力。首先，彻底、成功的变革必须被学校内部而非外部接纳，被那些最关心学生培养的人而非从中谋利的人所接受。第二，仅靠技术不能完全解决教育问题。你在红屋待一整天都听不到技术这个词，尽管很难想象学校一个技术项目的前负责人——巴斯，还没有开创出任何能经过评估并融入乔治敦大学教学结构中的教育技术。他知道技术就像我们呼吸的空气一样无处不在。红屋的宗旨是重新设计高等教育，这意味着利用现有的、能实现目标的最好的技术，也意味着充分理解这些技术的优缺点。

第三，或许也是最出乎意料的一条原则，是乔治敦大学等精英大学必须与拥有不同生源结构和传统的学校合作。如果目标是对学生产生终身影响，那这不是"位高则任重"的目标，而是必须完成的目标。亚利桑那州立大学和拉瓜迪亚社区大学资金不足但创新进取，它们与乔治敦大学的合作带给我们思考：什么是可能的、什么是不可能的，事物的极限在哪里等，每个人都有不同的看法。大学外的真实世界比我们精英形式的高等教育更加复杂多样。如果你在一所由精英教授教学的精英大学里，与来自精英背景的学生一起学习了 4 年，你就会错过教育的重要部分。在这样的环境中，你所看到的世界与校园外的真实世界并不一样。对于地区公立大学或社区大学的学生来说，情况也不一样，他们往往没有权力和财富。全方位的伙伴关系使来自不同背景和学校的人都能够看到他们原本看不到的视角。

巴斯和同事们最关注的一个问题是自动化。根据世界经济论坛的数据，到 2020 年，将有 710 万个人工岗位实现自动化。这对就业市场以及人类仍将从事的工作意味着什么？红屋给出的一个答案是，高等教育应该远离传统定义，如"领域""专业""传统学科"（如英语或生物）的精通程度的定义。相反，学校应该推进跨学科的深入、完整的学习、综合和分析，包括培养一项困难且越来越有必要的技能，即与专业知识和文化背景与自己截然不同的人合作的技能。这些人际交往能力是至关重要且必要的，尤其在一个由机器人驱动的世界里，误解的可能性会成倍增加。

举个例子，红屋最近关注的一个项目叫作"童年和社会的原则和挑战"。要理解这样一个主题，仅仅在一个特定的院系上一门课是不够的。它需要摒弃课程一成不变的想法——3学分，15周，每周3小时；需要在大学的各个专业领域学习，冲破校园边界。理解学生童年糟糕的部分（饥饿、校园暴力、教育保障缺失、网络欺凌和发育障碍）及丰富的可能性（玩耍，想象，学习和创造力），"教室"必须扩大到包含每个院系，加上中小学、政策智库、档案和数据存储库、社区组织、视频游戏和操场。

巴斯教授告诉我："学生们经常说，在这样的学习环境中，创造力和批判性思维都是解决问题的关键。他们培养了合作能力、同情心和抗压能力，以及在不确定情况下的应变能力。他们习惯把冒险作为创新的一个条件。许多学生表示只有这些课程可以让他们真正掌握目前研究的内容，并且这些课程可以带来长期的影响。"

红屋的再捆绑概念与狭隘的职业技能培训截然不同。所以我们不得不问：它是否能让学生适应职业生活？坦率地说：红屋的学生能找到工作吗？

肯定能。红屋的毕业生不仅能找到工作，而且能找到心仪的工作。他们分布在咨询、营养学、政策、法律援助、非营利性初创企业和营利性科技公司等各个行业。一些人在政府、教育行业和研究实验室工作；还有一些人在研究生院、医学院、法学院、工程学院或公共卫生学院继续深造。通过与当前和潜在的雇主交流，红屋顾问团队了解到，雇主很关心学生的知识面广度和冒险精神。

要改造这所大学，跨越院系、研究生院、本科院校和职业学校之间的学科分歧，实施开放且实用的教育方法的确困难重重，这是另一个问题。目前，红屋专注于设计新的课程、项目和跨学科途径，改进高等教育基础设施。巴斯开玩笑说，如果你想接受重大挑战，就从保护世界和平开始。然后，一旦有了这些成就，你就可以解决学术和财政官僚机构所真正面对的棘手问题，如"如何将本科生学费用于医学院建设"。

在过去4年里，红屋致力于让学生成为新教育革命的领导者。每年都有一小群学生在来访的建筑师安·彭德尔顿–朱莉安的带领下，以"作为设计问题的大学"的角度解决问题。这是由校长办公室赞助的一门课程，迪吉欧本人也希望学习这门课程。这门课程让学生重新思考他们在大学里的角色，并就他们对在乔治敦大学发现的问题提出可实施的解决方案。

彭德尔顿－朱利安教授身着剪裁考究的海军蓝西装，肩披象牙色围巾，她的着装与深情连巴黎人看了都会羡慕。她有着建筑师的气质。她向学生们提出挑战，让他们把无法克服的问题视为容易解决的问题。她把她的教学方法称为"实用主义想象"，并用来自建筑、计算机科学、哲学、音乐、舞蹈和天文学领域的术语和隐喻进行描述。在红屋，她基本上不说话，因为这是学生们展示作业成果的时候。这是正式的答辩，学生们亲切地称之为"棘手问题101"。他们分成了3个团队，每个成员都在为明确问题、研究问题、解决问题贡献自己的一份力量。"棘手问题"一词是全球规划者在20世纪70年代创造的，用来描述复杂的挑战。在这些挑战中，任何解决方案都必然产生后续需要解决的棘手问题。这些问题包括艾滋病、饥饿、加拿大阿尔伯塔省的森林大火、沥青、全球政治体系瓦解、世界人口混乱、煽动活动、种族主义等。陈旧的教育体系与学生未来面临的需求不匹配也是一个棘手问题。

彭德尔顿-朱利安教授尊重所谓的"设计思维"，但也指出了它的局限性，以及她的方法与之不同的地方。设计思维是一种方法论，它的支持者中最受欢迎的两位教师——斯坦福大学的比尔·伯内特和戴夫·埃文斯对它的定义最为恰当："设计师不'考虑'前进的方向，而是为自己'开辟'前进的道路"。他们的意思是，设计思考者通过设定目标、构建特定解决方案的原型对其进行测试，然后改进他们收到的反馈。即使面对最抽象而无法解决的问题，他们也经常绘制蓝图、描述因果关系。作为一个实践建筑师及学习理论家，彭德尔顿－朱利安对将复杂的过程简化为因果关系持怀疑态度，反对将"考虑"和"开辟"区别开来。有时，你可以构建的解决方案和原型会忽略更深层次的核心价值观、思想、偏见、历史、文化规范和见解，这些可能是不可见与不可建的，但是会塑造其他一切，并对你试图实施的解决方案产生巨大影响。她鼓励学生们深入学习，而不仅仅追求速度。

红屋都容不下我们这么多人，所以今天的答辩搬到了位于校园中心的希利大厅。15名学生已经到了，他们正在准备白板、活动板和幻灯片，并与教室后面的摄像师进行交谈。巴斯和彭德尔顿－朱莉安向各位评委表示了热烈欢迎：贝茨学院名誉校长，非营利性组织"理论到实践"项目主任唐纳德·哈沃德博士；乔治敦大学法学院教师、杰出的宪法、民商法律师安东尼·E·库克教授；传奇人物，施乐公司前首席科学家，帕洛阿尔托研究中心主任约翰·西利·布朗，他是激进的创新支持者，自称为"科学家、艺术家和战略家的组合，也是百分百的摩托车爱好者"。

我是第四名受邀评委。我们几个评委事先没有收到任何通知，也没有计划。这里全部由学生负责。

研讨会以一个经典的建筑工作室为模型，本学期要举行 3 种不同类型的答辩会议：①在学生和教授努力塑造概念的创意阶段进行"圆桌批评"；②所有团队报告自己的进展，"展示"答辩；③"正式答辩"，从外部邀请一些没有参与任何讨论，甚至可能不知道问题所在的评委参加。

第一组自称为"代理与目的"。他们致力于重新设计高等教育，以应对千禧一代面对的诸多不利因素。最近的一项研究显示，自二战以来，千禧一代受到的批评比任何一代人都多。2014 年的一本畅销书将千禧一代称为"优秀的绵羊"。作者认为，1985 年后出生的人与过去几代人不同，他们痴迷于电子游戏和苹果手机，屈服在标准化、高风险的考试制度下，雇主们认为千禧一代消极、挑剔且过于敏感。

"代理与目的"小组已经开展了自己的定性和定量研究，包括对乔治敦大学学生的生活目标、价值观和性格的数据调查。通过各种图表，他们证实了自己的观点，即从乔治敦大学几代毕业生的标准来看，千禧一代比前几代人更具创新性，更愿意做出改变，并且他们一点也不像绵羊。然而，该组的目标是改变，而不是批评，他们很快就从这种感性纠正转向了计划制订。他们认为，如果世界相信，或许用一门课程来对抗偏见就是变革乔治敦大学的一种方式，这门课程将乔治敦大学变成一个主张自决、冒险和独立的学校。该小组向迪吉欧校长建议如何将红屋的成果发展成面向所有学生的完整课程，并为实现目标提供了具体的方案。

第二组的主题为"压力与抗压"，他们也以一个防御性观点引出话题，说自己不是"优秀的绵羊"。这是一个目标远大的项目，旨在扩大当代风险管理文献中广为流传的"抗压"的概念和方法，试图解决乔治敦大学及其他学校"高利害关系"（他们明确指出这与"高风险"不同）学生的辍学率问题。该组将这一观点复杂化，即作为利益相关者和股东价值的区分因素，抗压能力可以被客观衡量。他们提出了一个巧妙的新概念风险模型，包括个人、个体、文化、经济和家庭人口等统计因素，对包括偏见在内的非平行社会因素进行统计建模，将压力在机械水平上实际工作的原理加入标准抗压。太多的压力并不能使结构更坚固，反而会对其造成破坏。如果抗压能力仅仅是因压力而变强，那么在断层线或对抗区建立抗压能力就会更容易。"压力和抗压"小组倡议建立一套新的项目、课程和同伴学习小组，以化解风险和提高抗压能力。他们认为，这个制度模式的影响远远超出乔治敦大学乃至更广泛的高等教育的影响。

我们几个评委被前两组提案的深度、严肃性和独创性所折服。与往年不同，校长迪吉欧今年不能来这里参加最终答辩，答辩结束之后，学生将直接向他提交本组的提案。

我印象最深刻的是第三组，他们的主题是"矛盾中的理想"。该小组讨论的可能是乔治敦大学历史上最丢人的事件，这一事件使乔治敦大学全年都被挂在新闻头条上。2015年，有消息透露，1838年乔治敦大学的一些早期领导人为了应对金融危机，将272名奴隶卖给了马里兰州的一位种植园主。虽然他们知道这样做会使奴隶骨肉分离，许多奴隶将会再次被卖到条件最恶劣的南方腹地，但他们还是这么做了。1838年，包括梵蒂冈在内的许多国家对这一反基督教行为表示了强烈谴责，当时的校长也因此被免职。

2015年的新闻加剧了当时的校园种族之间的紧张局势。《纽约时报》发表了大量文章，既关注学生抗议，也关注引发抗议的历史事件。学校过去拥有和出售过奴隶，现在又仿佛拥护社会正义，不论是过去还是现在，都用耶稣会的伪善包装自己。"矛盾中的理想"小组针对学校面对的这个问题提出了解决方案。该团队将其问题定义为："一个有竞争力的研究型大学如何才能实现其耶稣会的社会理想？""一个学校如何能承认过去、继续前行？"

对任何一所知名大学，尤其是依靠学费和捐赠才能茁壮成长的私立大学，声誉就是一切。因此，很少有学校把它交到学生手中。一位评委对红屋学生们敢在这个动荡又糟糕的时代讨论如此敏感的问题感到惊讶。

"为什么不呢？"彭德尔顿－朱利安教授回答。"我们的观点是，大学就是一切——课堂内的一切，你带入课堂内的和你带到课堂外的一切。人们把大学与世界隔离开，而我们正在拆除这些隔离障碍。"

另一名评委问学生们是否认识抗议者。他们都笑了，其中一个礼貌地回答说："是的，当然认识，他们组中至少有一个人经常参与抗议活动。"

彭德尔顿－朱利安教授表示："研究工作与行动主义、目标与投资研究之间的区别，是我们正在研究的其他概念。面对这样的棘手问题——即使你不是抗议者，没有尝试解决问题，也不能置身事外。"如果你认为这不是你的问题，那么这要么不是真正的棘手问题，要么就是你太天真，没有深入思考。如果你没有深入思考这个棘手的问题，那么你提出的解决方案就没有什么意义。这是设计解决方案的关键。"

"矛盾中的理想"小组再次提到了媒体对千禧一代的负面描述。如果只看新闻，你会认为抗议者被宠坏了，一边享受着特权，一边抱怨一些微不足道的事。如果有机会倾听学生的心声，你就会看到他们仔细地把过去的奴隶时代和现在高等教育的结构性不平等联系起来。假设教授都是自由主义者，如果超过80%的全职教授是白人，且65%以上是男性，那么某种不平等或偏见就会通过排名、选拔、课程设置和教学方式被延续。乔治敦大学的学生群体，包括那些研究生院和专业学院的学生，比教员更加多样化。

"有的问题，过去存在，现在依然存在。乔治敦大学应该怎么做呢？另一位评委紧接着问。该小组的解决方案令人印象深刻。整个学期，团队一直致力于提出组织方案或分析提议的有效性。他们提出的一个问题是，鉴于过去发生的这一令人遗憾的事件，乔治敦大学目前能做出哪些积极贡献？在发现后代的家庭关系后，乔治敦大学可以与那些奴隶的子孙合作，提供家谱信息。由教职工、管理人员和学生组成的委员会投票决定重新命名校园内的两座建筑，因为学校之前的命名是为了纪念乔治敦大学蓄奴历史的负责人。这所大学正在建立一个新的研究中心，研究种族主义和种族隔离的持久影响，还成立了一个非裔美国人研究部门。学生们以小组为单位在委员会上提出了一系列的课程实习及基于社区的体验式学习的伙伴关系。他们提出了一些"逆向指导"，让不了解社区问题的学生和教师倾听社区的意见，并向社区学习。这种连续不断地变化和补充解决了过去遇到的问题，将对大学的未来产生伦理和物质影响，有助于大学恢复和重申一些最根深蒂固的价值观。

"矛盾中的理想"小组拒绝将这些行动称为赔偿，但他们表示这是一个良好的开端，可以为其他大学树立榜样。几乎所有常春藤盟校和大多数美国南方大学都有着相似的历史，以及同样持续性的结构不平等。一名学生表示："重视这个问题，因为它是真实存在的，不仅存在于历史中，现在依然存在。前进的唯一途径是要先完全承认这个问题。这是起点，不是终点。这仅仅是个开始。"

在红屋，巴斯的"如果……会怎么样"已经变成了计划、提议和现实的解决方案——诚然这是暂时片面的，但它们在争取承认、和解和树立榜样的过程中还是发挥了作用。

从范德比尔特大学数学家德里克·布鲁夫的学生身上，可以看到他们学会了利用灵活设计原则得出解决方案。他们从人类学家卫希在堪萨斯州立大学的课上获得灵感，使用沉浸式、体验学习和一些基于游戏的原则来从内部理解问题。受亚利桑那州立大学沙新伟和欧林学院亨德伦的启发，他们跨越多学科进行研究，运用抽象思维和设计语用学来解决现实世界中遇到的重大而紧迫的问题。他们从斯坦福大学伦斯福德和伯克利的罗德里格斯的学生那里获得灵感，使用各种传统的社交媒体来确保自己的研究对世界产生影响。就像参加"高等教育的历史与未来"全球慕课课程的学生一样，他们有策略地、明智地使用技术，将其融入自己的研究和使命中。和特雷西·科托姆·麦克米兰的数字社会学学生一样，他们也在用严肃的研究、合理的方法、基本原则和未来行动计划来解决紧迫而有争议的问题。

红屋学生们所讨论的话题并不适合传统的专业和辅修课程，因为它们看起来不像职业技能培训。这会对学生的未来造成影响吗？

显然不会。无论是把他们在红屋的研究项目发展成营利性或非营利性的公司（就像毕业生所做的那样），还是让他们到从秘鲁到硅谷的非政府组织或公司工作，学生们毕业时都对自己的能力充满信心，雇主们对他们也很满意。他们做什么，在哪里做，没有套路可循。没有放之四海而皆准的方法，也没有一种单一的"技能"能让他们"为工作做好准备"，但他们已经为未来的各种职业做好了准备。这些年轻人正走在通往成功的路上，如果他们失业了，他们将继续寻找成功，如果他们在某天早晨醒来，意识到选择了错误的职业道路，他们将按自身需求、愿望或使命寻找更适合自己的工作。

　　我问："难道你们不希望能为每个学生找到一种方式，让他们在大学教育中有红屋这样的体验吗？"

　　"这是个棘手的问题！"彭德尔顿－朱利安笑着说。

　　如果艾略特要为后互联网时代改革高等教育，他会做些什么？他很可能正在努力重新设计乔治敦大学这样的美国精英大学。或者他可能会把目光投向新兴国家。毕竟，1869 年的美国正在从内战和一系列灾难性的金融危机中复苏。

　　2002 年，受过美国高等教育的加纳人帕特里克·奥瓦回到了非洲，决心把他本科时在斯沃斯莫尔学院学到的知识、在伯克利 MBA 课程上学到的知识，以及担任微软高管时学到的知识结合为最佳想法并在加纳运用。他的抱负是从零开始设计自己的大学。他本可以在微软继续往上爬，赚更多的钱，但他知道自己有机会给祖国带来显著的影响。

　　他说："我想创建一所大学，它的一切都深深植根于价值观和使命之中——非洲转型的使命，非洲的成功。"因此，他创建了阿什西大学。

　　在加纳，高等教育往往面向精英，理工学院和大学教育都严格地以职业化为方向。奥瓦借鉴了他在美国的经历，希望通过建立一个更加平等的学校，将人文学院和专业学院结合起来，对抗精英化和职业化教育。他去过的美国大学与此完全不同，因此他想汲取这些学校的优点：建立一所选拔要求高、私立、有贵格会（基督教的一个教派）背景、进步的文科学院，以及一所大型公立大学的商学院。他试图创建一所既能体现价值观，又能让加纳人为未来做好准备的大学。在他看来，加纳高等教育中的任人唯亲和狭隘作风直接导致了政治腐败，他正在为此找寻"解药"。为了用他在美国所学到的知识建立一所独特的大学，激发加纳有效应对未来的潜能，他与加纳本地以及非洲其他各地的知识分子、企业家和教育家进行了多次对话。

　　他选择用"阿什西"来命名这所兼具非洲和西方风格的学校。"阿什西"在加纳的土著语言之一阿坎语中是"开始"的意思，它的灵感来自约翰·沃尔夫冈·冯·歌德的一句名言："如果你能做什么，或者你梦想做什么，那就开始吧。带着拥有天赋、力量和魔力的胆量。现在就开始吧。"与加纳的许多大学不同，阿什西大学在种族、经济和性别方面更具多样性。这是非洲第一所男女比例相等的工程学院。它的目标是教会学生如何"在不同的领域学习和思考"。阿什西大学的校徽是一个手绘的凳子，它代表着大学的三大支柱：学术研究、领导地位、培养合格公民。

与艾略特一样，奥瓦相信一个更好的高等教育体系可以解决国家的领导危机。19世纪60年代，艾略特在欧洲研究型大学学习，希望彻底改革美国的清教徒学院。奥瓦辞掉了微软的高管工作，进入伯克利攻读MBA课程，专门学习如何在非洲创建一所可持续发展的大学。他向伯克利的教授们阐释了自己的抱负，他们对此很感兴趣并给予了慷慨的帮助。两年的MBA课程中，他基本都用于为创建阿什西大学制订初步方案。他说："无论分配什么任务，我脑子里总将另一个案例与办学联系起来。我所做的一切，所学的一切，都会帮助我实现在加纳创办大学的使命。"

阿什西大学在非洲的成立，让我们看到了这里的希望。奥瓦对自己在美国所受教育的理解，也让他清楚地意识到美国传统学校中有哪些过时之处。他为加纳设想的新教育不需要受这些美国传统的支配。就像红屋一样，阿什西大学选择最适合加纳的、更好的方式实现了重组。例如，阿什西大学的学生在进入大学的第一年就开展了一个特殊的项目，并试图设计一个解决方案，而不是像美国大学那样，在大学的最后阶段才能研究这些。学生可能会研究自闭症，并发起一场关注自闭症的运动。面对有些地方菠萝大丰收腐烂在田里，但另一些地方却在遭受饥荒的问题，他们会提出解决方案。"他们试图解决问题，并希望尽早看到成果，"奥瓦说。这样，他们就能在以后的课程学习中明白，自己还可以做得更好。实际上他们看到了大学教育是可以解决实际问题的，这颠覆了传统的美国模式，即学生们在专业化的道路上会尽快放弃这些必修且不受重视的通识教育或入门课程。在阿什西大学，学生们独立完成以研究为基础的项目，虽然有的想法成功有的想法失败，但这为他们以后的学习打下了基础。

美国传统的高等教育金字塔从广泛的基础通识教育转向更狭窄、更专业的课程，从而实现独立学习和顶层项目，而阿什西大学颠覆了这一模式。从研究项目开始，阿那什大学重新调整传统大学的其他关键方面：课程、学科以及专业化和专门技术的概念。从一个具有现实影响的高强度、有意义的研究项目开始，学生们会不可避免地发现，如果不深入考察社会、宗教、经济和文化条件，他们将一事无成。通过这次经历，他们知道了实现自身的愿景不仅仅是需要工程和技术方面的解决方案。随后的通识教育课程强度堪比新兵训练营，人们想知道实现自己愿景的最佳方式，在此可以学习到至关重要的生存技能、获得宝贵的劳动力培训。学生通过阅读历史和哲学文本，了解了更多不同的观点，包括一些使他们重新考虑自己早期抱有热情但不成熟的观点。在为期一年的"文本与意义"的课程中，学生们阅读了深奥晦涩的文学作品，学习解读和批判性分析的技巧，然后将这些方法应用到其他的阅读中——当天的报纸、药品广告、服务条款协议。"每一门课都会让他们看到教育如何帮助他们更好地思考，成为更好的公民、父母和教育家。他们会知道理论和哲学不单单存在于教科书中——也存在于世界上的问题中。你需要理论和哲学来找到更好的解决方案。"

奥瓦校长认为，要为拥有 2700 万人口、饱受腐败困扰的国家培养领导人，就需要持久的道德创业精神。在阿什西大学，学生们学习了欧洲殖民主义和加纳受剥削的历史，开始理解在西方人看来根深蒂固的腐败文化。这是数百年来一个雄心勃勃的加纳人跻身殖民社会上层的唯一途径。奥瓦坚持认为，如果没有 11 世纪阿善提王国留下的西非前殖民时期丰富的遗产，当今任何伦理学研究都不可能进行下去。

写作、批判性思维、文化和宗教历史以及语言都是阿什西大学核心职业课程的一部分。主修计算机科学、商业、管理信息系统或工程学的学生将会参加为期一年的领导力、道德和合作研讨班。创业培训中还融入了必要的服务意识学习。在美国，我们可以称之为"社会企业家精神"，但是帕特里克·奥瓦坚持认为所有合乎道德的企业家精神都是社会企业家精神。

与红屋的学生一样，阿什西大学的学生也积极参与重塑大学的活动。2008 年，他们接受了一项挑战，为自己和未来的阿什西大学学生辩论、起草并建立一套荣誉守则，这个想法的灵感来源于斯沃斯莫尔的贵格会原则，因此阿什西大学成为第一所创建并实施荣誉准则的非洲大学。荣誉准则由学生自主设计，并且他们认为该准则必须成为阿什西大学毕业生身份的一部分，并一直伴随他们。从那时起，阿什西大学向每届新生都提出了一项挑战：花几个月的时间来起草和讨论他们自己的荣誉准则。要让学校采纳新准则，首先要获得班上三分之二学生的同意。"有几年，我们并不清楚学生是否会设计并签署一份荣誉准则，这一直令我们期待。"奥瓦笑着说。但最终，他们做到了，全都做到了。"

阿什西大学在阿克拉开办十几年来，一直被公认为是西非最好的大学之一。这里的毕业生非常抢手，他们毕业后往往会被多个职位录取，几乎所有人都找到了理想的工作。他们的工作大多是在非洲，因为他们要回报加纳乃至整个非洲大陆。和红屋学生一样，阿什西大学的毕业生受到了该国政府、企业、非营利组织、非政府组织、中小学、大学等的大力追捧。他们毕业后成为程序员和工程师，而且很快晋升到领导岗位。他们代表着加纳的新形象。

2015年9月，奥瓦被授予称为"天才奖"的麦克阿瑟奖。虽然获得这一无数人梦寐以求的奖项，但他仍保持谦逊，称美国两所顶尖大学给了他启发，然后才有了非洲的新大学。与此同时，他也很感激这个奖项，因为他相信，这所从零开始创建的新大学，旨在帮助学生走向更美好的未来，他希望这也可以对给予他灵感的美国高校带来一些启发。他希望阿什西大学也能在美国引发一场学习革命。如今美国高校需要变革。虽然美国最好的高校已经影响了世界，但现在美国应采取措施，思考下一步该怎么走，如何为自己以及世界的未来重塑大学。

奥瓦首先承认，与重塑美国高等教育的艰巨任务相比，他面临的挑战微不足道。然而，他在加纳所取得的成就——以及美国高等教育中众多创新者所取得的成就——促使所有学生想象自己新的可能性。如果我们彻底改革美国大学，会发生什么？如果基础设施发生变化，会如何影响知识领域的变化？课程、评估、科技、辅助活动、机会、公平、企业家精神和社会正义之间有什么关系？我们如何看待以上每一个问题，也许从一个改变开始，并在此基础上扩展开来？如果阿什西大学能够根据自身特定时间地点的紧急情况，重新融合美国大学的最佳元素，那么任何美国高校都能重新思考和重塑自身。因为美国没有一个统一的国家教育体系，从某种意义上说，一所高校可以尝试更容易的内容和更大胆的想法，看看什么最有意义，如何能为学生、教师、学校和社区提供最好的机会。我们能够而且应该从包括加纳在内的世界各地收集好的想法。

1869年，艾略特在游历欧洲大学之后，写下了《新教育》一书。他运用自己所学，为一个年轻、不断变化，同时又引领着一场大规模全球产业转型的国家设计了新教育。他和同事们创建的现代美国大学运作良好，并持续提供丰厚的回报。但是，150年对于所有学校——特别是那些致力于为未来培养新一代人才的学校来说都是一段很长的时间。现在是美国自己的"阿什西大学时代"，一个高等教育的新开端。

在美国的每一所大学校园里，人们都在重新思考高等教育，像奥瓦和他在加纳的同事们或者像乔治敦大学红屋的师生们一样。诚然，学术界的许多人宁愿维持现状。然而，我相信我们正在接近转折点，那些致力于改变高等教育的人获得了越来越多的发言权。

可是障碍依然存在。美国大学教授协会报告称，现在高等教育领域一半以上的新职位由兼职人员担任。在20世纪90年代，这个数字是30%，美国大学教授联合会已经感到震惊。如果年轻的创新型教授不能担任此工作，谁将领导迫在眉睫的美国高等教育变革？

此外，还有外部干预的问题。投资者呼吁变革，但他们不一定以学生利益为重。我们已经被高等教育现代化的逻辑——撤资，伤透了心。当"教育企业家"将高等教育视为数十亿美元甚至数万亿美元的摇钱树时，阿什西大学追求的三个目标——"学术研究、领导地位、培养合格公民"——就早已不是企业家们的目标了。我们以慕课为例，如果最终是为少数人创造了利润，而没能为所有人提供更好的教育形式，那么我们拥有的不是一个解决教育问题的技术方案，而是一个加剧教育问题的技术麻烦。

在这本书中，我引用了大量高端创新案例，这些案例的主体拥有丰富的资源，如麻省理工学院的媒体实验室和斯坦福大学的设计学院。大多数媒体都在指望这些大学能产生高等教育的新理念。毫无疑问，这些项目致力于尖端行业，但它们真的能成为美国 99.5% 的 2100 万的没有上麻省理工学院和斯坦福大学的学生的楷模吗？这些学校的选拔方式限制而非扩展了我们考虑的问题和解决方案。

最近，我参加了 Mozilla 基金会的董事会议，全球约 5 亿人使用的火狐浏览器就由该基金会赞助。在帕洛阿尔托的酒店房间里，我的床头柜上放着一瓶水，水质清澈，包装简约。帕洛阿尔托是斯坦福大学和硅谷的中心。这瓶水叫"drink"。它的标签宣称它比自来水、瓶装水或过滤水干净一千倍："这是世界上最干净的水。"这样一瓶水售价 20 美元。

我不禁想起亚利桑那州立大学的学生们面临的问题："如果没有水，菲尼克斯的生活会是什么样子？"20 美元一瓶的时髦"drink"永远不能成为这个问题的答案。

硅谷认为自己可以彻底改革高等教育，但无论是面对高校逐渐过时，还是就业市场和经济的不断变化等更广泛的问题，目前尚不清楚它的解决方案是否能真正解决这些危机。实际上，硅谷帮助创造了离岸外包、自动化（和免税）的全球超级企业，却没有意识到这种发展即将带来社会灾难，也没有提出真正的解决方案。因为真正的解决方案前提是必须先解决高等教育的变革问题，也必须从高等教育内部着手。我们最了解学校，包括教师、学生、行政人员、家长、校友，致力于有意义的变革需要我们共同努力，为现在生活的这个充满危险的世界设计一种新的教育。

我们需要教育工作者和行政人员致力于重新设计一种道德、民主、务实和前瞻性的教育，这种教育不仅能明智和创造性地使用技术，而且清楚技术的局限性和影响，并能弥补其不足之处。我们需要个人和学校共同努力，复兴这个加速发展的时代中的陈旧体系，并确保我们制订的方案能够真正解决问题，而非产生新的问题。

讲座的效果不好，所以我们必须想出更好的办法将主动学习融入课堂。

意义重大的期末总结和标准化考试失败了，所以我们必须再次迎接挑战，帮助学生在现有知识的基础上不断学习新知识，在每次考试中变得更加强大，而不是被无法提高的考试分数打败。

高等教育的学费高得令人望而却步，我们必须采用新的信贷模式，如澳大利亚的分级还款模式等更好的模式，重获公众对支持高等教育重要性的信心，这种支持是为了我们的未来——对于怀疑论者来说，也是基于经济原因。

传统的教授模式和学徒模式不能教会学生成为专家，我们必须寻求同伴学习和同伴指导、丰富的课程经历，并把研究重点放在学生身上，而不是放在教授或学校身上。

传统学科专业不能帮助学生解决世界或者当前和未来工作中遇到的难题，因此我们必须支持相关的跨学科项目、任务、计划和目标，跨越院系与知识和专长的孤岛。

排他性使越来越多的大学渐渐与外界隔离开来，因此我们必须鼓励精英和非精英学校——包括社区和地区学院、传统黑人学院以及其他为少数族裔服务的学校，建立更多的伙伴关系并实现资源共享。

如今，越来越多的学生选择社区大学，所以我们必须找到更好的方法来支持那里的教师和顾问，完善社区大学的学分转换和课程衔接制度，以确保获得副学士学位的学生能够轻松顺利地进入四年制本科学习，获得学士学位。

雇用兼职和临时工也威胁着大学的未来，因此我们必须坚持全职岗位用全职教员。

所有这些都是可行的。不同的学校需要不同种类和程度的干预，但每个学校都已开始采取行动。任何有抱负的学生，任何院校，现在都在规划和探索高等教育在新领域的项目和教授模式。我们需要支持这些领导人，将他们作为榜样，并推动他们发起的——通常充满阻碍的变革。

最终，所有这些改变都服务于一个更大的目标：帮助学生走向独立、高效、负责任的生活。用发明家巴克明斯特·富勒的名言来说，"我们的使命是成为未来的筑梦师，而不是受害者。"

作为一名大学教授，我很幸运地享受了漫长而多样的职业生涯。研究生毕业第一年，我做了3份工作：先是在一所人文学院的夜校教书，学生比我大一二十岁，他们都是专业人士，回来攻读梦寐以求的学士学位；接着在社区大学教授刚释放的囚犯；在费米国家加速器实验室，为来自俄罗斯和美国的高能物理学家们教授"伟大原著"，这些教授不愿互相交流。我曾在方济会修道院教过攻读博士学位的修女和神父；也曾在日本、西班牙和英国的大学教过书；还曾在一所大型公立大学和常春藤盟校任教。我职业生涯的大部分时间都在杜克大学担任教员和管理人员，现在我在美国最大的公立研究生院——纽约市立大学的研究中心——培养下一代大学教授。

在近 30 年的教学生涯中，我发现学生们的志向并没有发生太大的变化，没有随着时间的推移而改变。他们上大学是为了未来的人生道路做准备，不管未来的人生道路是什么。我也看到，每年，我们对高等教育的建设和排名都越来越与学生未来世界的需求脱节。在1857 年的恐慌和内战之后，在工业化、城市化和全球化的剧变中，艾略特和他的同行们设计的许多学校特色已经成为我们这个时代学习的障碍。

在一段感人的 7 分钟视频中，"我要上大学，因为……"30 名学生回答了这个简单的问题："你为什么上大学？"提出这个问题的摄像师是我在纽约市立大学负责的一个领导力项目的学生，埃斯特芬妮。在取得副学士学位后，她转到巴鲁克学院，这是美国市立大学最具竞争力的对手之一，她正在那里攻读她的商学和多媒体设计双学位。

和埃斯特芬妮一样，受访的纽约市立大学两年制和四年制大学生中，大多数都不是土生土长的美国人，他们是自己家族中第一个上大学的人。在视频的片头字幕部分，伴随着法兰克·辛纳屈"纽约，纽约"的歌声，出现了一面美国国旗。然后出现了很多小国旗，标明每个发言者的出生地：中国、厄瓜多尔、孟加拉国、墨西哥、韩国、多米尼加共和国、印度尼西亚、波多黎各、巴基斯坦、哥伦比亚、也门、缅甸、秘鲁。一些学生似乎正当学龄，另一些看起来则有三四十岁。

他们为什么上大学？"我上大学是因为……我想做我喜欢的事情；我想帮助别人；我想寻求平等和社会正义；我关心他人，想为他人服务；我是一名女性，希望看到更多的女性进入 STEM 领域；我是家里第一个会写自己名字的人，我想带着这份自豪继续写下去；我想成为对自己和他人有用的人；我想帮助孩子们；我想为我的社区做出贡献；我想让家人感到骄傲；我想要一个更成功的未来。"

更美好、更积极、更负责任的未来是所有学校、出生于社会各阶层的学生的共同期望。哈佛大学 2015 届毕业生纳撒尼尔，目前在一家非营利机构工作，他申请了法学院和研究生院的联合项目（法学博士）。我向他问了同样的问题：为什么要上大学？纳撒尼尔说："每个人一生都生活在一个世界里，一个由自身存在所塑造的世界。我们应该得到必要的工具来负责任地塑造它，并发现我们周围的美。"他希望在自己的职业生涯中能为实现这一目标做出贡献。"我感兴趣的是，我们如何创建能够抵御政治冲击的政治经济体制，我们如何构建能让人们追求各自人生目标的经济和政治生活。"

我问他，哈佛大学为他希望的生活提供的最充分的准备是什么，他挑出了 3 件事：他的辩论队，一群"充满智慧、愿意挑战我的信仰的朋友们"，以及自己撰写的一篇高级研究论文。他说："我喜欢从档案材料中挖掘出既具有艺术性又具有争议性的东西。"在哈佛大学，他获得了社会研究学学位，这个跨学科的小专业让他能够围绕自己选择的研究议程来设计自己的专业。他喜欢这个专业。我问他是否愿意改变教育过程中的一些细节，他说没有什么想改变的。但他感到后悔的是，由于申请博士学位的一个参考因素是刻板的GPA，因此，他没能参加其他领域的课程，也错失了与这些专业领域的学生竞争的机会。这个批评很合理。为什么不让学生进行更广泛的探索，选修一些只有通过与否而没有分数高低的课程？艾略特的大学不需要一场革命就能做出一个简单的结构性改变，这也使最优秀的学生能做出最大胆的选择。

在最近的一次家庭聚餐上，我有幸与6名学生交谈。他们都在上大学，或者刚进入研究生院或医学院。他们来自8所不同高校：迪金森州立大学、德雷克塞尔大学、汉普郡学院、马里兰大学、匹兹堡大学、罗格斯大学、斯基德莫尔大学和费城科学大学。他们很愿意谈论大学对他们意味着什么，以及他们认为大学必须变革的东西。

"我最想变革的就是大学学费，"克莱尔强调说，"也许我会让学校保证我毕业后能有一份年薪至少4万美元的工作，这样我就能还清贷款。"她很快补充说，她希望拥有一份让自己满意、对社会有贡献的职业。但在不断增加的账单给她带来的压力面前，这个目标与她渐行渐远。在上大学前的空档期，她在德国做了一名互惠生。德国的高等教育几乎完全免费，她看到了德国学生的自由、理想主义和对生活的使命感。她说："当你担心债务的时候，你就很难再拥有梦想。"其他学生也同意，包括伊森，他们都有自己的工作，即使是在医学院充满挑战的第一学期，他也依然在当地一家餐馆做兼职。

当我问他们，除了高昂的学费，他们还想改变大学的什么时，他们一致希望有更多的选择和灵活性。机械工程专业的凯特琳哀叹道："我想选修一些人文学科课程，但我所在的项目让我很难做到这点。"她通过参加一个特殊的项目——"马里兰学者"，找到解决这一问题的方法，这个项目允许她选择与专业互补的课程。她选择了艺术，与艺术系的学生住在一起，参加了一系列的艺术课程活动。她们建立了一个网站，在上面她可以记录和评论自己的活动，并且能够拓展自己，超越她以前生活的有限世界。

每一位理科生都表达了类似的愿望，他们希望能上更多的人文学科课程。在匹兹堡大学，伊森每学期都要额外选修一些课程，这样他就可以提前完成医学预科的学习，并在大四选修哲学、比较宗教、伦理学和其他人文学科课程。康妮正在理学院参加医生助理培训，她明确表达了同样的需求。"我在医疗领域工作，因为我想帮助他人，"康妮说。"但我几乎所有的课程都是抽象的科学'主题'。它们很少提及人们的生活和文化如何对健康产生影响。我想了解更多的'人文'内容。"

阿丽莎是汉普郡学院动画、电影和制作设计专业的学生。她希望"有更多机会将自己学习的理论知识与各行各业的工作实际联系起来。"她的目标是成为一名"构想大师"或娱乐业的一名动画师、设计师。和其他学生一样，她通过暑期实习和在线课程填补了她无法纳入常规课程的知识空白。

"我希望大学能让我们为生活做更好的准备"凯特琳补充道。当我问她具体含义时，所有的学生都加入讨论中。他们希望得到更多的支持，把他们专业中的抽象学科与日常生活联系起来。他们希望他们的科学项目能更直接地与科学应该解决的问题联系起来。他们希望大学能教会学生处理现实生活中的问题。

克莱尔说："你可能拿到微观经济学的 A，却不知道如何平衡收支。你可能主修政治学，却对你的邻居在上次选举中投票的方式毫不知情。"

友希说："如果能有更多的人支持努力变革的高校就好了。"他的许多课程都有合作项目，但没有人告诉他如何成功地合作。通常是他一个人承担了大部分工作。"或者如何与室友相处，"阿丽莎插话道。我笑了。确实，在生活和工作的任何阶段，有效的合作与和他人相处是最难学会的两项技能。

"基本上，我们都想选'如何成为成年人 101'这门课"，克莱尔打趣道。

不论是大学新生还是重返学校的成年人，虽然经济状况不同，在不同的学校学习——从拉瓜迪亚社区大学到哈佛大学——学生的渴求是一样的：新教育，他们希望这种教育旨在为他们大学毕业后过上有意义的生活做准备。《纽约时报》或《华尔街日报》所吹捧的那种高等教育变革并不是他们想要的。在这个充满活力的谈话之夜，那些被认为是高等教育革命性的技术创新甚至都没有被提及——没有慕课，没有内容管理系统，没有用"鼠标点击"来测试的学习，更没有"技能"（脱离职业背景的技能）教育。他们想要一个灵活多样、范围广泛的课程，以便有更多机会进行知识探索，实现个人成长，不仅为工作做好准备，而且为随之而来的职业生涯做好准备，为他们都知道的崎岖不平的未来道路做好准备。

所有这些可能性，无论大小，都可能在学校实现。就像 19 世纪晚期伟大而有胆识的教育革命者一样，我们需要利用现有的最佳模式，在此基础上再进行变革。我们不能只让最勤奋的学生去寻找最具创新性的项目和课程，我们需要引领和支持变革。我们需要变革我们的大学，将大学教育作为公益事业，大力支持并重新设计教育模式，为公众带来福祉。

新教育必须让我们的学生在变化的世界中茁壮成长，无论接下来发生什么，都要让学生做好准备，使他们成为创新的领导者，不仅能够适应不断变化的世界，而且能够改变世界。这才是新教育的核心要求。

其他的都可有可无。

如何在大学期间取得最大收获的十条建议

你可以在任何地方接受好的或坏的大学教育，但只要做一点研究和规划，你就能在充分利用大学时光的同时保持理智，为获得学位而努力。如何做到呢，有以下建议：

（1）多样化。大学可能是你居住得最多样化的地方之一。大学之前和之后的生活，往往是提前安排好的。大学不同，即使是一所小学院也喜欢招收不同背景的学生，并提供尽可能广泛的课程和课外活动。把大学当成另一个国度，一个游乐园，或者一个博物馆。抓住机会放纵一下！你可能在你最意想不到的地方找到你人生的激情（或伴侣）。

（2）在承担风险的同时化解风险。找出大学支持试验的方式。如果你的大学只提供通过或不通过的课程，别犹豫，就选择这些课程吧。如果你是一名工程师，那就选修（众所周知，工程院校的要求非常高）工作室艺术课，这样就有机会与有创造力的学生共同学习一个学期，他们会用一套与你完全不同的思路和工具来解决问题。相反，如果你是一名艺术家，为什么不学习编程课呢？学会如何利用不同的认知方法开展学习、与拥有不同技能和视野的人一起工作。

（3）找到一个好教授并充分利用他所能提供的一切。好教授不只是讲课讲得好——他们会让你以新的方式思考新事物。他们不会给出答案，而是会问一些深奥的问题。即使你和其他400名学生一起上着他的课，你也应该经常去他的办公室与他交流学习（你会惊讶地发现很少有学生这样做）。如果你最喜欢的教授举办了一个"奇特"的研讨会，那也去参加——即使它不符合你的专业和要求。在你勾选了太多枯燥的必修课时，它可能会为你带来乐趣（注意：这也有实际的一面。一位非常了解你的教授更有可能为你写一封好的推荐信）。

（4）寻找合适的顾问——并充分利用好这个机会。一位好教授会帮助你大胆思考，提出新问题。一位好顾问会回答问题，并帮助你应对可能会影响你成功的官僚作风和要求（很少有人既是好教授又是好顾问。每个人都是不同领域的专家）。有时候你很幸运，分配给你的顾问很好——那就与他们保持密切联系。如果没有这么幸运，你就需要问问周围的人，询问校园教学中心、学生主任、导师或留宿教师。或者问问其他学生，帮助他们最多的人是谁，看看那个人能否对你有所帮助。或者问问部门的行政助理——通常他会给你推荐能简化繁文缛节的顾问。

（5）从上大学起就开始不断改进自己的简历，并把它作为你人生道路上的指南。如果你在大学生涯的开始就写下人生目标，那么你就可以每学期更新简历，重新审视你的目标，并追踪你正在改变和成长的道路。一份不断完善的个人简历会为你提供一个很好的基准，让你看到自己的目标与你所做的事情之间的差距。你可以添加对你有意义的课程活动、实习、研讨会和其他经历，删除那些你觉得浪费时间的经历。你可以决定在个人简历上写什么内容。比起填写专业要求，你不断改进的简历才能帮助你思考什么能让你在大学期间以及毕业后过上美好的生活——以及你需要做些什么才能达到这个目标。

（6）不要只关心你的专业。寻找一个你理想的职业所属的专业的同时，也寻找一个要求最低的专业，这样，从结构上可以让你的选择更开放，探索其他领域和兴趣点，选择你想要学习的选修课程。专业由学术领域的专家设计；很少能反映出该领域的实际工作需要（除非你打算成为该领域的大学教授）。即便如此，研究生院还是喜欢独立思考的学生，雇主也是如此。看看你的学校是否提供自主设计的专业或者跨学科专业。大多数大学生在毕业时并没有找到他们的人生抱负（根据最近的一项调查，有80%的大学生没有找到自己的人生抱负）。扩展你的选择可能会帮助你找到一些你从未考虑过的东西。

（7）组建学习小组。关于大学成功的最佳研究表明无论是在排名前十的大学，还是在社区大学的补习班，参加学习小组是改进行为、保持动力，让你走上成功之路的最重要的也是唯一的方式。就像找顾问一样，你可能需要进行尝试才能找到合适的团队，但团队可以为你大学生活的方方面面带来便利，甚至为你毕业后的生活和工作提供人脉。

（8）知道什么时候找教师。如果你需要为你没有把握并且十分重要的考试（LSAT，GRE等）上辅导课，那就尽可能地提高效率。许多学生因为一项死板的要求而从大学退学，不要让愤世嫉俗的东西打败你。找个教师或考试服务机构——不要把它当成知识练习。"应试教育"是一种知识上的浪费，但你无法改变这一点。因此，尽可能迅速且愉快地去完成，这样就不会影响大学里那些给你带来欢乐的事情了。

（9）在课堂之外学习。实习和带有体验内容的课程是了解你所学领域的知识如何在工作中转化为现实世界的理想方式。工作中遇到的很多问题都不会在课堂上出现。你喜欢独自工作还是喜欢团队合作？你喜欢花时间在屏幕前学习和工作（阅读、写作、计算、编码）还是实践（会议、销售）？你喜欢在公共场合讲话吗？你喜欢在室内还是室外工作？你喜欢穿职业装还是休闲装？你是希望人们清楚地知道你需要做什么，还是更愿意开辟自己的道路？你喜欢住在城市还是小城镇，在美国还是国外？你喜欢旅行还是讨厌坐飞机？什么程度的物质财富可以令你快乐？你想一周工作多少小时？你喜欢什么样的社会角色？你是一个活跃分子，还是更愿意循规蹈矩？学校里很少会问这些问题，但这些问题会对你未来的成功产生重要影响。

（10）当你要提交一份真实的专业简历时，请记住，你的第一个读者可能是一种算法。你在大学里学习、掌握和完成的所有令人兴奋的事情都能给你的第二个读者——除你以外的其他人——留下深刻印象。但想顺利通过执行第一轮筛选的机器可能会比较棘手。可以利用学校的就业服务中心，找出简历和求职信的最佳模版（这两种类型很难掌握）。你可以学习如何制订你的简历和工作申请，以准确地反映你的技能，同时准确地匹配工作描述中的关键字。你也可以了解如何平衡算法中的 D 与你在城市编程马拉松赢得的奖励。通过算法筛选的人会因热情、技能、勇敢和好奇心给面试官留下深刻印象，这些会通过分数表现出来。你在大学里收获的附加品，加在一起构成了好奇、无畏、有野心的你。恭喜你！你正在接受一种终身受益的教育。

打造以学生为中心、主动学习的课堂的十条建议

    无论你是在一个极具创新性的项目中授课，还是在传统学校教授一门有教学大纲的课程，你都可以立即将你的课堂转变成一个以学生为中心、主动学习的空间，让你的学生学会如何学习。这些方法都是为了让学生有机会对自己的学习负责并发挥创造性的领导作用（注意：所有这些技巧在会议中也同样有效。我在与《财富》全球企业 100 强公司的首席执行官们的几次团队建设研讨会中也试过这些技巧）。

    （1）独立思考—结对合作—相互交流（T-P-S）。这个方法与索引卡（可选）和计时器结合最有效。我喜欢以有条理的方式做 T-P-S，以确保每个人都有机会发言，每个人都有机会安静地坐着聆听。①独立思考：设置一个 90 秒的计时器。每位学生对教授提出的开放式问题（例如，你在本周的作业中读到的最具煽动性／最令人不快／最精彩／最鼓舞人心的评论是什么？）都要快速、确定地给出答案。②结对合作：每一个人，即使是内向的人，也应该有机会表达自己的观点。当计时器响起时，再设置 90 秒，让学生们结对合作，轮流交流和聆听对方的答案。然后将讨论出的综合结果分享给全班。③相互交流：（如果学生数量低于 40 人）可以让每组派一个代表在教室里边走边分享小组的评论。无论你接下来在课堂中做什么，这种方法都可以确保每个人参与进来，集中注意力，开动脑筋。如果学生数量超过 40 人，可以使用在线协作工具（如谷歌文档），让各小组记录他们的评论。你可以从学生编制的列表中规划并开始你的课程。④沟通：我喜欢添加一个公共组件，让学生在公共博客上分享评论。

    （2）问题堆叠。让学生举手回答问题，并写下举手同学的名字。再请大家把手放下来，按顺序发言。任何学生都必须待每个举手的同学回答完问题，或者因为别人已经回答而撤回问题后，才可以提出第二个问题。我们知道研讨会比讲座更具不平等性，因为研讨会表

面上是开放的，但会让那些最擅长模仿或反映教授的学术风格、语言甚至人口特征（种族、性别、性取向、地区、宗教等）的人受益（承认吧：我们都听过这样的讲座，我们事先就知道谁会在讲座上举手，主导问答环节。这种情况也会发生在课堂上）。

（3）所有人，请举手。这是博学多才、自学成才的推理小说作家塞缪尔·德拉尼使用的方法。当你问问题时，请每个学生都举手，你可以提问他们中的任何一个。他们可能说，"我不明白这个问题"（在这种情况下，你会问"为什么？"，并由此开始讨论），他们还可能说："我不知道这个问题的答案——但我打赌德里克或戴利亚知道。"这个简单的技巧提倡"我不知道"是一个开始，而不是一种羞耻的表现（如果你的学生知道他们要对每一个问题、每节课负责，即使他们不知道答案，他们也会做更多的准备）。

（4）采访。让学生两人一组，互相采访。我喜欢让他们问："你觉得这门课最难的3件事是什么？"以及"你能为我们的班级做出哪些我们不知道的贡献？"。我会在第一天上课时进行技能配对。你也可以在整个学期中使用这个技巧来询问当天的作业、问题集或教学大纲上的任何内容。例如："你认为今天的作业中最难理解的是什么？"今天的作业中有哪些内容是你全部写完并确定可以教给别人的？让学生一起准备一些他们认为有趣的、有挑战性的问题或难题，然后让全班同学来共同解决。在一场大型讲座中，你可以按小组整理出学生的各种问题，让学生围绕每组问题的主题分组讨论。

（5）班规。在第一天上课的时候建立一个在线协作工具，让学生为班级写一份集体的"班级章程"和"服务条款"协议。这在少于50人的班级里是很理想的制订班规的方式，但我们也成功地在有18000人的慕课中实施了这种方法。我通常会为学生提供一份别人写好的班规，他们可以编辑或列出课程最低要求，并决定其他所有事情。我鼓励学生从最崇高的原则（"生活、自由和追求幸福"就是一种模式）开始写，然后思考他们希望彼此如何参与课堂并为这些目标做出贡献。我甚至让学生创建评估系统，如契约评级、学生互评以及对彼此成果的分析。

（6）集体设计教学大纲。在上课第一天，我喜欢离开教室，让学生设计全部或部分教学大纲。不论是对大一新生还是博士生，这种方法在人文、社会科学和计算机科学一系列课程中都取得了成功。有时我先写大纲的前半部分，然后让学生完成后半部分；有时候，我可能会先写好每个单元中必须要学习的课文，然后让他们添加补充内容。学生们都很有野心、很严谨——有时甚至比我想的还要丰富。有一次，在"描绘高等教育的未来"的课程中，我和我的合作教师在第一天上课时就离开了教室，让学生们独自构建、组织和设计课程。学生们没有让我们失望。

（7）协作笔记。建立一个谷歌文档或其他协作工具，让学生在课堂上一起做笔记，包括在课堂上建立一个对话的后台通道，在那里他们还可以添加链接和其他在网上搜索到的条目。这给"要不要笔记本电脑"这个问题带来了一个转折。你可以要求每个人都做出贡献，并为那些贡献最多的人创建额外的奖励系统，让学生们对提出的观点进行投票，并找到其他使用笔记本电脑进行学习的方式，而不是让笔记本电脑像以前的校报那样——成为一种消遣和逃避的形式。

（8）同行评估的合作项目。现在小组协作项目已经很常见了，几乎人人都讨厌这种形式，因为一个团队的工作往往成了最勤奋的人一人的工作（注：在商界也是如此）。在开始进行合作项目时，我会让团队列出协同工作所需的6～10项贡献。这可以包括"引火的人"（想出好主意）"执行者""预算专家""技术大师""设计大牛"，或者其他有助于项目成功的核心因素。在每节课前，要求学生私下学习，仔细阅读清单，并在每个类别中给他们团队的一名成员颁发不超过一枚的同级徽章。要求小组重新组合，每个人都查看要素列表，教授也反复查看这些要素。这样很容易看出谁参与了合作，谁没有参与合作，下一步需要如何纠正问题。

（9）课堂反馈条。无论是6名学生还是600名学生，每节课结束时，让学生写下一件他们不理解的、想要深入讨论的或不赞同的事情，诸如此类。让学生在卡片上签名，这可以代替点名或突击测验，同时带来反思（学习中最重要的一个因素），这也是开启下一节课的好方法。

（10）对知识的公开贡献。当学生们知道他们的学习不仅仅是为了考试，而是为了学校外的未来，并且意识到他们的学习有贡献，此时就达到了最佳学习状态。在过去的10年里，我拒绝给学生布置任何学期或研究项目，因为这些项目仅仅是为分数而做。我要求学生们找到一种方法让他们的学习在课堂之外产生更大的影响和价值，利用他们掌握的知识在班级博客上发帖、编辑或扩充维基百科的条目、辅导当地孩子（或一年级学生）都是利用他们的知识改变世界的方法。

以学生为中心的学习旨在让学生为课堂外和毕业后的大千世界做准备，最大的好处是，一旦学生们开始学习，你就可以看到他们创造许多不同的点子、解决措施及应用方案。让我们开始吧！

致　谢

　　我相信坏学生能铸就好教师。在一次关于高等教育的顶尖创新者会上，一项会前预热活动显示，我们中的大多数人从高中起至少停学过一次，我们都对此感到惊讶。我们这些在学校奋斗过的人都明白，大学是人生的第二次机会。也许是因为我们注定不会成为学者，我们便没把大学看成培养未来大学教授的学徒期，而把大学看成一个充满选择和挑战的地方，可以帮助每个学生在大学毕业后找到一条富有成效、可靠的道路。

　　在成为好教师的道路上，我必须首先感谢我永远耐心的父亲保罗·C.诺塔利。面对叛逆又有阅读障碍的孩子，其他人早就放弃了，但是他没有。如果我的父亲当初不愿意每天上下班多绕90分钟的弯路，开车送我去新高中（这所高中愿意接收被上一所学校开除的我）就不会有这本书。我的父亲是一个移民的儿子，也是一位二战老兵，他认为《退伍军人权利法案》、上大学和成为工程师改变了他的人生。我第二个想感激的是利普曼老师，当其他老师都被我逼疯的时候，她依然信任我。她跳槽到另一所著名的高中后依然资助我，并冒险提名将全国英语教师协会奖颁发给我，而没给众多更合适的学生，这是确保我能上大学的全国性奖项之一。

　　我学术生涯的大部分时间都是在杜克大学度过的，传真机里的一封短信开始了我正式重塑高等教育的职业之旅（那是在1998年）。那时我处在职业生涯的十字路口，考虑离开杜克大学去担任宪政时代的历史和文化讲座教授。这时，杜克大学校长南那尔·基欧汉和已故的教务长约翰·斯特罗赫恩给了我一个诱人的选择：留在杜克大学，并成为杜克大学乃至全世界第一位跨学科研究的副教务长。这是我能想象到的最具创造性的机会，与来自各个部门的教师和学生合作，创建跨越本科院系和职业学校鸿沟与孤岛的全新项目，并推动建立新的艺术博物馆、科技中心、人文学院和一个可服务大学城居民和师生的艺术中心。在一次特别具有挑战性的会议后，那南纳尔曾开玩笑地把我的工作描述为"想创造东西就要先打破东西"。我没有后悔自己的选择，她是勇敢和卓越的榜样，我对她永远抱有深深的感激之情。

我还要感谢杜克大学校友梅琳达·盖茨，就在我成为副教务长的那个月，她决定从技术创新领域转向慈善事业。她给予我经济上的支持——她的聪慧、严谨和对高等教育的付出——给我带来不可估量和鼓舞人心的影响。也要感谢和我共事了7年的彼得·兰格教务长和在我最后两年的行政工作中与我共事的校长迪克·布罗德海德，以及其他所有的教师、学生、行政同僚，我们共同努力创造美好。你们所有人都使我相信改变是可能的，并不像我们之前想象的那么难。

2014年8月，我从杜克大学跳槽到了纽约市立大学研究中心，主要原因是我认为缺少了对公立高等教育的大力投资，任何社会都不可能繁荣。在一个资金雄厚、学费昂贵的私立大学的"天鹅绒墙壁"内，人们无法把高等教育作为一项公益来捍卫。市立大学从底层到中产阶级的学生人数是常春藤盟校（八所常春藤盟校加上麻省理工学院、斯坦福大学、芝加哥大学和杜克大学）的6倍。来到纽约市立大学后，我深深钦佩这里的教师、管理人员和学生们，他们克服了资金雄厚的学校无法想象的财政限制，致力于提供并获得尽可能最好、最具创新性的教育。市立大学的"敢做"精神是这本书的核心。为了使这一鼓舞人心的行动成为可能，我要感谢杜克大学名誉校长威廉·凯利（现纽约公共图书馆梅隆馆馆长）、校长蔡斯·罗宾逊和临时教务长路易斯·莱尼翰，以及财政处长J.B.米利肯一直给予坚定的支持。我还要感谢教务长乔伊·康诺利和约市立大学所有的同事和学生，包括大卫·奥兰、马里奥·迪甘吉，以及同事马特·戈尔德、史蒂夫·布里尔、赫尔曼·贝内特、罗伯特·里德－法尔、露丝·威尔逊·吉尔摩、大卫·乔塞利特、坎迪斯·查、奥菲莉亚·加西亚、邓肯·法厄蒂、托尼·皮恰诺和埃里克·洛特。

多亏了互联网和社交媒体，有成千上万的伙伴与我共同完成了这本书。书中几乎所有的内容都是通过与众多教师、管理者、学生、技术创新人员和公众的在线讨论和合作来学习、尝试、实验、修改、讨论或实施的。

2002年，我加入了一个专注于教育创新和技术创新的学者团队，创建了一个开放的在线网络（事实证明，这是世界上第一个也是目前最早的学术社交网络），名为"人文、艺术、科学和技术联盟与合作实验室"（hastac.org，或"草垛"）。现在，HASTAC（即人文、艺术、科学、技术联盟和合作实验室）拥有超过15000名会员和无数的用户，也是他们给了我写这本书的灵感。我们从未收会员费，也没有企业赞助，甚至没有广告，我们依靠的是大量的知识贡献者加上几个高等教育机构（斯坦福大学，接着是杜克大学，10 年多来一直在支持我们，2014 年后，纽约市立大学毕业生中心也开始向我们提供支持）的财政支持和非营利组织资助机构（数字承诺，国家科学基金会和麦克阿瑟基金会每年提供数码媒体与学习比赛的管理费用）。HASTAC 上超过 1200 名的研究生和本科生向我提供了对未来高等教育的想法，每个月都有数百个博客和论坛帖子讨论"改变我们的教学方式"。特别感谢研究生导师艾琳·詹特利·兰姆、我们多年的上司菲奥娜·巴奈特、卡勒·韦斯特林和艾莉森·格斯。

曼迪·戴利、谢丽尔·格兰特和德莫斯·欧菲尼德斯一直陪伴我完成这本书，他们帮我维护 HASTAC 繁忙的人际网络和尖端的 Drupa 网站的正常运行。他们给了我合作的力量，教会了我如何将大胆的（虚拟）想法转化为有效的现实。几十位学者、艺术家和科学家都曾在 HASTAC 的指导委员会工作过，与他们的交流使这本书的观点更深刻、更丰富。

在纽约市立大学研究中心的"未来计划"中，要感谢我的同事和学术转型合作伙伴，卡蒂娜·罗杰斯、劳伦·梅伦德斯、凯西·霍尔曼、塞利·奎洛·勒布朗、基塔纳·阿南达，以及所有参与"未来计划"的同事、教师、管理员、导师和开创性的市立大学人文联盟的学生，研究中心和拉瓜迪亚社区大学的合作，当然这也要感谢安德鲁·威廉·梅隆基金会以独到的视角和创意认可我们并提供资金支持。不知经历多少日日夜夜，你们每一位的点子和奉献都令我惊叹。

在过去 10 年里，我的逆向思维受到了广泛认可，这是我乐观地认为可能变革高等教育的原因之一。我没办法去一一感谢所有邀请我在美国和世界各地参加主题演讲、研讨会或全体会议的人、学校、专业协会、非营利组织、智库和公司。在每一处我都收获颇丰。在写这本书的过程中，我采访了几十个人，但书中只介绍了其中的一小部分。我最感谢的是成千上万的学生，我对教育的了解很大一部分来自他们的介绍。再次感谢大家。在这本书中，为了保护隐私，我会选择匿名或假名，但你们的名字我会永远铭刻心中。

我也从麦克阿瑟基金会的同事身上学到很多，尤其是从设计和开发数字媒体和学习计划的同事身上学到了很多，包括朱莉娅·斯塔施校长，康妮·叶韦尔，我在数字媒体和学习竞赛中的搭档大卫·西奥·戈德堡，还有许多同事、比赛获胜者和其他拓展新教育领域的人。Mozilla 基金董事会的同事们，包括主席米切尔·贝克和执行董事马克·苏尔曼，一直用各种方式激励我。他们致力于为所有人提供更好、更开放的互联网并提高人们的网络素养，我无法用言语来描述我从他们身上学到的东西。在达纳·博伊德的领导下，以创建更好的社会为宗旨，Data and Society 致力于解决复杂的问题，如隐私和自动化。在国家人文委员会，在吉姆·利奇和威廉·亚当斯兄弟的领导下，我继续受到人文学科同事们的启发，他们的思想为我认识社会提供了背景、深度和丰富性。虽然我不能在这里一一列举你们的名字，但我对你们所做的一切深表感谢。

英语博士生丹妮卡·萨沃尼克是"未来计划"的研究员，在本书的撰写过程中，她又担当了出色的研究助理和富有洞察力且学识渊博的同事角色。她 20 世纪 70 年代在市立大学开放招生项目的研究也带给我很多启示。丽莎·塔利亚费里和杰西卡·默里提供了技术支持，伊丽莎白·戈茨在最终稿的编辑和校对过程中展现了宝贵的专业精神。

我的代理人迪尔德丽·马兰是所有经纪人中最有创造力、最聪明、最敬业、最活跃的。我的编辑，"基础图书"的丹·格斯尔一直是一位积极的对话者和指导者。在这个编辑不再真正做编辑的时代，他却是任何作家所能期望到的最智慧和可靠的精神支柱。我还要感谢"基础图书"的尼科尔·卡普托、贝特西·德杰苏、艾莉·芬克尔、安·基什内尔、琳达·马克、卡丽·纳波利塔诺、考特尼·诺比尔、克里斯蒂娜·帕拉亚、莉兹·策佐、伊莉莎·里夫林和梅丽莎·维罗内西，没有他们，就没有这本书。

许多朋友和同事也为本书和我提供了帮助：安妮·艾利森，已故的斯里尼瓦斯·阿拉万穆丹，丹·艾瑞里，安妮·巴尔萨莫，劳伦·伯兰特，杰基·布朗，约翰·西利·布朗，西蒙妮·布朗，康斯坦斯·卡罗尔，安·玛丽·考克，芭芭拉·克莱波尔·怀特，特雷西·麦克米伦·科顿姆，杰德·戴维斯，佩特拉·迪尔克斯·特伦，大卫·英格，史蒂夫·费金，凯特琳·费希尔，迈克尔·吉莱斯皮，英德帕尔·格雷瓦尔，马卡雷纳·戈麦斯·巴里斯，拉里·格罗斯伯格，杰克·哈尔伯斯坦，杰萨姆·哈奇，莎伦·霍兰地，安妮·豪威尔，凯莉·琼斯，卡伦·卡普兰，兰吉·坎纳，安·基尔施纳，朱莉·汤普森·克莱因，爱德琳·科，已故的塞莱斯特·卡斯蒂略·李，利兹·洛斯，丽莎·洛，埃里克·曼海姆，理查德·马西亚诺，塔拉·麦克弗森，肖恩·迈克尔·莫里斯、蒂姆·默里、中村丽莎，阿朗德拉·纳尔逊，克里斯·纽菲尔德，查理·皮奥特，格思里·拉姆齐，提姆·鲁斯科拉，罗伯特·A. 斯科特，尼桑·沙阿，杰西·施托梅尔，戴安娜·泰勒，特里·万斯，普里西拉·瓦尔德，劳拉·韦克斯勒和凯西·伍德沃德。我特别要感谢丽贝卡·詹尼森、川村金城、精木金城、神明子石、冈本一郎、冈本玛丽冯和冈本智摩，以及芬兰的萨库·托米宁和米克·托洛宁。我担心，在列出这些贡献者的过程中遗漏过去 10 年启发我的人，这些教育工作者慷慨地提供了自己多年的想法和反馈。最后，我想说，书中的一些观点肯定会与一些人的观念相悖，哪怕是最好的朋友和同事也会强烈反对，对此我负全部责任。

本书的初稿是在意大利利古里亚无与伦比的博利亚斯科基金会完成的，当时我刚经历了一场灾难性的疾病，在那里度过了一个月美好的康复期。亲切的工作人员，优美的风景，健康美味的食物和那里伙伴们带给我的亲切感使我恢复了精神，也使这本书重新走上了正轨。我要感谢劳拉·哈里森、伊万娜·福莱、亚历山德拉·纳塔莱以及阿尔贝托·卡鲁索、起亚·科尔德龙、雷蒙娜·迪亚兹、茱莉亚·雅奎特、海伦·洛克黑德、迪娜·纳耶里和雷纳塔·谢菲尔德。

　　我还要衷心感谢查尔斯·戴维森、苏珊·布朗、加文和莫拉格、卡琳娜·戴维森、莎伦、玛丽·卢、克里斯、塞奇、克里斯蒂娜·诺塔里、保罗和玛琳·诺塔里，以及我所有的可爱又智慧的已经或即将进入大学的杰出的侄子侄女们和支持新教育的人们。最后，我要感谢最好的编辑、对话者和友爱的搭档，肯·威索克，他就是我的一切。

译后记

从选择翻译专业的那一天起，每个人心中都有一个翻译梦，都想为中外文化交流做出点贡献。高品质的翻译好似"巴别塔"，虽遥不可及，却令人神往！

在接手翻译《新教育——不断变化的世界给大学带来的一场革命》一书时，我们心中既兴奋，又忐忑。怀着对翻译的热爱和敬畏，我们踏上了长达一年的翻译之旅。其间，我们切实体验了翻译过程中的各式滋味：为巧妙地译出一个难点而兴奋不已、为厘清某个教育政策的背景而心生骄傲，为寻得言语间细腻的转换而志得意满；当然，更多的是为找不到某个词、句的合适表达陷入焦灼与不安……现在回头看，这一路走来都是风景，我们不仅领略了翻译工作的酸甜苦辣，而且跨越时空的阻隔聆听了原作者有关高等教育发展的真知灼见，从而对不断变化的世界给大学带来的革命充满期待。

《新教育——不断变化的世界给大学带来的一场革命》共 8 章，分讲述青年危机、全民大学、反对技术恐惧、反对技术狂热、学习的未来等。不同于人们对学术著作语言风格的一贯印象——浓厚的学术气息、晦涩的语言表达、庞杂的逻辑论证，《新教育——不断变化的世界给大学带来的一场革命》用朴素生动的语言讲述，辅以翔实的案例，字里行间呈现的都是作者真切的担忧和急切的呼唤。作者凯茜·N.戴维森教育教学实践经验丰富，对美国高等教育的历史和现实有全面的了解和独到的认知。在凯茜·N.戴维森看来，日新月异的当今世界已不再是凭借雄辩术、拉丁语、记忆力就可以跨入社会精英行列的"牧师时代"。从蒸汽时代走到信息时代，人类从未停止前进的步伐，可高等教育的发展未能跟上时代的脚步；传统的教育模式与社会需求脱节，培养的人才素质与社会工作岗位的要求匹配度低；不管是著名的常春藤盟校，还是普通的社区学院，变革都至关重要，且迫在眉睫。

《新教育——不断变化的世界给大学带来的一场革命》中文稿是 3 位译者分工协作、

共同努力的结果：译前的分析文本、确定术语译文、制订翻译方案，译中的字斟句酌、反复打磨，译后的通读和总体完善均在小组讨论会上进行；曹丽和裴奕婷分别翻译1—4章和5—8章，游振声负责全书的审译。

《新教育——不断变化的世界给大学带来的一场革命》得以出版，我们衷心感谢重庆大学教师教学发展中心和重庆大学外国语学院的信任与支持，感谢重庆大学出版社编辑同志的辛勤付出！

限于译者的水平，译文中难免有不妥之处，敬请广大读者批评指正。

游振声

2021 年 8 月